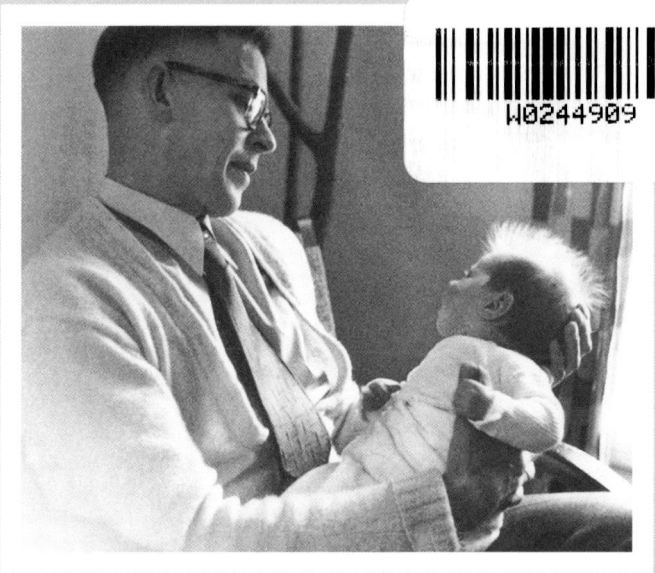

Ute Scheub
Das falsche Leben

Ute Scheub

Das falsche Leben

Eine Vatersuche

Piper
München Zürich

Die Rechtschreibung der zitierten Quellen wurde beibehalten;
ebenso der Zeilenfall.
Die Zitate aus »Aus dem Tagebuch einer Schnecke« werden mit
freundlicher Genehmigung von Günter Grass wiedergegeben,
dem Autorin und Verlag herzlich dafür danken:
Günter Grass, »Aus dem Tagebuch einer Schnecke«
(Werkausgabe in 18 Bänden, Bd. 7)
Herausgegeben von Volker Neuhaus und Daniela Hermes
© Steidl Verlag, Göttingen 1997/2002
Erstausgabe August 1972 im Luchterhand Verlag

ISBN-13: 978-3-492-04839-2
ISBN-10: 3-492-04839-0
© Piper Verlag GmbH, München 2006
Satz: seitenweise, Tübingen
Druck und Bindung: Clausen & Bosse, Leck
Printed in Germany

www.piper.de

Inhalt

Für die Enkel

»Das Böse ist das Einseitige. Das Beharren auf einer Seite.
Also, wer von sich sagt, er sei nur gut, ist schon wieder böse.
Er sieht in sich das Böse nicht. Das Gute ist die Einheit
von Gut und Böse.«

Ein Mädchen aus einer philosophischen Kindergruppe,
zitiert von Reinhard Kahl, taz vom 31. 12. 96

Zyankali

»Der Tod trat auf dem Weg zum Robert-Bosch-Krankenhaus ein«, notierte Günter Grass in seinem Buch »Aus dem Tagebuch einer Schnecke« über einen 56-jährigen Apotheker, der sich am 19. Juli 1969 mit Blausäure vergiftet hatte. Öffentlich. Auf dem Stuttgarter Kirchentag. Direkt vor dem Dichter und seinem etwa zweitausend Menschen zählenden Publikum.

Grass hatte soeben aus seinem noch unveröffentlichten Roman »Örtlich betäubt« vorgetragen. Er hatte vorgelesen, wie der Schüler Scherbaum aus Protest gegen den Vietnamkrieg seinen Dackel verbrennen will. Öffentlich. Auf dem Berliner Kurfürstendamm. Er hatte vor ritualisiertem Protest gewarnt, er hatte gemahnt, auch Jan Palach, der sich angesichts der sowjetischen Invasion im Jahre 1968 selbst verbrannt hatte, öffentlich, auf dem Prager Wenzelsplatz, sei kein Vorbild. Und dann trat dieser Mann vor das Saalmikrofon, redete wirr, stammelte herum, verhedderte sich in seinen Satzfetzen. Menschen wie er, die vor 1945 an Deutschlands Größe geglaubt hätten, würden nun als »Verbrecher« gebrandmarkt. »Die« Gesellschaft habe versagt, »die« Kirche auch. Deshalb wolle er nun ein Zeichen des Protestes setzen. Sein letzter Satz: »Ich provoziere jetzt und grüße meine Kameraden von der SS.« Das Publikum, vorwiegend junge Leute aus der Studentenbewegung, buhte. Der Mann setzte ein Glasfläschchen an die Lippen und trank es aus. »Das war Zyankali, mein Fräulein«, sagte er zu einer jungen Frau neben ihm, bevor er zusammenbrach. Die meisten im Saal glaubten an einen Schwächeanfall, jemand alarmierte die Sanitäter, die den Mann auf einer Bahre hinaustrugen.

Grass listet in seinem Buch die Zeitungsüberschriften des nächsten Tages auf: »*Das letzte Argument: Selbstmord* ‹ – ›*Ein Einsamer griff nach Zyankali*‹– ›*Keiner nahm den Tod wahr*‹ – ›*Ein Selbstmord überschattete den Kirchentag*‹– *in der Wochenzeitung* ›*Christ und Welt*‹ *schrieb die Journalistin Maria Stein unter der Überschrift:* ›*Ritualisierter Protest*‹.«

Der Mann schleicht als Nebenfigur durch Grass' Tagebuch-Roman, taucht immer wieder auf, benimmt sich daneben, macht unpassende Bemerkungen, stört und irritiert den Autor. Sein Name: Manfred Augst. Augst wie Angst. Er war mein Vater.

Der Mann auf dem Mond

Die Vergangenheit hatte sich auf dem Dachboden abgesetzt, und ich habe sie dort gefunden.

Ich bin die Holzstufen hochgeknarrt, über die ich schon als Kind gelaufen war, vor vierzig Jahren und mehr. Jetzt bin ich nicht mehr so leichtfüßig, keuchen muss ich, und meine blonden Haare werden langsam weiß. Aber die Tür zum Dachboden ist immer noch die Geheimnistür meiner Kindheit. Auch damals hat sie wie ein Gespenst aufgeheult, wenn ich sie geöffnet habe. Ich will aber keine Gespenster suchen, sondern nur eine kleine Vase, meine Lieblingsvase aus grünem Glas, in die ich als Kind Margeritensträuße gestopft hatte, so viele Blumen wie möglich, bis sie umkippte und das Wasser floss und die Mutter schimpfte. Ich will die Vase aus dem schwäbischen Haushalt nach Berlin retten, wohin auch ich mich gerettet hatte, gleich nach dem Abitur.

Unterm Dach riecht es nach Holz. Nach Staub und Hitze und Stickluft. Aus dem halbdunklen Durcheinander ragt hier ein Tischbein, dort ein Lampenschirm. In den Kisten ducken sich Bücher, altes Geschirr und unordentliche Familienangelegenheiten. Früher habe ich hier oben immer so ein hübsches Gruseln verspürt, es war finster, es waren seltsame Geräusche zu hören. Meine drei großen Brüder hätten aus purer Gemeinheit die Tür hinter mir zuschließen können, bis ich verhungert und nach zwei Monaten als Skelett gefunden worden wäre, und einmal hatte sich sogar ein Wespenschwarm eingenistet und mit Gesums und Stachelei jeden Dachbodenbesucher verfolgt, bis mein Vater das Nest ausgeräuchert hatte.

Aber jetzt will ich nur meine Vase wiederhaben. Ich versuche eine dieser Pappkisten zu überwinden, die mir den Weg versperren. Die Pappe ist alt und brüchig, sie quillt auseinander, die Kiste hat längst jede ordentliche Kistenform verloren, und als ich sie zur Seite ziehe, reißt die Seitenwand, Briefe fallen heraus, halb zerfressene Briefumschläge, Blätter mit handgeschriebenen Notizen, Blätter mit Maschinenschrift, verstaubtes, vergilbtes, sich brüchig auflösendes Papier.

Ich fluche. Wie soll ich diese Zettelwirtschaft je wieder in die Kiste zurückbekommen? Ich bücke mich, um die Papierflut einzudämmen, da fällt mein Blick auf einen gelblichen Briefumschlag, ohne Adresse, ohne Briefmarke, aber vorn und hinten vollgekrakelt. Offensichtlich von meinem Vater, ich kenne diese Kampfschrift, Krampfschrift, die sich nicht darum kümmerte, ob jemand sie lesen konnte, die kaum mehr Verständigungsmittel war, nur sinnlose, wirre Bewegungen eines Autisten.

»Jetzt könnt Ihr wahrscheinlich im Haus bleiben«,
lese ich,
»wenigstens noch länger
Der Bausparvertrag ist auch gesichert
So kann ich diesen Schritt verantworten.
Was ich Euch darüber hinaus hätte sein können, bin ich auch so. Meine Hoffnung ist sogar, auf diese Weise Besinnung zu sein für Euch alle.«

Ein Abschiedsbrief meines Vaters. Ich kann es nicht glauben. 35 Jahre nach seinem Selbstmord finde ich ein Abschiedsschreiben. Und was für eins. Wenn der Bausparvertrag gesichert ist, dann ist einem Schwaben der Selbstmord erlaubt?

Ich horche in mein Inneres. Bin ich schockiert? Beginne ich zu zittern? Zittern mir wenigstens die Finger? Ich zittere nicht. Ich stöhne nicht. Ich muss mich nicht setzen. Mein Herz schlägt seinen normalen Takt. In mir herrscht eine Ruhe, die mir selbst unheimlich ist. Vielleicht ist es so etwas wie eine örtliche Betäubung, ausgelöst durch einen Kälteschock, den ich vor 35 Jahren erfahren habe. Kann jemand so viele Jahre örtlich betäubt in der Welt herumspazieren? Betäubt in jenen Gegenden von Herz und Hirn, die für Väter reserviert sind?

Warum sollte ich mich auch aufregen? Dass er sich selbst gemordet hat, das weiß ich ja nun seit langem. Dass er zumindest einen Abschiedsbrief hinterlassen hat, weiß ich fast ebenso lange. Ich kenne auch einen der Sätze daraus, meine Mutter hatte ihn zitiert, »was ich tue, das darf ich«. Ich habe nicht gewusst, dass mein Vater mehrere solcher Schreiben hinterlassen hat.

Auf der Umschlagseite steht noch etwas, quer über den Rand geschrieben:

»Wenn schon Anreger
ohne selbst was davon zu haben
dann bin ichs jetzt sicher auch«

Glaubte mein Vater tatsächlich, dass er Nachahmer finden würde? Dass seine Tat selbstlos sei? Dass er ein Opfer gebracht hätte? Wie absurd! Was für ein verdrehter, heilloser Mensch.

Ich drehe den Briefumschlag um, meine Hände sind immer noch ruhig. Die schwer zu lesenden, eckigen Lettern auf der Rückseite waren offenbar seiner eigenen Familie zugedacht:

»Lieber Vater, liebe Geschwister,
Ich weiss was ich tue und verantworte
Dem Staat ist nicht zu helfen ohne Erneuerung von innen
Die Kirche, so wie sie ist, ist nicht dazu fähig, obwohl sie
es sollte.
Nachdem mir persönliche Befriedigung versagt ist, bleibt mir
nichts anderes übrig als das Überpersönliche, als da etwas zu
erreichen
Wie könnte man das anders, als durch einen Einsatz der frei-
willig ist und auch freiwillig aussieht, und das geht jetzt noch
am besten.
Ich will beweisen, wie es einem heute geht, wenn man seinem
Inneren folgt, und zeigen, wie es sein müsste, wenn Christentum und Menschlichkeit echt wären.
Einander richtig antworten, doch Wort und Tat in die
Antwort sich selber hineingeben, mit Haut und Haar
mit Sex und Seele Das ist mein Rezept«

Mit Haut und Haar, mit Sex und Seele – langsam verspüre ich
doch das Bedürfnis, mich niederzulassen. Ich finde einen
Hocker. Ein Selbstmord »mit Sex und Seele« – mein Vater
hat schon immer das Talent gehabt, die Dinge so unpassend
wie möglich auszudrücken.

Genau genommen konnte er sich überhaupt nicht ausdrücken. »Einander antworten, doch Wort und Tat in die Antwort
sich selber hineingeben ...« Einer seiner typischen Sätze. Eine
Nullaussage. Ein geschwollenes, geschwulstiges Nichts. Was
soll das denn heißen? Welchen Sinn sollte das ergeben? Ich
merke, dass sich irgendetwas in meinem Inneren verhärtet.
»Vater«, flüstere ich in der Düsternis des Dachbodens, »nicht
mal einen anständigen Abschiedsbrief hast du hingekriegt.
Den schreibt man mit Pathos, mit Herzblut, mit Anklagen
gegen Gott und die Welt! Und auf blütenweißem Papier, nicht
auf einen gebrauchten Briefumschlag! Und man hinterlegt

ihn so, dass die ganze Familie darüber stolpert! Stattdessen muss ich ihn nach so vielen Jahren als Fetzen auf einem Dachboden finden. Nicht mal einen anständigen Suizid hast du hinbekommen, du ewiger Versager. Du warst nur lächerlich. Dein ganzes Leben lang.«

Lächerlich. Mir fällt ein, wie ich bei der Beerdigung meines Vaters aus dem Lachen nicht mehr herausgekommen bin.

Ich weiß noch, ich war am Nachmittag des 19. Juli 1969 nicht zu Hause, als die Stuttgarter Polizei meiner Mutter telefonisch die Todesnachricht überbrachte. Es war ein siedendheißer Tag, durch den blauen Himmel robbten Gewitterwolken heran, und ich tummelte mich, so wie fast jeden Tag im Sommer, im Tübinger Freibad. Ich war dreizehn, ein Kind noch, dürr und busenlos, auch wenn ich meine Kinderzöpfe trotzig abgeschnitten hatte und die Haare nun auf meinen Schultern spüren konnte. In meinem hellgrünen Badeanzug übte ich den Kopfsprung vom Einmeterbrett, schwamm, tauchte, hüpfte, ruhte mich auf meinem Handtuch aus. Und trottete irgendwann nach Hause.

Dort lag meine Mutter quer über dem Ehebett. Sie hatte nur ein schwarzes Unterkleid an. Die Fensterläden waren geschlossen, der gleißende Sonnentag sollte draußen bleiben. Ich erschrak: Sie sah aus wie eine Tote. Sie nahm meine Hand.

»Ich muss dir etwas Furchtbares sagen.« Sie rang mit der Fassung. »Dein Vater ist tot.«

Mein? Vater? Tot?

Das Zimmer wurde groß, dann wieder klein, irgendwie bewegte es sich in seinen Achsen. Mir war schwindelig.

»Er ist auf dem Stuttgarter Kirchentag gestorben.«

Ich wollte gar nicht mehr wissen. Ich war damit beschäftigt, mich auf den Beinen zu halten.

»Ich weiß, das ist furchtbar für dich«, sagte meine Mutter. »Mein armes Wussele.«

Furchtbar? Es war wie ein Traum. Es war ein Traum. Der Vater tot! Nicht zu glauben! Endlich tot!

»Sag doch was«, bat meine Mutter.

Solange ich denken konnte, hatte ich mir das gewünscht, und nun war es in Erfüllung gegangen! Ein Lebenstraum erfüllt! Er war weg! Mein Vater, den ich so gehasst hatte, war endlich weg! Totototototototot!

»Sag doch bitte was!«

Ich konnte nicht. Die Zunge war festgeklebt am Gaumen. Sie ließ sich nicht mehr bewegen.

»Sag doch bitte endlich was!« Immer flehentlicher wurde der Ton meiner Mutter.

Gedanken und Gefühle überstürzten sich in meinem Kopf, blockierten mich. Halt!, schrie es in meinem Inneren. Trauere! Dein Vater ist tot, trauere! Das, was ich wirklich empfand, die Schockfreude, der Freudenschock, das durfte um Gottes willen nicht über die Lippen. Ich bewegte den Mund. Nichts kam. Ich war stumm wie die blöd glotzenden Guppies im Aquarium meines Bruders, und ich glotzte genauso blöd. Ich glotzte meine Mutter an, meine Brüder, die um das Bett herumstanden. Ich stieß mit der Nase an die Aquariumscheibe, wedelte mit meinem bunten Guppyschwanz und sonderte Luftblasen ab.

»Sag doch bitte was!«

Ich wollte reden, schon um meine Mutter zu beruhigen, aber meine Zunge hatte alles verlernt, was sie je gekonnt hatte. Ich taumelte aus dem Zimmer.

Im Flur lehnte ich mich an einen Türpfosten und versuchte zu begreifen. Der Vater ist tot. Der Vater ist tot. Der Vater ist tot. Ich schlug die Stirn gegen den Pfosten. Weine endlich, du Rabentochter! Das gehört sich so! Ich quetschte und quetschte, bis eine winzige Träne kam. Mit großer Geste wischte ich sie ab. Meine Mutter lag noch immer auf dem Bett, aber wenigstens meine Brüder sollten sehen, dass ich trauerte.

»Hör doch auf damit«, herrschte mich mein mittlerer Bruder an. »Man sieht doch, dass deine Tränen nicht echt sind.«
Ich schämte mich viele hundert Meter hinab in die Hölle.

Irgendwann stand meine Mutter auf und zog sich an. Sie musste die Leiche ihres Mannes identifizieren. Eine Freundin fuhr sie mit dem Auto ins Robert-Bosch-Krankenhaus nach Stuttgart, eine ihrer Schwestern begleitete sie in die Klinik, die andere fuhr nach Tübingen und kümmerte sich um uns Kinder. In der Familie meiner Mutter half man sich gegenseitig, ein Netz der Unterstützung war sofort gespannt.

Meine Tante brachte mich später ins Bett. »Ich muss dir noch etwas sagen«, meinte sie, als sie die Bettdecke über mir zurechtzog. »Dein Vater ist nicht an einem Herzanfall oder etwas Ähnlichem gestorben. Er hat bei seinem Tod nachgeholfen. Er hat sich selbst umgebracht.«

Aha. Ich nickte. Sprechen konnte ich immer noch nicht. Und schlafen auch nicht. Ich hatte Herzrasen.

Ein paar Tage später Beerdigung. Andacht in der Kapelle des Bergfriedhofs, Orgelmusik, Gebete, Gesänge. Die Ansprache des evangelischen Dekans. Der Tote sei ein Suchender und ewig Umgetriebener gewesen, all die Jahre hindurch, nun endlich habe er seine Ruhe gefunden. Blablabla. Die Verwandten meines Vaters hatten steinerne Gesichter. Meine Mutter heulte und versteckte sich hinter einem Taschentuch.

Dann ging es nach draußen, ins helle Licht des Lebens. Ein Sommertag, Sonnentag, Freudentag, Vögel sangen, die Knospen der Sommerblumen platzten vor Lebenslust. Die Sargträger schwitzten und schleppten. Langsam kroch die Trauergemeinde den Weg über den Friedhof zur ausgehobenen Grube. Ich lief ein paar Schritte hinter dem Sarg, zwischen meinen Brüdern und meiner Mutter mit ihren komischen schwarzen Seidenstrümpfen.

Die sehen vielleicht witzig aus! Ich spüre, wie mir ein Lachen den Hals heraufquillt, wie es von mir Besitz zu ergreifen versucht wie der Teufel von einer Seele. Der Brustkorb bebt, es will hinaus, hinaus! Hurra, der Vater tot! Endlich frei! Das Leben kann beginnen! Um Gottes willen, wenn das jemand sieht, jemand hört! Nein, mir ist nicht zum Lachen. Nicht ich lache, *es* lacht. Eine fremde, diabolische Macht in mir lacht. Ich presse die Hand vor den Mund, mein ganzer Körper ist verkrampft, woher soll ich die Luft zum Atmen nehmen, wenn ich das Lachen nicht hinauslassen darf, zum Glück sind alle damit beschäftigt, ein Trauergesicht zu ziehen, bloß weg hier, ich schere aus der Gruppe aus, tue so, als hätte mich ein Hustenanfall gepackt, huste heftig und ausführlich und lasse die Trauernden an mir vorüberziehen. Langsam lässt der Lachkrampf nach.

Trauerten sie wirklich? Wahrscheinlich schon, aber vorstellen konnte ich es mir nicht. Wer in dieser ganzen Trauergemeinde hatte meinen Vater geliebt? Mein Großvater etwa? Er war der kälteste Fisch in allen Weltmeeren. Meine Großmutter? Wohl schon, aber sie war längst tot. Die Schwestern und Brüder meines Vaters? Sie hatten sich all die Jahre wenig für ihn interessiert. Die Kollegen meines Vaters? Sie lobten seine Zuverlässigkeit und Hilfsbereitschaft, mehr Positives fanden sie über ihn nicht zu sagen. Seine Freunde? Er hatte keine. Seine Söhne? Die fürchteten ihn. Seine Ehefrau? Fürchtete ihn ebenfalls. Und ich? Ich hasste ihn, und dieser Hass stand mir bis zum Hals, in dem mir gerade mein Hasslachen stecken geblieben war. Ich holte tief Luft und fügte mich wieder in den Trauerzug ein.

Ein Erdloch starrte. Die Sargträger blieben stehen. Holten sich den Sarg von den Schultern. Schlangen Tragebänder herum. Ließen ihn langsam ins Loch herab. Der Dekan guckte ebenfalls Löcher in die Erde. Alle Gesichter standen stramm. Auf allen Mienen vorgestanzte Trauer. Ich musste erneut heftig husten, um nicht wieder in hysterisches Lachen auszubrechen. Für mich war das absurdes Theater. Auch ich selbst spielte eine Rolle, ich war nicht echt.

Meine Mutter warf Erde auf den Sarg. Meine Brüder taten es ihr nach. Ich auch. Ich warf, und es polterte sehr schön.

Pong

Pong

Pongong

Aha, so ging das, so machte man das. Ich war vorher noch nie auf einer Beerdigung gewesen, schon gar nicht auf der eines Familienmitglieds. Ich konnte immer noch nicht glauben, dass mein Vater dort unten lag. Ich hatte den Toten nicht mehr zu Gesicht bekommen. Meine Mutter hatte gesagt, diesen Anblick wolle sie ihren Kindern ersparen. Sie hatte mir nicht erzählt, was sie bei der Identifizierung im Stuttgarter Krankenhaus erblickt hatte. Wahrscheinlich ein verkrampftes, verkrümmtes, blau angelaufenes Etwas, das nicht mehr viel Ähnlichkeit mit ihrem Ehemann besaß.

Wieder redete der Dekan, dann begann das allgemeine Händeschütteln. Ich musste mich neben meiner Mutter und meinen Brüdern in eine Reihe stellen, und jeder schüttelte mir die Hand und wünschte mir sein Beileid an den Hals. Manche umarmten und küssten mich sogar, vor allem die Verwandten mütterlicherseits. Die väterlicherseits brachten nicht mehr als ein Händeschütteln zustande. Ich wollte all diese Beileidsbeweise gar nicht haben, weder die freundlich gemeinten noch die kalten. Gar keine. In mir herrschte emotionaler Aufruhr, alle meine Gefühle gingen aufeinander los, ein innerer Vulkan aus Hitze und Kälte, enttäuschter Liebe und Hass, Schuldgefühlen und Scham, Ohnmacht, Verlassenheit, Wut, Ekel, Überdruss, Rebellion.

Und Angst, mich erneut schlecht zu benehmen. Ich war eine schlechte Tochter, ein unmögliches Kind, böse, herzlos, teuflisch. Ich verstieß gegen Gottes zehn Gebote, denn ich bekam es nicht hin, meinen Vater zu lieben. Schon im Konfirmationsunterricht vor wenigen Monaten hatte ich es immer wieder vergeblich probiert. Und jetzt brachte ich wieder keine einzige Träne zustande.

Wir gingen den Weg zurück und fuhren nach Hause zum Leichenschmaus. Auf einer langen Tafel standen Rosinenkuchen und Kaffeekannen. Es wurde getrunken, gegessen, geredet, und es durfte wieder gelacht werden. Nun war es nach dem Regelwerk für Trauerfeiern erlaubt, dass auch ich wieder lachen durfte.

Meine Mutter hatte die Zahl der Trauergäste klein gehalten. Es sollte kein Aufsehen erregt werden. Es war schon genug Aufsehen erregt worden.

Ich versuche mich an den Artikel der »Bild am Sonntag« am Tag nach dem Selbstmord zu erinnern. Was hatten die Schlagzeilen geschrien? Ich weiß es nicht mehr. »Sexy Suizid« war es jedenfalls nicht.

»Bild«-Reporter hatten an der Haustür unserer Familie geklingelt, noch am Abend des Selbstmords. »Witwenschütteln« hieß die Methode. Die Hinterbliebenen gerade Verstorbener so lange bedrängen und schütteln, bis ihnen die Worte, die sie nicht sagen wollten, die niemanden etwas angingen, aus dem Mund fielen.

Auch deshalb bin ich wohl später selbst Journalistin geworden. Um es besser zu machen. Ich bin stolz darauf, bis heute keine Zeile für eine Springer-Zeitung geschrieben zu haben. Denen zuarbeiten? Niemals. Nicht einmal über die Leiche meines Vaters.

Meine drei Brüder und ich hatten damals die Tür verrammelt, die Tür zu jenem Haus, unter dessen Dach ich jetzt sitze. Ein Pfarrer aus der Tübinger Stiftskirchengemeinde war herbeigeeilt, er wartete auf meine Mutter. Endlich kam sie von der Leichenidentifizierung zurück. Es hatte länger gedauert als erwartet, Kripo-Beamte hatten sie verhört. Wieso mein Vater in seinem letzten Satz seine »Kameraden von der SS« gegrüßt habe? Meine Mutter konnte ihnen nur sagen, dass sie die Motive ihres Mannes nicht kenne. Dass er aber nie aufgehört habe, an den Nationalsozialismus als Idee zu glauben. Leider. Zu ihrem allergrößten Bedauern.

Es war immer noch heiß, hitzigster Hochsommer, an jenem Abend konnte man die Luft in Streifen schneiden. Meine Mutter lag kreislaufschwach auf dem grünen Sofa im Wohnzimmer, wir Kinder und der Pfarrer saßen um sie herum und machten hilflose Gesten, unfähig zu reden, unfähig zu schweigen, mitten in der Hitze schockgefroren. Unter ihrer Sommerbräune war meine Mutter bleich, blutleer, fast durchsichtig, ihr kräftiger Körper war ganz schwach. Meine Mutter, der stärkste, wichtigste Schutz in meinem Leben, wirkte wie zerbrochen. Ich fühlte sie schutzlos und mich auch. Und dann klingelte es.

»Öffnet nicht«, bat meine Mutter ihre Kinder. Sie hatte die Gabe, vieles vorherzusehen. Sie konnte Erdbeben vorausahnen und Unglück wittern. Sie konnte sogar Warzen besprechen, bis sie »Entschuldigung« flüsterten und binnen Tagen verschwanden. Vielleicht wusste sie einfach, dass diese Kerle vor der Tür standen. »Mach das Fenster im ersten Stock auf und frag, was sie wollen«, sagte sie ihrem ältesten Sohn.

Mein Bruder ging, ich hinter ihm her. Er öffnete das Flurfenster, schwüle Luft drang herein. Über seine Schulter hinweg sah ich zwei Männer, einen mit Block und Stift in der Hand, der andere mit Kamera, ihre Gesichter waren in der Dämmerung nicht zu erkennen.

»Guten Abend, ›Bild am Sonntag‹, wir hätten gerne Ihre Mutter gesprochen.«

»Aber wir Sie nicht«, so oder ähnlich antwortete mein Bruder. Ich schaute bewundernd zu ihm auf. Er war Student, groß und dünn und bebrillt wie sein Vater, in drei Tagen würde er 21 Jahre alt, nach damaligem Gesetz volljährig. Ich wollte so werden wie er, und zwar so schnell wie möglich.

»Es ist nur zu Ihrem Nachteil, wenn Sie nicht mit uns sprechen wollen. Der Artikel über Ihren Vater wird so oder so erscheinen. Wenn Sie mit uns reden, wird er sicher freundlicher ausfallen.«

Jetzt erst, 35 Jahre später, frage ich mich, wie sie wohl an unsere Adresse gekommen waren. Sie mussten guten Kontakt zur Kripo Stuttgart gehabt haben.

»Hören Sie mal, das ist Erpressung!«

Der Mann mit dem Block zuckte die Schultern. »So würde ich das nicht ausdrücken. Es ist Ihre freie Entscheidung, uns hereinzulassen oder nicht.«

»Fiese Bande«, zischte mein Bruder. »Lassen Sie uns gefälligst in Ruhe!«, schrie er auf sie hinab. »Haben Sie keine Pietät im Leibe?«

Der Reporter ließ nicht locker. »Was für eine Beziehung hatte Ihr Vater zu Günter Grass? Kannte er ihn?«

Mein Bruder zögerte. »Er kannte ihn nicht persönlich. Nur als Dichter. Er mochte ihn nicht.« Er schlug sich die Hand vor den Mund. Er hatte nicht reden wollen, nun redete er doch.

Die beiden da unten wurden zu einer Meute, balgten sich um seine Sätze, sie hatten Blut geleckt, sie verlangten nach mehr, mehr, mehr. »Warum mochte er ihn nicht? Weil Ihr Vater Nazi war und Grass Sozialdemokrat?«

»Hauen Sie endlich ab! Ich sage kein Wort mehr!«

Währenddessen war meine Mutter näher getreten, zusammen mit dem Pfarrer. Sie flüsterte ihm etwas zu, er hängte sich aus dem Fenster. »Hören Sie«, schrie er, »wenn Sie was wissen wollen über den Toten, dann fahren Sie bitte zu Oberlandesrichter K., der kennt ihn. Und wenn Sie ein einziges böses Wort schreiben über den Mann und seine arme Familie hier, die Sie nicht in Ruhe lassen können, dann kriegen Sie den allerschönsten Prozess an den Hals!«

Das wirkte. Sie zogen ab. Mein Bruder knallte das Fenster zu.

Aber es war so, wie die Reporter gesagt hatten: Die Story über den Selbstmörder auf dem Killesberg erschien in der »Bild am Sonntag«. Sein Sohn habe gesagt, so stand es da zu lesen, sein Vater habe Günter Grass für einen Mann gehalten, der »als Wolf im politischen Schafspelz mit seiner Demagogie versucht, das Volk zu zerstören«. Die Geschichte über den Suizid auf dem Kirchentag stand auch in der »Südwestpresse«, in der »Stuttgarter Zeitung«, in der »Schwäbischen Zeitung«, in der »Frankfurter Rundschau«, im »Darmstädter Echo«, im »Rheinischen Merkur«, im »Berliner Sonntagsblatt«, in der »Jungen Stimme«, in »Christ und Welt«, in den »Evangelischen Kommentaren«, im »Evangelischen Gemeindeblatt für Württemberg«, in der »Neuen Württembergischen Zeitung«, sie wurde im Deutschlandfunk gesendet und über den Evangelischen Pressedienst an alle Medien verschickt. Nur ein kleiner Trost für uns war, dass der Name des Selbstmörders nicht oder nur abgekürzt genannt wurde.

Tübingen, eine Kleinstadt, hatte damals vielleicht 50 000 Einwohner. Ein Drittel davon Studierende, die kamen in die Stadt, kannten niemanden und zogen irgendwann weiter. Aber die anderen zwei Drittel, die alteingesessenen Familien, die taten beim Einkaufen auf dem Marktplatz oder anderswo nichts lieber, als übereinander zu klatschen. Der Selbstmord meines Vaters sprach sich schnell herum, bald wusste die halbe Stadt davon. Der Vater meiner besten Freundin wusste, die Lehrer in meinem Gymnasium wussten, die Nachbarn, die Verkäuferin im Laden, die Bekannte der Freundin meiner Klavierlehrerin, die Putzfrau des Onkels des Kollegen meines Vaters. Alle wussten, was mein Vater getan hatte. Ich lief in

Schimpf und Schande über die Straßen, zumindest glaubte ich das. Ich hatte das Gefühl, alle zeigten auf mich.

Pschscht!

Des isch doch die Brut von dem Selbschtmörder! Der Kerle, der wo sich da beim Grass umbracht hätt! Dort obe uffm Killesberg!

Als ich wenige Tage später wieder in die Schule ging, schauten mich meine Lehrer so komisch an. Ich fand, sie sollten mich in Ruhe lassen, und wenn sie glaubten, den mitfühlenden Mitmenschen spielen zu müssen, sollten sie mir meinetwegen gute Noten geben. Meine Klavierlehrerin strich mir übers Haar, aber mir wäre lieber gewesen, sie hätte mir die elenden Fingerübungen erspart. Die Verkäuferin in unserem kleinen Laden guckte so mitleidig, dass ihre Seele gleichsam auf die Erde tropfte und eine Pfütze bildete. Ich hätte sie ohrfeigen können, ich wollte ihr Mitleid weder gekauft noch geschenkt. Was ging all diese Leute unser Elend an?

Auch die Familie meiner besten Freundin hatte »Bild am Sonntag« gelesen. Als ich zwei Tage nach dem Tod meines Vaters den Berg zu ihrem Haus hochlief und an ihrer Tür klingelte, um eine Verabredung abzusagen, da wussten alle hinter dieser Tür schon Bescheid. Die Tochter, die Mutter, der Vater. Ich stand verlegen, ich zupfte an meinem kurzen, blaugrün karierten Röckchen, meine Haare schlabberten auf den Schultern, ich schämte mich. Für die Schande, einen solchen Vater gehabt zu haben, und dafür, dass das nun alle wussten. Stadtweit. Landesweit. Mir kam vor: weltweit. Der dicke Vater meiner Freundin und ihre blondierte Mutter standen da, zogen bedauernde Mienen und drückten mir stumm die Hand. Sie wussten nicht, was sie sagen sollten, und ich wusste nicht, was ich auf ihre schweigenden Sätze antworten sollte. Ratlosigkeit machte sich im Türrahmen breit.

»Äh, ja, Entschuldigung …«

Der Vater räusperte sich. »Schon gut. Wir haben in der Zeitung gelesen, was mit deinem Vater passiert ist. Herzliches Beileid!« Er drückte mir nochmal die Hand. »Armes Mädchen.« Ich drehte ihnen den Rücken zu und rannte davon. Ekelhaft. Widerlich. Ich hatte es satt, so beschämt zu werden. Ich schämte mich selbst schon genug.

Viel später erst wurde mir klar, dass der Vater meiner Freundin, ein freundlicher, leutseliger Mann, meinem Vater vielleicht nicht so fern gestanden hatte. Er war kein Nazi gewesen, das nicht, aber ein Soldat bis ins Mark, er hatte als Fallschirmjäger im italienischen Montecassino gekämpft und die dortigen Heldentaten der Wehrmacht in einem Buch verewigt. Die Zerstörung des Benediktinerklosters Montecassino im Februar 1944 durch die Alliierten sei unverzeihlich gewesen, schrieb er, beinah seien ihr auch die über tausend Jahre alte Bibliothek und viele Kunstwerke zum Opfer gefallen, wenn deutsche Soldaten die Schätze nicht nach Rom gerettet hätten.

Der schriftstellernde Ex-Major wies jedoch nicht darauf hin, dass das ein seltener Akt von Verantwortungsbewusstsein in einem Meer von Barbarei und Verantwortungslosigkeit gewesen war. Und ich leistete mit meiner Freundin Beihilfe zur Heldenverherrlichung, füllte immer wieder gegen ein geringes Taschengeld Karteikarten mit Namen aus, mit den Adressen der Käufer seines Buches, die wahrscheinlich fast allesamt der Meinung waren, die Alliierten hätten viel schlimmere Verbrechen begangen als die Deutschen.

Dieser frühere Wehrmachts-Major war Geschäftsmann geworden, konnte gut mit den Menschen und das Schießen nicht mehr lassen. Einmal hatte ich den Hobbyjäger und seine Tochter nachts in den Hochstand begleitet, und mir war schlecht geworden, als er seine Beute anschleppte und das Reh ausnahm und seine Hände in Blut schwammen.

»Blut muss fließen, knüppeldick ...«

Der Major war wenigstens freundlich gewesen, er hatte uns keine Vorwürfe gemacht, so wie manche Gesinnungskameraden meines Vaters. So wie zum Beispiel dieser L., der meinen Vater auf seiner letzten Fahrt im Sanitätswagen begleitet und ihm angeblich die Augen zugedrückt hatte. In einer unglaublichen ideologischen Volte gab er Günter Grass die Schuld am Selbstmord meines Vaters.

L. war ein bekennender Nationalsozialist. Ein skurriles, knorriges Männchen mit einer profunden humanistischen Bildung, das mit Vorliebe grüne Lodenmäntel und Jägerhütchen trug und Verse griechischer Dichter aus dem Gedächtnis zu rezitieren wusste.

L. wohnte mitten im Wald, in einer Holzhütte, die er um einen Baum herum gebaut hatte. Jedes Jahr, wenn die Sonnwende nahte, versuchte er, so viele schöne blonde Jünglinge wie möglich zu seiner Sonnwendfeier einzuladen, zu Lagerfeuer, Bratwürsten und Liedern aus der Hitlerjugend. Es gab wilde Gerüchte über seine Nazi-Vergangenheit und warum er sich im Wald versteckte.

Dieser Waldschrat jedenfalls hing an meinem Vater, er bewunderte seine ideologische Standfestigkeit, und heute denke ich, wie schön, dass wenigstens einer auf Erden ihn angehimmelt hat. Meine Mutter war von dieser Bewunderung weniger begeistert, sie musste die Besuche von L. ertragen. Er kam immer mal wieder zu uns, auch bei der Beerdigung ging er dem Sarg hinterher, wie ein treuer Hund, der den Tod seines Herrn nicht verkraftet.

Nach der Beerdigung klingelte er noch einmal an unserer Haustür.

»Der Vaterlandsverräter Grass, dieser Porno-Grass, das ist der Mörder Ihres Mannes!«, bellte er meine Mutter an. Die schlug die Tür zu. Sie hatte keine Lust, sich auch noch die Begründung für diese ungeheuerliche Behauptung anzuhören.

Der Waldschrat war weit schlimmer als der Major, und die Hellseherin war schlimmer als der Waldschrat. Auf welchem Wege sie an uns geraten war, weiß ich nicht mehr, ich weiß nur noch, dass auch sie irgendwo in den deutschnationalen Kreisen meines Vaters die Nachricht von dessen Selbstmord aufgeschnappt hatte. Wenige Tage nach seinem Tod klingelte sie bei uns. Es klingelte damals andauernd. Meine Mutter öffnete.

»Mein Beileid, gute Frau.« Sie schüttelte ihr ungefragt die Hand. »I han Ihne a Troschtpfläschterle mitbracht. Ebbes ganz, ganz Besonderes. Pscht!« Sie schaute verschwörerisch um sich und senkte die Stimme.

»Sie müsset wisse, i bin a begnadetes Medium. I kann Geischter höre und mit Geischtern spreche.« Sie zwinkerte mit ihren kleinen Augen. »Und i han mit Ihrem Mann im Jenseits gschwätzt. Er möcht Ihne was Wichtiges mitteile. Was sehr, sehr Wichtiges. I kann mit Ihne a spiritistische Sitzung mache, wo mir dann wieder mit ihm Kontakt aufnehme tätet. Es geht ihm gut dort obe, aber er isch bös auf Sie. Und auf viele andere.«

Meine Mutter warf das begnadete Medium hinaus.

Mein Vater hatte meine Mutter ständig mit Vorwürfen überhäuft: Du kannst nichts. Du bist dumm. Du bist geschwätzig. Du führst den Haushalt nicht ordentlich. Du bist nicht sparsam. Du kochst schlecht. Du kümmerst dich nicht um mich. Du hörst mir nicht zu. Wir vier Kinder konnten es ihm genauso wenig recht machen: Ihr seid zu laut, ihr gehorcht nicht, ihr vergesst eure Pflichten, ihr helft nicht im Garten, ihr seid dumm, ihr habt eine Zwei geschrieben statt einer Eins. Endlich war diese Vorwurfsmaschine still.

Und jetzt sollte meine Mutter sie wieder anschalten? Sich jeden Tag anhören, wie schlecht sie war, wie bös wir alle waren? Damit wir uns tagtäglich geißelten, uns immerdar die Schuld für seinen Tod gaben?

Ekel. Scham. Schuldgefühl. Ekel. Scham. Schuldgefühl. Wenn ich mich gerade nicht ekelte, dann schämte ich mich, und wenn ich mich nicht schämte, fühlte ich mich schuldig. Ich schämte mich für meinen unmöglichen Vater und seine braunen Kameraden und vor allem für mich selbst. Wie konnte ich mich bloß so freuen über seinen Tod? Ich war ein Tochterschwein, eine Schweinetochter. Bald würde mir ein rosa Ringelschwanz wachsen.

Ich schaue auf die Pappkiste vor meinen Füßen, die ihren Inhalt nicht mehr bewahren kann. Gebe ihr einen Tritt. Es staubt ein bisschen. Kein Laut ist zu hören hier unter dem Dach. Mir fällt auf, dass ich noch heute vor dem Traum nicht sicher bin, den ich seit dem Tod meines Vaters Dutzende Male geträumt habe. Es ist immer der gleiche: Mein Vater kommt zurück, ein dunkler, hagerer, faltiger Mann mit verkniffenen Lippen und einer riesigen Hornbrille. Er sagt, er sei nicht gestorben, er sei nur lange verreist gewesen, in Australien oder in Island. Er sagt, niemand könne beweisen, dass er gestorben sei, der Sarg sei in die Erde gelassen worden, ohne dass jemand überprüft habe, ob er darin liege. Er sagt, ein Stein habe darin gelegen, oder ein Brocken Erde. Er verlange, wieder in seine Rechte eingesetzt zu werden. Er verlange Achtung und Beachtung. Wir, seine Kinder, schuldeten ihm Gehorsam. Ich versuche zu fliehen, vor diesem größten aller Schrecken, aber es geht nicht. Ich bekomme keinen Fuß hoch. Meine Füße sind auf dem Boden festgeklebt. Und dann wache ich auf, nass geschwitzt.

Ich schäme mich für diesen Vater nicht erst, seit er tot ist. Er war mir durch und durch peinlich, er war nicht vorzeigbar. Andere Väter gingen mit ihren Töchtern schwimmen oder Tischtennis spielen, und diese erklärten ihnen die Welt. Meine Freundinnen in der Nachbarschaft präsentierten ihre Erzeuger mit Stolz, berichteten von deren Wichtigkeit. Ich konnte nur schüchtern berichten, dass meiner in der Universitätsapotheke arbeitete. Wenn er nicht dort schuftete, dann im Garten, und wenn nicht im Garten, dann am Schreibtisch, er schrieb unverständliche Vorträge über Jesus und soldatischen Glauben, oder er reiste zu komischen Tagungen mit seltsamen Leuten, die von der Vergangenheit schwärmten oder vom Deutschtum oder von freien Kirchen. Wenn er überhaupt mit Nachbarn oder Freunden von uns Kindern zu tun hatte, was zum Glück selten vorkam, benahm er sich fast immer unmöglich. Er machte verletzende Bemerkungen oder übersah sie, als seien sie durchsichtig. Einer Arbeitskollegin sagte er ins Gesicht: »Lieber die Schnauze eines toten Hundes küssen als mit Ihnen zusammenarbeiten.« Solche Vorfälle machten mich noch verschüchterter und verschämter, als ich eh schon war.

Für ihn war ich nicht existent. Ein Loch in der Luft, ein uninteressantes Dings. Uninteressant, weil ich ein Mädchen war. Und weil ich keine Sätze über Glauben oder Gefolgschaft oder Hingabe formulieren konnte, so wie die Männer von den »Freien Christen«, mit denen er verkehrte. Das waren die Sätze, die ihn interessierten, die er so gierig soff wie andere Leute ihren Alkohol.

Auf einem Foto hält mein Vater seine vielleicht anderthalb Jahre alte Tochter im Arm. Das heißt, er hält sie nicht fest, sondern so weit wie möglich von sich weg, als sei sie etwas Widerwärtiges. Erinnern kann ich mich an nichts mehr, weder an das Gefühl früher Zurückweisung noch an das Gefühl vergeblicher Liebe und schon gar nicht an die im Foto festgehaltene Situation. Seit ich denken kann, habe ich meinen Vater als unnahbar, unerreichbar, unfassbar empfunden. Ich weiß nicht, wann ich aufhörte, von ihm irgendetwas zu erwarten.

Und irgendwann hörte ich auch auf, mich an ihn erinnern zu wollen. Schon vor seinem Tod versuchte ich, wann immer es mir möglich war, seine Existenz zu vergessen, und erst recht danach. Der Vater, das war ein ferner Mann im Nebel. Im

Unsichtbaren. Ein Mann wie ein Phantomschmerz. Ein Fremder, den ich nicht gekannt haben wollte. Die Erinnerungen an ihn in Worte zu kleiden, das ist, als ob ich Traumbilder auf scharfe Fotos bannen wollte – sie zerrinnen.

Mein Trost ist nur, dass nicht nur mein, sondern jedes menschliche Gedächtnis in gewisser Weise falsch ist. Sobald man die Gefühle und Bilder der Erinnerung in Worte umwandelt, verlieren sie ihre nicht fassbare Authentizität, vermischen sich mit der Gegenwart und werden zu etwas Anderem, Neuem. Die Erinnerungen an meinen Vater sind Annäherungsversuche an die Wahrheit, nicht mehr.

Mein stärkstes Gefühl gegenüber Manfred Augst ist mein inneres Sträuben gegen ihn. Ich wollte mit ihm nichts zu tun haben, schon allein, weil die seltenen Momente, in denen er sich mit mir beschäftigte, fast immer unangenehme Folgen hatten. Einmal befahl er mir, Gießwasser aus dem Neckar zu schöpfen, der neben einem von ihm gepachteten Gartengrundstück floss. Er gab der vielleicht Siebenjährigen zwei riesige Gießkannen mit. Ich schleppte sie den Flusshang hoch, japsend, mit letzter Kraft. Am nächsten Tag heulte ich vor Schmerzen, meine Bauchmuskeln waren völlig überdehnt. Meine Mutter nahm mich auf den Schoß und tröstete mich. Der Vater weiß nicht, was ein Kind kann oder nicht kann, sagte sie. Warum nicht, fragte ich. Das weiß ich nicht, sagte sie.

In der Natur war er erträglicher als in den eigenen vier Wänden, vor allem im Wald lebte er auf. Er nannte alle Pflanzen und Pilze mit Namen, kannte ihre Heilkraft oder Eßbarkeit, kannte die Lebensgewohnheiten von Dachsen, Kröten und Molchen. Im Frühjahr weckte er uns bisweilen schon um vier Uhr morgens, um uns die verschiedenen Stimmen der Singvögel vorzuführen. Diese Naturliebe war das Einzige, was wir Kinder an ihm mochten und von ihm übernahmen.

Aber nicht immer ging das gut. Mein ältester Bruder, damals vielleicht zehn oder zwölf, dichtete einmal ein altes Vogellied um und trug es dem Vater vor: »Amsel, Drossel, Fink und Meise und die ganze Vogelscheiße wünschen dir ein frohes Jahr, lauter Heil und Hitler!« Blitzwütend wurde der Vater, aber die Mutter hielt ihn zurück: »Lass doch, der Bub weiß doch gar nicht, was er da singt.«

An anderen Tagen lebte er seine Naturromantik so rücksichtslos aus, dass selbst ein erfreuliches Ereignis wie ein winterlicher Skilanglauf höchst unerfreulich wurde. Einmal nahm er nicht nur mich, sondern auch die Tochter des Majors mit. Zuerst hatten wir unseren Spaß an den verschneiten Tannen, deren Zweige sich unter der dicken Zuckerschicht bogen. Aber mein Vater jagte uns weiter und weiter und immer weiter. Keine Pause, kein Verschnaufen. Und keine Antwort auf unsere Fragen, wann wir denn endlich umkehren würden. »... Vom hohen Himmel ein leuchtendes Schweigen erfüllt die Herzen mit Seligkeit, wandern wir, wandern wir durch die weite weiße Welt«, dröhnte mir voller Ingrimm durch den Kopf. Eine Verszeile aus der »Deutschen Kriegsweihnacht«, vielleicht das einzige Weihnachtslied, das mein Vater mochte. Die eisgefrorene schweigende Welt, damit konnte er sich identifizieren, das war er selbst. Durchgefroren bis ins Mark, am Ende unserer Kraft, langten wir in tiefer Dunkelheit zu Hause an. Die beiden Mütter waren außer sich.

Doch, die Weihnachtszeit war schön. Am Nikolaustag legten wir unsere Wunschzettel auf einen Teller, meine Mutter stellte ihn auf die Veranda. Wenig später waren die Zettel weg, dafür lagen »Gutsle«, selbst gebackene Plätzchen, darauf. »Die Engel haben die Wunschzettel mitgenommen«, sagte mein Vater. Leider, das sah ich dann am Heiligabend, befolgten sie meine Anweisungen nur sehr ungenau. Ich schrieb immer lange Listen mit neuen Puppenkleidern, Puppengeschirr, Puppenwägen. »War beim Christkind nicht vorrätig«, sagte meine Mutter. Dafür lag irgendetwas anderes, nicht ganz so Teures auf den Gabentischen, und ich war getröstet.

Die Bescherung mussten wir uns hart erarbeiten. Meine Mutter liebte Musik, also fiedelten und flöteten und sangen wir. Mein Vater hasste Musik, also sagten wir Gedichte auf. Wir wussten schon, welche er besonders gerne mochte: die aus dem »Deutschen Born«. Dass das Nazi-Gedichte waren, wussten wir nicht, die schwülstigen Zeilen verstanden wir nicht. Stocksteif standen wir und leierten die auswendig gelernten Verslein herunter. Am Ende nickte er nur, Lob war seine Sache nicht, Lob verwöhnt nur und verweichlicht.

Härte zeigen, sich abhärten, das war sein Erziehungsprogramm, auch und zuallererst gegenüber sich selbst. Morgens duschte er kalt, zur Abhärtung, wie er sagte, und eine Weile lang tat ich es ihm freiwillig nach, in dem verzweifelten Bemühen, ihm zu imponieren. Doch da ich auch dafür keinen Lidschlag erhöhter Aufmerksamkeit kassierte, gab ich das unangenehm kalte Ritual schnell wieder auf. Härte zeigen, das hieß für ihn auch, den eigenen Körper wie einen Feind zu behandeln. Er mochte ihn nicht, er bewohnte ihn nicht. Härte hieß, weder sich noch anderen gegenüber Gefühle zuzulassen. Er lebte in seiner Einsamkeit wie in einem inneren Bunker. Alles zubetoniert, Luken dicht, der Krieg ging außen für ihn weiter. Er panzerte sich gegen seine Angst. Gegen jede Art von Erweichung und Erwärmung. Er ließ es nicht zu, dass menschliche Zuneigung aufkam, er erstickte sie im Keim. Ob ich deshalb so eine Angst vor Kellern und Bunkern jeder Art habe?

Härte zeigen, zu Härte erziehen, das war eine unselige deutsche Tradition. Mein Vater verstand genauso wenig wie seine Generation und die vor ihm, dass diese angeblich so deutsche, angeblich so männliche Tugend Mitverursacher war für die nationalsozialistischen Gewaltverbrechen und Mitverursacher ihrer fehlenden Aufarbeitung. Härte zerstört Mitgefühl, verlängert Traumata, betoniert psychische Schmerzen und bewirkt unüberwindbare Einsamkeit.

In seinen letzten zwei Lebensjahren absolvierte mein Vater die gemeinsamen Mahlzeiten im Wohnzimmer, ohne einen einzigen vollständigen Satz über die Lippen zu bringen. Wir Kinder gewöhnten es uns ab, das Wort an ihn zu richten. »Mutter, was macht der Vater heute Nachmittag?«, fragte einmal einer meiner Brüder, während unser Vater mit uns am Mittagstisch saß. Mein Bruder kam nicht auf die Idee, den Vater direkt anzusprechen.

All das geht mir durch den Kopf, während ich auf dem Dachboden vor der Kiste sitze. Ich ahne, nein, ich weiß, ich werde noch andere unangenehme Funde machen.
Zum Beispiel diese handschriftlichen Zeilen, undatiert:

»Da ich merke
dass mein Widerstand gegen die Versuchungen des
bürgerlichen Lebens schwächer wird,
dass ich mich allein nicht länger halten kann,
da ich aber bisher allein bin
und niemand gefunden habe
will ich die Konsequenz ziehen
solange ich noch in Vollbesitz meiner Verantwortung
und Kraft bin
in der Hoffnung, wenigstens durch diese Konsequenz soviel
Aufmerksamkeit zu erregen
dass die Sachverständigen aufhorchen
die es angeht
(So wie die Stumme in Mutter Courage)«

Die stumme Tochter von Mutter Courage, die die Stadt wachtrommelt! Wie gut, denke ich, dass du keinen Mitmacher gefunden hast, dass du allein warst, als du deinen Tod auf der

Bühne des Kirchentages inszeniertest. Und mir fällt die Andeutung ein, die du irgendwann in deinen letzten Lebenswochen deiner Frau gegenüber machtest:

Ich könnte euch ja auch alle mitnehmen ...

Danke, lieber Vater, dass du mich und uns hast leben lassen. Wie hättest du uns denn gerne ins Jenseits befördert? Hättest du uns erstickt, so wie die Nazis die Juden im Gas erstickten? Oder lieber erschossen wie die italienischen Partisanen, die ihr verfolgt habt? Oder vielleicht auch nachts das Haus angezündet, damit wir verbrennen wie die Frauen und Kinder in Russland, deren Häuser deine Wehrmacht angezündet hat? Oder hättest du uns lieber vergiftet, so wie Magda Goebbels ihre Kinder im Führerbunker vergiftet hat, als der Endsieg sich verflüchtigte? Ich glaube, du hättest Gift bevorzugt.

Ich drehe das Papier um. Auch die Rückseite ist vollgekritzelt.

»Ute
Versuche mehr an die Noten zu denken
nicht nur an Spielereien
und an das was auch andere gern haben, nicht nur was Du«

Wie absurd diese Anweisungen sind.

Das Tübinger Wildermuth-Gymnasium, das ich damals besuchte, war eine muffige, autoritär geführte Schule. Ich langweilte mich dort unendlich, aber ich brachte immer gute Noten nach Hause, ohne etwas dafür zu tun. War mein Vater neidisch auf meine leicht errungenen Schulerfolge? Er war nur in der Grundschule gut gewesen, im Gymnasium tat er sich schwerer. Also sollte auch seine Tochter nicht gut sein dürfen, schon gar nicht ohne Schufterei.

Mir fällt eine Szene aus den österreichischen Alpen ein, die ich lange vergessen hatte. Anstrengende Gebirgswanderungen, das mochte er, vielleicht weil er sich und seinen Körper dann endlich einmal spürte, und manchmal nahm er uns Kinder mit. Einmal balancierten wir zusammen mit einer Gruppe von Bergwanderern auf einer gefährlich schmalen Spur über einen Gletscher. Wahrlich kein geeigneter Weg für eine Zehnjährige. Ich fühlte mich unsicher und hatte elende Angst. Und rutschte prompt aus, Richtung Abgrund. Einer der Wandersleute konnte mir in letzter Sekunde seinen Spazierstock hinhalten, ich ergriff ihn, er zog mich zurück auf den Pfad. Ich zitterte, ich empfand Todesangst und schrie nach meinem Vater. Der drehte sich kaum um, meinte nur über die Schulter: »War doch nichts, stell dich nicht so an.«

In jener Zeit konnte ich es nicht fassen, wie gleichgültig ich ihm war. Meine Hände konnten ihn nicht fassen, sie griffen durch die Luft, griffen ins Leere, die Nervenpunkte in meinen Handflächen begannen äußerst schmerzhaft zu vibrieren. Noch heute spüre ich diese Nervenenden, wenn ich mich von irgendwem verraten und allein gelassen fühle.

Vielleicht aber sah er auch deshalb so konsequent durch mich hindurch, als sei ich Luft, weil das weibliche Geschlecht nach seiner Überzeugung dem männlichen geistig untergeordnet war. »Bisschen doof ist niedlich«, hörte ich ihn immer wieder sagen, und er meinte damit ausschließlich Mädchen und Frauen. Doch ich war nicht doof. Also war ich beleidigt. Und zutiefst verletzt.

Posthum jedoch, das muss ich heute zugeben, erreichte er sein Ziel: Nach seinem Selbstmord stürzte ich schulisch ab. Meine spielerische Haltung war passé. Ich konnte den Lehrern nicht mehr zuhören. Ich starrte aus den Fenstern des Klassenzimmers und versank in fernen Welten von Traum und Trauer. Man sagte mir nach, dass ich ein fröhliches Kind gewesen sei, nun war ich eine traurige Jugendliche. Pessimismus wurde zu meinem Lebenselixier. Ich konnte um meinen Vater nicht trauern, also trauerte ich um die ganze Welt.

Mit vierzehn Jahren begann ich, schwarze Kleidung zu tragen und existenzialistische Werke zu lesen, Sartre und Camus, Simone de Beauvoir. Die Einsamkeit und Sinnlosigkeit der nackten Existenz, das wurde, gewiss auch altersbedingt, mein Thema. Die Banalität des alltäglichen menschlichen Treibens lehnte ich ab. Oberflächliches Gesumse und Geschnattere, fand ich. Ich suchte nach dem tieferen Sinn. Ich litt unter meiner Einsamkeit und inszenierte sie lustvoll. Ich kultivierte das Gefühl, allein auf der Welt zu stehen. In Schwarz ging ich durch die Straßen und fühlte mich schwer existenzialistisch. Als eine in die Geschichte Geworfene, die von niemandem auf der Welt verstanden wurde, die mit niemandem die bedeutsamen Worte teilen konnte, die ihr auf der Zunge brannten. Ich merkte nicht einmal, dass ich es damit meinem Vater nachtat. Wenn ich es bemerkt hätte, dann hätte ich ganz schnell damit aufgehört.

Denn mein Lebensziel war es fortan, das genaue Gegenteil meines Vaters zu sein. So, als ob er das Sandförmchen sei und ich seine Negativform, der Sandkuchen, sein Abdruck ins Gegenteil. Er stand politisch rechts, also wandte ich mich nach links. Er war autoritär, also wurde ich antiautoritär. Er war Rassist, also versuchte ich mich als Antirassistin. Er war Deutschnationalist, also wurde ich Internationalistin. Er war heimatverwurzelt, also sah ich zu, mich nirgendwo fest anzusiedeln. Er war gläubiger Kirchgänger, also wurde ich zur ungläubigen Kirchenkritikerin. Er war Patriarch, also wurde ich Feministin. Er war mittelblond, also gefielen mir nur schwarzhaarige Männer. Er konnte nicht schreiben, sich nicht ausdrücken, also beschloss ich irgendwann, das Schreiben zu meinem Beruf zu machen. Er war ein Kopfmensch, also legte ich Wert darauf, meine Gefühle auszuleben. Er konnte nur ein Gefühl empfinden, das Mitleid mit sich selbst, also versuchte ich, Mitgefühl und Solidarität zu Grundprinzipien meines Lebens zu machen. Er glaubte, dass sich am Ende immer die

Starken durchsetzen müssen, also engagierte ich mich für die Schwachen. Er zählte die Pfennige, also ging ich mit Geld großzügig um. Er hasste Musik, also lernte ich Klavier und Orgel, spielte in Bands und sang in Chören. Er war einsam, also beschloss ich, gesellig zu werden. Er mochte das Gebirge, die eisigen Höhen, also entwickelte ich eine unüberwindliche Abneigung gegen Berge aller Art und wurde Meerliebhaberin. Er war immer verkrampft, also wurde ich krampfhaft locker. Er war humorlos, also lernte ich so laut zu lachen, dass meine Freunde behaupteten, man könne mich meilenweit daran erkennen. Selbst bei den Himmelsrichtungen orientierte ich mich in entgegengesetzter Weise. Er fühlte sich vom »arisch« besiedelten Norden angezogen, also zieht es mich gen Süden.

Aber eigentlich ist es nicht lustig, nur ein Sandkuchen zu sein, bloß der Negativabdruck eines Menschen.

Doch, in zwei Dingen war ich sogar der Positivabdruck. Ich lernte von ihm die Namen vieler Tiere und Pflanzen und bin ihm dankbar, dass er uns seine Zuneigung zur Natur weitergegeben hat. Und seinen Pazifismus. Er war nicht fähig, ihn ideologisch zu begründen, er fand dafür genauso wenig passende Worte wie für alles andere, aber er versuchte ihn zu leben. Er demonstrierte gegen Aufrüstung und Atomtod, er näherte sich den Quäkern an, er half seinen Söhnen, ihre Kriegsdienstverweigerung vorzubereiten, und er schlug uns nicht. Nein, das stimmt nicht, in jähen Wutanfällen verpasste er den Söhnen manchmal so heftige Ohrfeigen, dass sie aus der Nase bluteten, oder tunkte ihre Gesichter in heiße Suppe. Diese kurzen, heftigen Eruptionen von Gewalt, die sich an Banalitäten entzündeten, an einer kleinen Quengelei, an einer falschen Geste, waren scheußlich, aber zum Glück nicht alltäglich.

Hatte ich je ausführlich mit meinem Vater geredet? Ich kann mich nur an zwei längere Unterhaltungen mit ihm erinnern.

Das eine Mal hatte ich ihn gefragt, wer denn bei diesem Krieg da unten in Vietnam gegeneinander kämpfe. Ich hatte in Radio und Fernsehen davon vernommen, ich hatte Demonstrationen von Studenten gesehen, die rote Fahnen schwenkten und Ho-Ho-Ho-Chi-Minh riefen. Er setzte zu einer langen stammeligen Erklärung an, erzählte irgendwas von arroganten Amerikanern und minderwertigen Asiaten, und ich verstand nicht, wer die Bösen und wer die Guten sein sollten. Kriege seien immer schlimm, sagte er, deshalb sei es so falsch nicht, wenn nun die Studenten dagegen demonstrierten. Die Kriegsgräuel, die er bei seinen eigenen Fronteinsätzen erlebt haben musste, hatten ihn offenbar dazu gebracht, Pazifist zu werden.

Mein Vater war ein Mann voller Widersprüche: Nazi, Christ und Pazifist. Eine absonderliche Mischung. Und eine hochexplosive.

Er konnte keine Erklärung formulieren, die ein Kind verstand. Er konnte nicht einmal Erwachsenen etwas erklären. Er presste Worte hervor, dann hielt er inne, rang mit ihnen, als ob er es mit einem Gegner im Ring zu tun hätte, verheddete sich in der Grammatik und verstummte irgendwann, innerlich und äußerlich völlig verkrampft. Und dabei wollte er doch so gerne reden. Er wollte nichts lieber als reden. Er nutzte jede Gelegenheit, Vorträge zu halten, sich in Veranstaltungen zu Wort zu melden und sich jedes Mal von neuem zu blamieren. Er hatte nicht nur eine sadistische, sondern auch eine masochistische Ader.

Unsere zweite Unterhaltung fand auf der Straße statt. Ich sagte ihm, mir gefielen die Menschen mit blonden Haaren und braunen Augen am besten, das sei so ein schöner Gegensatz. Blaue Augen, korrigierte er mich. Nein, braune, korrigierte ich. Ich mag aber nur die Blonden und Blauäugigen, sagte er. Er selbst hatte mittelblonde Haare und grüne Augen, dünne Ärmchen und eine Hühnerbrust. Wahrhaftig ein Inbegriff des arischen Recken, so ähnlich wie der schwarzhaarige Hitler, der fette Göring, der klumpfüßige Goebbels oder der kurzsichtige Himmler. Deine Frau und einer deiner Söhne, sie haben schwarze Haare und blaue Augen, sagte ich. Magst du sie nicht? Das ist die dinarische Rasse, sagte er. Flacher Hinterkopf und schwarze Haare. Eine minderwertige Rasse, asiatisch beeinflusst. Ich war entsetzt: Wie redete er über uns?

Später fiel mir auf, dass auch Günter Grass so ein rassisch Minderwertiger war. Flacher Hinterkopf und schwarze Haare.

Noch später fiel mir ein Buch von »Rasse-Günther« in die Hände. Hans J. K. Günther hatte mit seinem Werk »Die Rassenkunde des Deutschen« die »wissenschaftliche« Grundlage für den Vernichtungswahn der Nazis geliefert und war der Doktorvater meines Vaters gewesen. Die »dinarische Rasse«, schrieb Günther, zeichne sich durch »Gutmütigkeit«, »Verlässlichkeit« und »Sentimentalität« aus, und »so scheint die dinarische Rasse gegenüber der nordischen seelisch einfacher, minder reichhaltig und an Möglichkeiten der Entfaltung beschränkt zu sein«. Genau so, durchzuckte es mich beim Lesen, genau so hat mein Vater meine Mutter zeitlebens beurteilt: lieb, aber doof. Im Alltag gut zu gebrauchen, aber beschränkt und minderwertig.

Seit diesem Spaziergang wollte ich zur minderwertigen Rasse gehören, zur Rasse meiner Mutter. Manchmal träumte ich davon, ich sei bei meiner Geburt verwechselt worden oder ein anderer Mann habe mich gezeugt und dann vergessen, aber eines Tages würde er wiederkommen und mich holen und zu seiner Prinzessin küren. Aber meine Lieblingsfantasie war die, indianischer Herkunft zu sein, mit blauschwarzem Haar und bronzefarbener Haut, und jeden Tag kontrollierte ich mein Blondhaar, ob es schon schwarz wurde. Meine Lieblingstante, die jüngste Schwester meiner Mutter, war als Kind auch blond gewesen und hatte sich immer mehr eingedunkelt. Jahrelang hoffte ich auf dieses Wunder. Aber es wollte sich nicht einstellen.

Ich wurde immer mehr zum Indianer. Ich zog mich in eine Fantasiewelt zurück. Ich war kein Mädchen mehr, sondern ein Junge, und ich war nicht mehr deutsch, sondern ein Urenkel des großen Häuptlings Tecumseh. Ich las mich durch Berge von Indianerromanen. Meine Mutter schenkte mir eine Langhaarperücke aus schwarzem Bast und einen selbstgeschneiderten Indianeranzug aus Leinen, mit Stickereien und roten Fransen an den Ärmeln. So kostümiert und niemandem mehr kenntlich, zog ich mit der Tochter des Majors durch die Wildnis der schwäbischen Gärten, klaute Pflaumen, kroch durch Buschwerk und Efeu, ahmte den Schrei des Eichelhähers nach, hüpfte zur Mutprobe auf Brennesselhaufen herum, kochte Eier auf illegalen Lagerfeuern, die wegen der Brandgefahr niemals hätten entzündet werden dürfen. Unser Gott war Winnetou, ersatzweise der Winnetou-Darsteller Pierre Brice. Wir schnitten sein Portrait aus Zeitschriften aus und küssten es und klebten uns ein Altarbild zusammen. Eines Tages aber lasen wir, Pierre Brice sei seiner Frau untreu geworden. Voller Wut zerrissen wir unsere Ikone, verbrannten die Fetzen und spülten sie das Klo hinab. Ja, wir lebten wild und gefährlich, die Tochter des Majors und ich. Und wenn wir in die echte Welt zurückgeholt wurden, nahmen wir das übel.

Mein Vater, den hielt ich nicht für echt, das war ein Mann vom Mond, einer mit Plastikarmen und Plastikgefühlen, einer, der schon im Leben tot war. Als er wirklich tot war, war es der echte Mann auf dem Mond, der uns rettete, vor der Presse und jeder weiteren öffentlichen Aufmerksamkeit.

Einen Tag nach seinem Tod und einen Tag vor seiner Beerdigung, am 20. Juli 1969, setzte die US-amerikanische Fähre »Eagle« auf dem Erdtrabanten auf, am frühen Morgen des 21. Juli trat Neil Armstrong auf die Mondoberfläche, ein kleiner Schritt für einen Menschen, aber ein großer Schritt für die

Menschheit, und 500 Millionen Menschen hingen weltweit vereint vor dem Bildschirm und verfolgten jeden seiner Tritte, als er fast schwerelos hüpfte und sprang und federte, und manchmal schaute jemand in den echten Mond im echten Himmel und konnte es nicht glauben, und in den Kontrollräumen der NASA lagen sich die Wissenschaftler selig in den Armen, und auch in unserem Wohnzimmer saßen Mutter und Kinder die ganze Nacht hellwach vor dem Spektakel, das da in schwarz-weißen Schlieren auf dem Bildschirm flimmerte, und freuten sich und staunten und hatten Mondstaub in den Augen und vergaßen den Selbstmörder.

Danke, Mann im Mond.

Ich gebe der Kiste einen kleinen Fußtritt, Staub, auch hier staubt es überall, ich ziehe noch mehr Papiere heraus, Blätter mit kaum leserlichen Stichwörtern, ein Löschpapier, leere Notizzettel, ein Feldpost-Umschlag ohne Inhalt. Soll doch das Zeug verrotten. Soll er doch verrotten in seinem Grab. Was geht mich der Kerl an. Seit 35 Jahren tot, und das soll er gefälligst auch bleiben. Andere haben Väter, die im großen Projekt der Weltveränderung engagiert waren, auf die sie stolz sein können, ich habe nur diesen abgestandenen Nazi zu bieten mit seinen abgestandenen Ideen.

»Augst wurde sechsundfünfzig Jahre alt«, schrieb Günter Grass über meinen Vater in seinem »Tagebuch einer Schnecke«. *»Er starb am 19. Juli 1969, drei Tage nachdem die Weltraumrakete Apollo Elf in Kap Kennedy gestartet worden war, tagsdrauf die Hälfte des Wegs zum Mond zurückgelegt hatte, tagsdrauf das Landefahrzeug ›Eagle‹ (Mondfähre genannt) noch einmal inspiziert worden war, und etwa zwei Stunden, bevor das Haupttriebwerk zum ersten Mal gezündet wurde: die bemannte Weltraumrakete schwenkte in eine elliptische Bahn um den Mond.*

Das sahen wir am Abend auf dem Fernsehschirm im Haus des Verlegers Klett. (Vorwärts! Die Ziele schminken sich, legen Rot, kein Orange auf.) An Bord von Apollo Elf waren alle wohlauf. Partygeplauder am Rande des Kirchentages. (Erlösung, nur noch ein Farbenproblem.) Das Haupttriebwerk wurde zum zweiten Mal gezündet. Einige Gäste unterhielten sich gedämpft über den Gottesbegriff bei Karl Barth. Salzstangen knabbern. (Wer spricht noch von Lüge und Wahrheit, wenn Tatsachen sprechen: simultan übersetzt.) Natürlich war auch von Augst die Rede. Erdnüsse knabbern. (Jemand hat es geschafft, hat sich ins Ohrläppchen gebissen. Alle üben jetzt und hoffen wieder.) Aldrin – oder war es Armstrong – erzählte einen Witz, über den auf der Erde gelacht werden sollte. (Also, es bleibt bei Orange.) Ich suchte zwischen Kletts Büchern ein Lexikon: etwas über Blausäure. Knackmandeln knabbern. (Es gibt keine Schmerzen, nur Mittel gegen Schmerzen.) Soviel nette Jugend. Kletts Töchter, die Studentin aus Prag. Knabbern knabbern. Dann gab es Kartoffelsalat und Bildstörung bei Apollo Elf. Mit seiner brüchigen, wie vom Kopfschmerz punktierten Stimme fragte Professor von Hentig sich und die Gäste, wo denn die Grenzen der Pädagogik zu suchen seien. Alle blieben vage, nur Ehmke wußte wo. Ich las im Lexikon. Jäckel d. Ä. sagte: ›Komm, gehen wir.‹

Zyankali, das Salz der Blausäure (HCN), wird durch Magensäure freigesetzt und blockiert die eisenhaltigen Atmungsfermente. 80 bittere Mandeln enthalten die tödliche Dosis von 60 mg Blausäure. (Die Mandel als Metapher: Celan-Zitate.) Bei der Obduktion meldet Bittermandelgeruch in der Schädelhöhle die Todesursache. Bei Augst wurden Vergiftungssymptome durch Erstickung genannt: Forcierte Atmung, Verminderung der Atmung, Bewußtlosigkeit, Krämpfe, Atemstillstand.«

Mein Vater hatte einen Erstickungstod erlitten. Er war an seinem Schweigen erstickt.

In den Wochen nach seinem Selbstmord meinte ich zu riechen, dass der Bittermandelgeruch um uns herum langsam, ganz langsam verflog. Dazu trugen auch die Tage am Bodensee bei. Ich weiß nicht mehr, war es Anfang oder schon Mitte August, als wir, die Restfamilie, die am Leben Gelassenen, in den Urlaub fuhren. Der jüngste meiner Brüder, mit achtzehn endlich Führerscheinbesitzer, hatte sich ein eigenes Auto zugelegt, einen kleinen, angerosteten NSU-»Prinz«, mit dem er meine Mutter und mich durch den Schwarzwald an den See karrte. Eine Woche später trafen dort auch meine älteren Brüder ein, zwanzig und einundzwanzig Jahre alt. Sie waren mit unserem Familienauto »DKWuppdich« gekommen, das so hieß, weil es beim Überfahren jedes Kieselsteins einen Satz machte. Meine Mutter hatte eine Ferienwohnung in Horn am Westufer des Sees gemietet, nur ein Zimmer mit Kochnische und Bad, aber die Enge war uns recht, wir legten uns in Schlafsäcken nebeneinander, suchten gegenseitige Nähe. Tagsüber schwammen wir oder gingen spazieren. Und abends hockten wir zusammen und redeten und redeten.

Warum hat Vater das getan? Was ist in ihm vorgegangen? Weshalb hat er so wenig Rücksicht auf uns genommen? Wieso glaubte er, keinen anderen Ausweg mehr zu haben? Weswegen in aller Öffentlichkeit? Was für ein Zeichen sollte das sein? Hätten wir das verhindern können? Waren wir mitverantwortlich für seinen Tod? Wir fühlten uns mitschuldig. Ich ganz besonders, ich hatte an seinem Grab gelacht.

Nein, wir sind nicht mitschuldig, sagte meine Mutter. Und erzählte davon, was ihre langjährige Hausärztin, fast schon eine Hausfreundin, ihr gesagt hatte: »Wenn Sie und die Kinder nicht gewesen wären, dann wäre das schon viel früher passiert.«

Vielleicht. Aber wenn wir ihm etwas bedeuteten, angeblich, wieso hat er uns dann so schlecht behandelt?

Er konnte nicht anders, sagte meine Mutter. Er war nicht

mehr fähig, ein normaler Vater zu sein. Früher, da war er zugänglicher, noch nicht so depressiv. Die ersten zehn Ehejahre, ja doch, die waren eigentlich ganz gut gewesen. Aber dann ging es immer mehr abwärts mit ihm. Ihr habt es ja gesehen, in den letzten Monaten hat er meistens auf dem Bett gelegen und die Zimmerdecke angestarrt.

Ja, gesehen hatte ich das wohl. Aber mir nicht erklären können. Und auch nicht darüber nachdenken wollen. Ich sperrte meinen Vater aus all meinen Gedanken aus. Ich war froh, dass er so schweigsam war. Dann nervte er mich nicht.

Er war nicht mehr fähig, sich am eigenen Schopf aus dem Sumpf zu ziehen, sagte meine Mutter. Er war doch krank.

Krank? Was sollte das für eine Krankheit gewesen sein? Ich merkte, ich wusste am wenigsten. Ich hatte ihn einfach nur gehasst und gefürchtet, hatte mich wie aufgespießt gefühlt durch seine verletzenden Spitzen. Warum hatte sich niemand die Mühe gegeben, mir zu erklären, was mit ihm los war? Auch meine Mutter nicht. Sie habe mich schonen wollen, sagte sie, sie fand, ich sei noch zu jung, um das alles zu verstehen. Was ist das für eine Schonung, wenn der Schock hinterher umso größer ausfällt? Und was war mit meinem Vater los?

Er hat doch Pillen genommen, klärte mich der mittlere meiner Brüder auf. Mein Bruder verstand etwas von Medikamenten, er arbeitete in derselben Apotheke als Praktikant, in der früher auch unser Vater gestanden hatte. Chemische Stimmungsaufheller hat der Vater genommen. Gegen Depressionen. Aber irgendwann im Sommer hat er sie wieder abgesetzt. Er wollte einfach nicht mehr.

Meine Mutter zitierte einen Bekannten aus ihrem Bibelkreis. Ob man die Krankheit unseres Vaters nun eine paranoide Schizophrenie oder eine schizophrene Paranoia nennen wolle, das bleibe sich gleich.

Heute denke ich, dass das nicht mehr war als eine hilflose Laiendiagnose. Wörter, die entlasten sollten. Paranoide Schizophrenie, das klingt nach unheilbarem Leiden, nach jemandem, dem man außerhalb einer psychiatrischen Klinik nicht mehr helfen kann. Aber ist ein Nazi, der an seinem Schweigen erstickt, paranoid? Und warum haben ihn alle schweigen lassen? Auch die eigene Familie? Warum hat nie jemand gefragt, wie das gewesen war, damals? Weil er ja doch nicht antworten würde? Oder waren wir alle krank? Angesteckt von diesem Schweigen?

Ich erinnere mich an einen Traum. Mir träumte, ich würde eine glitschige Kellertreppe hinuntersteigen, immer tiefer ins Dunkel, bis ich an eine geschlossene Tür gelangte. Eine Art Stahltür, doppelt dick und dreifach gesichert. Eine Tresortür oder Bunkertür. Ich wollte nachschauen, was sich dahinter verbarg. Ich wusste: etwas unaussprechlich Entsetzliches. Alles um mich herum stank, moderte und faulte. Ich hatte grauenhafte Angst, die Tür zu öffnen. Aber ich wollte es. Schließlich überwand ich mich und versuchte, die Türklinke hinunterzudrücken. Die Tür war verschlossen. Plötzlich spürte ich die Anwesenheit meines Vaters in meinem Rücken. »Das ist verboten!«, schrie er. »Hau ab hier! Das geht dich nichts an!« Und ich floh, so schnell ich konnte.

Die Leichen im Keller meines Vaters. Was wollte ich in diesem Keller? Sein Geheimnis ergründen, klar. Aber warum? Um Beweise zu finden, dass mein Hass begründet war? Und wenn ich sie fände? Wenn ich sie fände, dann – dann wären die Leichen meines Vaters auch meine Leichen.

Heute bin ich überzeugt davon, dass mein Vater weder paranoid noch schizophren war. Wahrscheinlich hatte er eine neurotische Störung, aber vor allem war er schwer depressiv. Und seine Depressionen waren ihm weder vom Wind zugetragen worden noch lagen sie irgendwo in seinen Genen verborgen, sie hatten einen handfesten Grund. Es waren die in seiner Seele vergrabenen, nie eingestandenen, nie formulierten Schuldgefühle. Vielleicht wäre sein Leben ganz anders verlaufen, wenn er über alles geredet hätte, über die erlebten Kriegsgräuel in Afrika und Italien und seinen eigenen Anteil daran. Und wenn ihm jemand zugehört hätte, der etwas von der seelischen Not eines nationalsozialistischen Täters verstand.

Im Jahre 2004 auf dem Dachboden unseres Elternhauses grüble ich darüber nach, wer das im Falle meines Vaters hätte sein können. Und mir fällt niemand ein. In der Universitätsstadt Tübingen mit ihren Dutzenden von Fachkliniken und Tausenden von Professoren und Ärzten gab es im Jahre 1969 niemanden, der sich damit auskannte. Im Land der Täter mochte man sich nicht mit den psychischen Folgen des Nationalsozialismus beschäftigen. Man wollte die furchtbaren Leiden der überlebenden Opfer nicht sehen, ihre Angst, ihre Panikattacken, ihre Albträume, ihre Schwierigkeiten, ein normales Leben zu führen. Was dazu führte, dass man auch die Leiden der Täter übersah. Es waren nicht die gleichen Leiden, weder quantitativ noch qualitativ. Aber es gab sie.

Es war sein freier Wille, sein Leben zu beenden, sagte meine Mutter am Bodensee. Jeder Selbstmord ist schrecklich, aber darf man Menschen das Recht absprechen, nicht mehr leben zu wollen?

Wir Kinder stimmten ihr zu.

Er hat es nicht mehr ausgehalten, das Leben, sagte meine Mutter. Er hat nichts Schönes mehr gesehen. Er konnte ja nicht einmal mehr lachen.

Da erst fiel mir auf, dass ich meinen Vater niemals habe lachen sehen.

Hat er früher gelacht?, fragte ich.

Ja, doch, sagte meine Mutter.

Ich kann es mir nicht vorstellen, sagte ich.

Doch, sagte sie, ab und zu. Auch wenn man nicht behaupten kann, dass er jemals gesprüht hätte vor Witz.

Er hatte keinen Humor, sagte mein ältester Bruder. Er dachte, für ihn gäbe es im Leben nichts zu lachen.

Aber er konnte zynisch sein, sagte der jüngste meiner Brüder.

Das stimmt, sagte der mittlere Bruder. Sogar sein letzter Satz war noch zynisch: »Das war Zyankali, mein Fräulein.«

Das Fräulein hat wahrscheinlich einen Schock fürs Leben bekommen, sagte meine Mutter.

Wie wir alle, sagte ich.

Vor dem Tod meines Vaters war ich noch ein Kind gewesen, dünn, aber mit Pausbacken, sodass der jüngste meiner Brüder mich »Birne« nannte. Wir beiden mochten uns damals nicht leiden. Er war viereinhalb Jahre älter als ich, und mit meiner Geburt hatte ich den kleinen Prinzen entthront, nun hieß nur noch sein Auto so, kleiner Prinz. Am Bodensee setzte ich mich auf den Kotflügel des Prinzenautos und posierte ein bisschen für die Kamera. Das Foto zeigt eine Jugendliche mit schulterlangen Haaren und verschämtem Lächeln, die Hände zwischen die Knie gepresst. Ein verlegenes, unsicheres, unreifes Mädchen, aber kein Kind mehr. Der Schock hatte mich aus dem Kinderreich ins Erwachsenenleben gestoßen.

Vielleicht stimmt das nicht ganz. Ein halbes Jahr früher gab es noch ein anderes Ereignis, das mich dazu veranlasste, beschleunigt erwachsen werden zu wollen. Es war eigentlich nur eine kleine Frage gewesen, die ich dem Pfarrer im Konfirmationsunterricht gestellt hatte, demselben Dekan, der später meinen Vater beerdigte. Er war ein biederer Bürger, mit einem Gesicht wie ein Mond. Eines Tages, wir Konfirmanden saßen wieder einmal in der geduckten Stube des Gemeindezentrums, und meine Mutter hatte meine halblangen Haare zu zwei Rattenschwänzen zusammengebunden, die mir wie bei Pippi Langstrumpf vom Kopf abstanden, eines Tages also nahm ich all meinen Mut zusammen. »Was ist der Sinn des

Lebens?«, fragte ich den Pfarrer, und ich meinte meine Frage bitterernst. Die Menschen kamen auf die Welt, wuchsen heran, bekamen Kinder, die auch heranwuchsen und Kinder bekamen, die wiederum Kinder bekamen, die Kinder bekamen ... Mir schien das grauenhaft sinnlos, eine ewige Tretmühle. Wenn das Leben schön gewesen wäre, dann wäre ich damit einverstanden gewesen. Aber ich fand es weder schön noch lustig. Kriege fegten über den Erdball, die Gewalt ging immer weiter, in Afrika hungerten die Kinder, und zu Hause starrte mein Vater an die Decke. Was für einen Sinn soll dieses Leben haben, Herr Pfarrer?

Den überraschte meine Frage so, dass er ins Stottern geriet. Ja, also das ist so, eine schwierige Frage, ähm, jeder beantwortet sie anders, äh, aber wenn du mich fragst, ich finde, tja, der Sinn des Lebens sollte die Nächstenliebe sein. Ähm. Ja. Dass wir alle unsere Nächsten lieben. Dass wir ihnen helfen und so. Ja.

In diesem Moment fiel ich vom Glauben ab. Das war keine Antwort, das war eine Beleidigung für denkende Menschen. Was sollte ein Christentum taugen, das auf die wichtigste Frage im Leben nur so eine lächerliche, nichts sagende Antwort wusste? Nächstenliebe war gewiss eine Tugend, doch zur Lösung des Rätsels der menschlichen Existenz vermochte sie nichts, aber auch gar nichts beizutragen.

Ich beschloss, Atheistin zu werden. Oder zumindest Agnostikerin: »Ich weiß, dass ich nichts weiß.« Schluss mit den Gebeten. Schluss mit der Heuchelei am Sonntag und den Sünden im Rest der Woche. Schluss vor allem mit dem quälendsten aller Gebote, mit dem vierten, das von mir verlangte, den Vater zu lieben. Und Schluss mit meiner immer wieder vergeblich gebliebenen Anstrengung, Gott, den Herrn, zu fürchten und zu lieben. Entweder fürchten oder lieben. Lieber Gott, beides gleichzeitig geht nicht, weder bei meinem Vater noch bei dir. Sei mir nicht böse, dass ich unsere Beziehung beende.

Meinem Vater erzählte ich nichts von meinem Beschluss. Vor ihm hielt ich sorgsam bedeckt, was mich bewegte, so wie ich es von ihm gelernt hatte. Nur meiner Mutter teilte ich irgendwann mit, ich glaubte nicht mehr, dass da ein bärtiger Alter im Himmel sitze. Sollen wir die Konfirmation absagen?, fragte sie entsetzt. Das wollte ich nun auch nicht. Ich wollte die Geschenke haben. Pfui Teufel, was für eine habgierige Seele, schalt ich mich später selbst, du Opportunistin hast das alles nur mitgemacht, weil du die Geschenke haben wolltest. Und zur Strafe hast du ein halbes Dutzend Bibeln bekommen.

Die Konfirmation war im Mai 1969. Ich versuche mich an das Jahr 1969 zu erinnern. Ein Jahr mit vielen historischen Ereignissen. Die Proteste der Außerparlamentarischen Opposition, überall nur APO genannt, hatten ihren Höhepunkt überschritten. Die Große Koalition wurde im Herbst von der sozialliberalen Regierung unter Willy Brandt abgelöst. Die NPD erhielt 9,8 Prozent bei den Landtagswahlen in Baden-Württemberg und verfehlte knapp den Einzug in den Bundestag. Richard Nixon wurde als US-Präsident vereidigt, die Demonstrationen gegen den Vietnamkrieg wurden immer mächtiger, Jimmy Hendrix zerschredderte auf seiner Gitarre beim Woodstock-Festival die US-Nationalhymne.

Ich kann mich nicht an Woodstock erinnern, nicht an den Tod des APO-Idols Theodor W. Adorno, nicht an den Prozess gegen den NPD-Anhänger Josef Bachmann, der ein Attentat auf den Studentenführer Rudi Dutschke verübt hatte und eine siebenjährige Zuchthausstrafe erhielt. Im August, als sich eine Million Hippies im US-amerikanischen Woodstock versammelten, um das friedlichste Musikfestival der Welt zu zelebrieren, fröhlich durch Schlamm und Pfützen zu hüpfen und zu der Musik von Janis Joplin Kinder zu gebären, in diesem August hockten wir am Bodensee.

Ich habe es nur deshalb mit eurem Vater weiter ausgehalten, sagte meine Mutter, weil ich mir immer wieder sagte: Er ist krank. Er ist krank. Er ist krank.

Wieso hast du ihn überhaupt geheiratet, Mutter?

Heute tät ichs nimmer, sagte sie.

Und warum damals?

Ich erinnerte mich, sie schon einmal danach gefragt zu haben. Ich war vielleicht neun oder zehn, sie stand in unserer Küche und kochte das Mittagessen, der Wasserdampf aus dem Kochtopf nebelte das Küchenfenster zu. Warum hast du diesen schrecklichen Mann geheiratet? Ihr fiel der Kochlöffel in die Grießklößchensuppe. Weil ich ihn liebe, antwortete sie und versuchte den Kochlöffel aus der heißen Brühe zu ziehen. Sie verbrannte sich die Finger. Ich spürte, dass sie log.

Warum hast du ihn geheiratet? Ihr habt doch überhaupt nicht zusammengepasst, würde ich heute ergänzen. Du, der Gefühlsmensch, und er, der verkrampfte Kopfmensch. Deine Großzügigkeit, sein Geiz. Deine Wärme, seine Kälte. Deine Naivität, sein Zynismus. Deine praktische Art, seine Vorliebe für Theorien und Abstraktionen. Und dann seine Nazigeschichten.

Mein Vater wurde 1913 geboren; als die Nationalsozialisten an die Macht kamen, war er zwanzig. Also einer, der in den zwölf Jahren Hitlerei erwachsen und für seine Taten verantwortlich war. Meine Mutter war jünger, Jahrgang 1922, sie war erst elf, als Hitler Reichskanzler wurde. Sie war dick und unsportlich, das Grauen vor den ewigen Sportveranstaltungen im »Bund deutscher Mädel« hatte sie davor bewahrt, eine Anhängerin der Nazis zu werden.

Als ich euren Vater kennen gelernt habe, Ende 1945, lag seine Welt in Trümmern, antwortete meine Mutter. Ich habe mir eingebildet, ich könnte ihm helfen, vom Nationalsozialismus loszukommen, aber das war Selbstüberschätzung, wie ich heute weiß.

Sie war unglaublich naiv gewesen. Sie gehörte zu einer Frauengeneration, der man Naivität und Weltfremdheit anerzogen hatte, weil man glaubte, das sei bei Mädchen eine Tugend. Sensibel, wie sie war, hatte sie im Allgemeinen eine gute Menschenkenntnis, die aber immer wieder eklatant versagte, weil sie nicht in der Lage war, sich die psychischen Abgründe mancher Menschen vorzustellen. Auch bei ihrem eigenen Mann brauchte sie ein Jahrzehnt, um zu verstehen, wen sie da geheiratet hatte.

Hast du ihn geliebt, damals? Sag mal ehrlich.

Verliebt war ich schon, doch. Ich habe ihn kennen gelernt, als Bekannte von uns umzogen, wir schleppten die Möbel von einem Haus zum anderen, und er war so hilfsbereit. Aber ... Eigentlich ... Na ja, lass mal.

Später erzählte sie mir, sie sei damals überzeugt gewesen, keinen anderen Mann mehr abzukriegen. Sie sei bei ihrer Heirat doch schon 25 Jahre alt gewesen. Und nicht hübsch. Und so dick. Und mit Krampfadern in den immer geschwollenen Beinen. Und nach dem Krieg habe es kaum mehr Männer gegeben ... Vielleicht wollte sie sich ihre frühere Liebe zu diesem Mann einfach nicht mehr eingestehen?

Es ist besser so, dass er tot ist, sagte sie am Ufer des Bodensees, das Leben wird für uns alle leichter sein.

Was für ein Satz! Ich war ihr sehr dankbar dafür. Meine Schuldgefühle zwickten nicht mehr ganz so heftig.

Wir freuten uns am Blau des Bodensees, wir kraxelten auf den Hohentwiel und schauten auf die Weite des Landes, wir spazierten unter den Palmen der Bodensee-Insel Mainau, dem wärmsten Ort nördlich der Alpen. Das Leben ging weiter, und es war schön.

Ich sitze immer noch auf diesem Dachboden, vor mir diese Kiste. Was ist noch alles drin? Vielleicht ein nie entdecktes Testament? Noch mehr Briefe? Liebesbriefe? NSDAP-Abzeichen? Und ich wühle weiter in der Vergangenheit. Wühle mich durch Papiere, die in meinen Fingern zerbröseln.

Finde einen handgeschriebenen Brief ohne Datum.

»Liebe Margarete«, das war meine Mutter, »ich kann mir nicht vorstellen, dass Du mich je einmal geliebt hast in dem Sinn, was normale Menschen unter Liebe verstehen. Sonst hättest Du mein tiefstes Anliegen wenn nicht verstanden, so doch einmal fühlen müssen. Wie kann das Liebe sein, das von Sein und Wollen des anderen nichts versteht. Du kannst nichts dafür, aber ich kann jetzt eben nicht mehr. Ich bin unfähig geworden, aus mir rauszugehen, Partnerschaft zu haben
Es sitzt alles zu tief
Was ich tue, das darf ich.«

Was ich tue, das darf ich – diesen Satz kannte ich. Endlich habe ich ihn in der Hand, habe dich in der Hand. Du durftest das? Hast du uns gefragt? Uns Kinder? Deine Frau? Deinen Vater, deine Geschwister? Deine Freunde? Entschuldigung, ich vergaß, du hattest keine. Wenn einer drohte, dein Freund zu werden, so hast du es immer geschafft, ihn zu vergraulen. Hast du jemals an die Pein gedacht, die solch eine Tat für uns, deine Frau und deine Kinder bedeutet? Hast du auch nur eine Sekunde an diesen Gedanken verschwendet? Nein, hast du nicht. Du hast nur an dich selbst gedacht. Auch die ökonomischen Folgen haben dich wenig interessiert. Eine nicht mehr gesunde Frau, vier Kinder, deren Ausbildung finanziert werden muss, und der Ernährer der Familie macht sich davon. Sagenhaft. Ja, doch, da war ja der Bausparvertrag, vielen Dank auch.

Und dann dieser Tonfall. »Ich kann mir nicht vorstellen, dass Du mich je einmal geliebt hast.« Da freut man sich als Ehefrau, die es zweiundzwanzig Jahre mit diesem Mann an der Seite ausgehalten hat, treu und brav, die nicht ein einziges

Mal fremdgegangen ist, noch nach deinem Tod haust du ihr euer Leben um die Ohren, trampelst auf ihren Gefühlen herum. Sie konnte wenigstens lieben, im Gegensatz zu dir, sie hat uns geliebt, und sie hat es sogar geschafft, dich zu lieben, wenigstens eine Zeit lang, bis du ihr diese Liebe zur Hölle gemacht hast.

Mich hält die Wut gepackt. Eine uralte Wut. Seit ich denken kann, hat sich unsere Mutter zwischen den Vater und uns Kinder gestellt, hat vermittelt und geschlichtet und uns geschützt. Ihre Kinder, sagte sie, seien ihr Lebensinhalt. Sie war zwar gelernte Dolmetscherin, konnte Englisch, Italienisch, Russisch und Arabisch, aber des Mannes und der Kinder wegen hatte sie ihren Beruf aufgegeben. War Mutter und Hausfrau pur. So wie fast alle Frauen in den fünfziger Jahren. Wenn wir die große Beschützerin in unserem Leben nicht gehabt hätten, wer weiß, was aus uns Kindern geworden wäre. Neurotische Wracks.

Ich erinnere mich an eine Szene, wie sie typischer für unsere Familie nicht sein konnte. Es war Spätsommer, der Vater ackerte in unserem Garten am Haus und rief mich zu sich, ihm zu helfen. Das heißt, er ackerte nicht wirklich, sondern tat, was ihn am meisten befriedigte: Rosen beschneiden. Wenn ich meine Triebe nicht ausleben darf, schien er den Rosen zu sagen, dann darfst du das auch nicht, schnipp schnapp. Ja, und ich sollte die dornigen Zweige auflesen, ohne Handschuhe, und in den Kompostbehälter werfen. Er hatte seinen Spaß, und ich tat mir weh.

Meine Mutter sah die Szene vom Fenster aus. Sofort rief sie ihren Mann zum »Vesper«. Und während er sich über das Vesperbrot mit Margarine und Wurst hermachte, Butter war zu teuer und gab's nur am Sonntag, huschte sie zu mir herunter und half mir, das Dornenzeug auf den Kompost zu befördern.

Sie war die Beschützerin ihrer Kinder, aber sie war auch feige. Sie tat es hintenrum, wagte den Konflikt nicht. Aus Angst, verlassen zu werden und vier Kinder alleine ernähren zu müssen.

Heute ist mir unbehaglich bei dem Gedanken, ihr Lebensinhalt, ihre Erfüllung gewesen zu sein. Sie hat mir damit eine moralische Schuld aufgebürdet, die ich niemals werde abtragen können. Denn ich habe sie verraten, als ich nach dem Abitur zum Studium nach Berlin flüchtete und mein eigenes Leben begann. Es ist nie gut, wenn Menschen für andere Menschen leben, denn sie nehmen diesen anderen, die sie doch lieben, ein Stück Leben weg und führen es stellvertretend für sie. Nicht nur mein Vater hat mich mit Schuldgefühlen angefüllt, sondern auch meine Mutter.

Was wirst du jetzt tun?, fragten wir damals unsere Mutter am Bodensee. Wovon werden wir leben? Ich werde mir eine Arbeit suchen, sagte sie. Dolmetscherin, das geht wohl nicht mehr, ich hab in so vielen Jahren die Sprachen vergessen, Englisch vielleicht noch am wenigsten. Vielleicht gebe ich Englisch-Nachhilfe oder Blockflötenunterricht. Sie war leidenschaftliche Flötistin und zog mit ihrem Quartett durch die Schulen, um den Kindern Flötentöne beizubringen. Mit Nachhilfe oder Musikunterricht wirst du nicht reich, wandten wir ein. Stimmt schon, gab sie zu. Aber irgendwas wird sich schon finden. Es muss.

Tatsächlich trat sie Anfang 1970 eine Stelle an. Der Mann meiner Klavierlehrerin arbeitete im Musikwissenschaftlichen Institut der Uni Tübingen, und die Editionsleitung der neuen Schubert-Ausgabe suchte eine Sekretärin. Sie war die Idealbesetzung, sie konnte Maschineschreiben, Stenografie, Englisch, war zuverlässig, liebte Musik und Schubert und erledigte klaglos Hilfsarbeiten wie stundenlanges Kopieren, obwohl ihr nach Krebsoperation und Lymphdrüsenödem ständig die Arme wehtaten und ihre Krampfadern gefährlich anschwollen.

Aber im Herbst 1969, als wir vom Bodensee zurückgekehrt waren, kam keine Mark mehr ins Haus. Eine Witwen- und Waisenrente stand uns wohl zu, doch ein Bescheid war noch nicht eingetroffen, geschweige denn eine Rate. Und wir hatten kaum Rücklagen.

Da lud uns der Vater meines Vaters zu sich. Er war der Einzige von den vier Großeltern, der noch lebte. Es gäbe doch jetzt eine Menge zu besprechen, schrieb er meiner Mutter, sie solle bitte mit den Kindern kommen. Möchte er eine Aussprache?, fragte ich. Leidet er sehr unter dem Tod seines Sohnes? Oder will er uns gar seine Hilfe anbieten? Mein Großvater war Volksschullehrer gewesen, hatte eine ordentliche Rente und bewohnte mit seinen noch lebenden Kindern und einem Fernsehgerät ein Eigenheim im Schwäbischen. Sein Schwarzweißfernseher war mit Abstand das Interessanteste in diesem Haus. Lange vor uns, denn wir hatten nie Geld, hatte er solch ein Gerät gekauft, und abends, wenn man auf die Tagesschau oder einen Spielfilm wartete, sah man eine große Ziffernuhr, die die Sekunden anzeigte. Tick tick tick bewegte sich der weiße Sekundenzeiger auf schwarzem Grund und steigerte meine Spannung ins Unermessliche. Viele großartige Filme, die ich später sah, waren weder so schön noch so spannend wie diese Fernsehuhr. Ich weiß nicht, ob Großvater uns helfen will, sagte meine Mutter.

Wir fuhren also hin. Mein Großvater empfing uns mit Handschlag. Er war mittelgroß und weißhaarig, und ein hartnäckiger Ischias beugte ihn. Ich fühlte mich unwohl in seiner Nähe, er stank nach Zigarrenrauch und kniff uns Kindern in die Ohren oder Arme. Er führte uns zum Esstisch in der guten Stube, den seine Töchter mit Kaffee und Kuchen gedeckt hatten. Wir setzten uns, Großvater und meine Tante und mein Onkel setzten sich auch, die andere Tante goss Kaffee ein und verteilte Kuchenstücke.

Seid ihr gut hergekommen?, fragte der Großvater.

Ja, doch. Unser Auto ist alt, aber es fährt noch, das ist die Hauptsache.

Ihr habt Glück gehabt mit dem Wetter, sagte mein Großvater. Heute ist's schön.

Er machte eine Pause und schnaufte. Die Wanduhr tickte.

Gestern und vorgestern hat's ja nur geregnet.

Wir nippten an unseren Tassen. Aßen Nusskuchen. Die Uhr tickte. Draußen tschilpten Vögel. Die Wände kreisten uns ein.

Meine Mutter bemühte sich um einen Gesprächsanfang. Der da, sie zeigte auf den mittleren ihrer Söhne, der lernt jetzt in derselben Apotheke wie dein Sohn. Danach will er Pharmazie studieren. Wie dein Sohn. Oder Biochemie. Das freut dich doch sicher zu hören.

Ja jetzet!, sagte der Großvater und schob einen Kuchenbrocken in den Mund.

Und der da, meine Mutter zeigte auf ihren Ältesten, der will Lehrer werden. So wie du.

Ja was, sagte der Großvater und kaute weiter.

Sie verriet uns, nur um ein Gespräch in Gang zu bringen. Meine Brüder wollten ganz bestimmt nicht so werden wie ihr Vater und ihr Großvater.

Und der?, zeigte mein Großvater auf den jüngsten Sohn.

Der antwortete selbst: Ich will Medizin studieren.

Aha. Soso. Gut. Ärzte braucht man immer. Und die?

Ich sagte, ich sei erst in der siebten Klasse, ich hätte noch eine Menge Zeit zu überlegen. Kunst vielleicht, sagte ich. Was mit Kunst.

Kunscht, das ist eine brotlose Kunscht, sagte er. Ich wusste nicht, ob das ein Witz sein sollte, ob man jetzt lachen musste. Er lachte nicht. Und offenbar war sein Redevorrat nunmehr erschöpft.

Die Uhr tickte. Die Vögel zeterten. Das Schweigen dickte sich ein. Wir tranken Kaffee, um es flüssiger zu machen. Über den Toten wollte offenbar niemand reden. Er war tabu.

Guter Kuchen, lobte meine Mutter. Habt ihr den selbst gemacht? Meine Tante nickte. Wir löffelten weiter. Woher stammen die Nüsse?, fragte meine Mutter. Sie suchte weiter verzweifelt nach einem Gesprächsthema.

Ja die sind aus dem Garten, sagte der Großvater. Wollt ihr den Garten sehen?

In solch einer Situation würde man wahrscheinlich sogar einwilligen, eine Kiste gehackte Regenwürmer zu besichtigen. Wir stimmten erlöst zu, obwohl uns der Garten nicht die Bohne interessierte. Großvater stand auf, ging hinaus und zeigte seine Rabatten. Da Johannisbeeren, schwarze und rote. Dort Stachelbeeren. Hier Himbeeren und Erdbeeren. Kopfsalat. Kartoffeln. Karotten. Apfel- und Birnbäume. Die Beete alle sauber geharkt, kein Unkraut, kein Ungeziefer. Deutsche Ordnung.

Ja, des isch doch ebbes, sagte Großvater stolz. Und spart an Haufe Geld.

Du weißt doch, wir haben auch einen Garten, sagte meine Mutter.

Schließlich gab es partout nichts mehr zu zeigen, und wir stoffelten zurück ins Haus. Meine Mutter nützte die Gelegenheit und nahm den Bruder meines Vaters beiseite. Großvater hat uns zu einer Besprechung eingeladen, flüsterte sie, weißt du, was er besprechen will?

Ha, sagte mein Onkel, er denkt, du willst die tausend Mark haben, die deinem Mann aus dem Erbe der Großtante noch zustehen und die er uns für Reparaturen am Haus geliehen hat.

Meine Mutter presste die Lippen aufeinander. Ich denke, wir müssen jetzt wieder heimfahren, sagte sie laut. Sonst wird es zu spät. Großvater nickte, sichtlich erleichtert.

Wir nahmen unsere Jacken und gingen durch die Tür. Aber jetzt, wie gehts euch denn so?, raffte sich Großvater im letzten Moment zu einer persönlichen Nachfrage auf, als wir schon fast draußen waren.

Wie es einem halt so geht, wenn man keinerlei Einkommen hat, sagte meine Mutter, drehte sich um und ging. Ein Jahr später fragte sie brieflich an, ob sie die tausend Mark haben könne, um den Grabstein ihres Mannes zu bezahlen.

Mein Vater war genauso geizig gewesen wie mein Großvater. Schwäbisch karg, sparsam mit dem Geld, mit Gefühlen, mit den Worten. Mein Großvater und mein Vater gehörten zu jenen Menschen, die selten gaben und meistens nahmen. Die glaubten, sie hätten ein Recht darauf, weil sie Männer waren, weil sie Familienoberhaupt waren oder erstgeborener Sohn. Die vielleicht wirklich nichts entbehren konnten, weil sie innerlich so karg waren.

Erst sehr viel später ging mir auf, dass es wohl auch eine Überforderung für den alten Mann gewesen war, für einen, der sein Leben lang nie über seine Gefühle zu reden gelernt hatte, über den verlorenen Sohn zu sprechen, auf den er so stolz gewesen war. Vielleicht war er außerstande, seiner Trauer Worte zu verleihen. Vielleicht hatte er Angst, vom Schmerz übermannt zu werden, sobald er ihn auch nur erwähnte.

Den Menschen aus der Schwäbischen Alb oder aus dem Schwarzwald sagt man nach, sie seien auffallend wortkarg und sparsam. Eine Folge des rauen Klimas: Die Winter sind lang, der Boden schlecht, die Ernten spärlich. Jahrhundertelang hat dort tiefe Not geherrscht, auch deshalb, weil es die lokale Tradition verlangte, Hof und Ländereien der Eltern unter allen männlichen Nachkommen aufzuteilen, sodass die Erbteile immer kleiner wurden und keinem genug zum Leben blieb. Die Familie meines Vaters stammte aus dem Schwarzwald, die braunen Schollen schwimmen ihr heute noch im Blut. Der eigene Garten ist ihr Königreich, ihr oberstes Gebot heißt sparsam leben. Aber wenn alle knickern und knausern, dann bekommt niemand etwas ab, dann kämpft jeder gegen jeden um Liebe, Nahrung und Geld.

Wir hatten tatsächlich kaum Geld. Unser Vater hatte erst mit 45 Jahren sein Pharmaziestudium angefangen und mit 48 beendet. Unsere Mutter lieh sich bei Verwandten etwas, um das Studium zu finanzieren, später mussten die Schulden abgestottert werden. Im Kaufrausch des Wirtschaftswunders waren wir die Letzten in unserem Bekanntenkreis, die sich eine Waschmaschine leisten konnten, die Letzten, die einen Fernseher oder ein Auto erstanden. Meine Mutter zuckte mit den Schultern: »Aufs Geld kommt es nicht an im Leben.« Ich war stolz auf sie und stolz auf unsere Armut. Auf die »Neureichen« lernte ich so verächtlich hinabzusehen wie sie.

Mein Vater, der Alleinverdiener, gab meiner Mutter so wenig Haushaltsgeld wie möglich und zwang sie, wegen zehn Pfennig Preisunterschied mit dem Fahrrad in die Stadt zu fahren statt im benachbarten Laden einzukaufen. Auch unser Taschengeld hielt er denkbar knapp. Andere Kinder bekamen 50 Pfennig mehr, wenn sie bei den Klassenarbeiten eine Zwei schrieben, wir erhielten 50 Pfennig von unserer Mark abgezogen, wenn wir nur eine Zwei nach Hause brachten. Ich fand das gemein. Ich fand ihn fies. Aber dass ich mir keine Bratwurst leisten konnte, wenn mal wieder »Rummel« im Stadtpark war und die Kettenkarussells durch die Lüfte kreisten und die Schiffsschaukeln schwirrten, das störte mich nicht.

Im Dezember 1969, als meine Mutter immer noch nicht wusste, wovon sie die Familie ernähren sollte, warteten wir auf Besuch. *»Nach längerem Versuch, ihn als Fußnote loszuwerden,«* steht in Günter Grass' »Tagebuch einer Schnecke« über Manfred Augst, *»hatte ich einen Brief geschrieben, und am 4. Dezember hatte Frau Augst geantwortet: ›Ihr Wunsch, etwas über die Hintergründe des Freitods meines Mannes zu erfahren, erscheint mir nicht unverständlich ...‹ –*

Also reiste ich an.«

Aufregung herrschte im Haus. Meine Mutter arbeitete wie eine Wahnsinnige, wusch die Vorhänge, die Tischdecken und Kissenbezüge, putzte die Fenster, schrubbte die Böden. Vielleicht wollte sie für alle ausgefallenen Wünsche des Herrn Dichters gewappnet sein, auch für den, vom Fußboden zu essen oder die Gardinen hochzuklettern. Was wird er uns wohl fragen? Was sollen wir antworten? Was soll ich ihm bloß anbieten?, fragte sie und rang die Hände. Ich weiß doch gar nicht, was er mag. In Vorbereitung des hohen Besuches las sie fast alle Bücher von Grass, nicht nur aus literarischem Interesse, sondern auch um herauszubekommen, was der Dichter gerne aß und trank. In »Örtlich betäubt« stieß sie auf die Kaffee schlürfenden und Kuchen schmatzenden Damen im Café Kranzler. Na, also Kaffee und Kuchen mag Herr Grass bestimmt nicht, so wie er die schildert, sagte sie, Tee vielleicht, und Croissants, das passt vielleicht besser zu ihm. Und ihr seid bestimmt alle da?, fragte sie ihre Söhne. Ich brauche euch. Ich möchte nicht alleine mit dem Herrn Grass reden, auch wenn er uns sehr freundlich geschrieben hat. Womöglich fällt mir in der Aufregung nicht die richtige Formulierung ein. Oder ich lasse mich einschüchtern von der Gegenwart dieses berühmten Mannes. Außerdem sind eure Erinnerungen an euren Vater genauso wichtig wie meine.

Mich fragte sie nicht. Ich sollte nicht dabeisitzen bei Tee und Butterhörnchen. Ich war noch »zu klein«. Ich hatte ja »die Krankheit« meines Vaters gar nicht mitbekommen. Ich war wütend über diese Entscheidung, aber ich gehorchte, weil ich zu gehorchen gewohnt war.

Und dann kam er, fuhr mit dem Taxi vor wie ein ganz normaler Sterblicher, trank Tee wie ein normaler Mensch und aß Croissants und hörte zu und schrieb später auf:

»Die drei Augstsöhne sind zweiundzwanzig zwanzig achtzehn Jahre alt und erträglich verschieden geraten. Freundlich beleh-

rend gehen sie miteinander und betont frühverantwortlich mit der Mutter um. Alle drei sehen, erklären, vergessen und beurteilen ihren Vater anders, oft gegensätzlich. Auch korrigieren sie die Erinnerungen der Mutter aus drei Ecken heraus; wie Frau Augst die bestätigende Hilfe des einen oder anderen Sohnes sucht, wenn sie das Vaterbild des ältesten Sohnes im gestrengen Detail ändern möchte.

Niemand wollte abwälzen oder schönfärben. Kein Vaterzusammensetzspiel oder Familiengericht am Wohnzimmertisch. Jeder Sohn ließ dem anderen sein (zugegeben) verwackeltes Bild. Man war sich einig, daß man ihn nicht gekannt habe, daß er fremd (und befremdlich) dazwischen gestanden sei, daß man erst jetzt, da der Druck nachlasse, über ihn nachzudenken beginne.

Ich fragte vorsichtig und hielt nicht viel von Notizen. Jetzt bin ich nicht sicher, ob der älteste Sohn (der dem Vater ähnlich sein soll) gesagt hat, Augst habe, bis es mit ihm zu Ende ging, in Hitler sein Vorbild gesehen, oder ob der älteste Sohn dem jüngsten widersprochen hat: ›Hitler als Person, das stimmt nicht. Es war das sogenannte Führerprinzip, das ihn fasziniert hat.‹ Sicherer ist: der zweite Sohn war anderer Meinung als seine Brüder: ›Hitler war für ihn austauschbar. Er war ja gegen Personenkult.‹ Doch darin waren sich alle drei Söhne einig: ›Wichtig, also von ausgesprochener Wichtigkeit ist für ihn nur die Idee der Gemeinschaft gewesen, und nur deshalb hat der theologische Begriff Partnerschaft für ihn so enorme Wichtigkeit gehabt.‹ ...
Einer der Söhne berichtete von Augsts Hunger nach öffentlichen Veranstaltungen: ›Deshalb ging er auf Diskussionen und versuchte mitzureden, auch wenn er nur schlecht frei sprechen konnte und Angst gehabt hat vorm Ausgelachtwerden.‹ ...

›Konnte Ihr Mann auch lachen, über irgendwas?‹
    ›Lachen nie!‹
    ›Aber ironisch konnte er sein.‹
    ›Sogar zynisch.‹
    ›Stimmt. Richtig sarkastisch konnte er werden.‹
    ›Deshalb war er ja zynisch.‹
    ›Und hat oft die Gefühle anderer Leute verletzt.‹
    ›Auch wenn er das nicht gewollt hat.‹ ...

›Aber Gartenarbeit, die hat ihm Spaß gemacht.‹
    ›Nur das Säen und Pflanzen.‹
    ›Und mit dem Unkraut hatten wir dann zu tun.‹
    ›Doch über Pilze wußte er wirklich Bescheid.‹
    ›Sonntags gingen wir sammeln, die ganze Familie.‹
    ›Er hat sogar unterrichtet: Pilzkunde.‹
    ›Die Leute zeigten ihm, was sie gesammelt hatten.‹
    ›Und auch wir aßen abends die Pilze.‹ ...

›Aber er konnte doch gar nicht frei und flüssig, weil er zur Kriegsgeneration gehörte und ihn die Großmutter erzogen und zum Klavierspiel gezwungen hat.‹
    ›Deshalb‹, sagte Frau Augst, ›hat mein Mann mehrere Sprechschulen besucht. Wir haben die Tonbänder noch. Aber ich will das nicht hören. Es ist noch zu früh. Als seine Frau bin ich zu beteiligt. Es muß wohl noch Zeit darüber vergehen ...‹ ...

›Er konnte nicht anders. Er hat das vorgehabt‹, sagte Frau Augst. ›Wenn ich zu ihm sagte: Du solltest dir endlich eine neue Hose kaufen‹, sagte er: ›Du hast recht. Aber das lohnt nicht.‹ – Er hatte schon abgeschlossen. Das lief von alleine. Auch die Sprechschule wollte er nicht mehr besuchen. Wenn ich sagte: ›Aber du machst doch ziemliche Fortschritte‹, sagte er: ›Ja – aber wofür?‹ – Auch zum Arzt ging er nicht. Er war ja in Behandlung, weil er so krank war. Eigentlich hat es mich *nicht überrascht. Aber ein Schock war es doch, besonders für Ute.‹«*

Nach zwei oder drei Stunden verabschiedete sich der Dichter. Er habe noch einen anderen Termin, er wolle mit dem Dekan sprechen, der unseren Vater begraben habe. Meine Mutter lud ihn ein, zum Abendessen wiederzukommen, und er willigte ein. Der jüngste meiner Brüder fuhr ihn in seinem »Prinz« zum Pfarrer.

»Als ich zwischendurch Dekan Noetling besuchte, sagte er inmitten seiner Studierstube: ›Dieser tapferen Frau ist eine große Last genommen worden. Das war nicht leicht für sie: mit diesem Mann all die Jahre.‹«

Zum Abendessen durfte ich dann endlich dabei sein. Meine Mutter hatte den runden Esstisch im Wohnzimmer gedeckt. Der berühmte Dichter saß da, wo früher mein Vater gesessen hatte. Sein Haar war so schwarz wie auf den Fotos. Seine Gegenwart schüchterte mich ein, auch wenn sein Blick freundlich war. Meine Frau heißt auch Ute, sagte er zu mir. Ich nickte nur. Ich saß vor meinem Teller und nippte am Tee und traute mich kaum, ihn anzuschauen. Ich war schon immer ein schüchternes Kind gewesen, aber jetzt brachte ich kein Wort mehr zustande. Ich gab meiner Mutter innerlich recht, es war gut gewesen, dass sie mich nicht schon vorher dazugebeten hatte. Ich hätte nichts, aber auch gar nichts zu sagen gehabt. Ich hätte aufs Peinlichste geschwiegen.

»Bei der Familie Augst gab es Tee, Butterbrote und Fleischsalat zum Abendessen. Jetzt war auch die Tochter dabei. Von Augst wurde nicht mehr viel gesprochen. Ich sagte: ›Wir haben auch vier Kinder: drei Jungs und ein Mädchen. Aber alle viel jünger. Bei uns geht es lauter zu.‹ … «

Was alles beim Abendessen gesprochen wurde, das weiß ich nicht mehr. Nur noch, dass der Dichter lachend sagte, normalerweise könne er sich am Esstisch mit seiner Frau bloß per Handzeichen verständigen. Hier ist es so ruhig, sagte meine Mutter, weil ein berühmter Mann am Tisch sitzt. Das ist zwar bei Ihnen auch der Fall, aber es ist der Vater.

Und ich weiß auch noch, dass ich meine Brüder bewunderte, wie sie mitredeten, wie sie den einen oder anderen Scherz einflochten, den Dichter und die Mutter zum Lachen brachten. Ich wollte auch so werden wie meine Brüder, so witzig und locker. Ich hätte auch gerne einen berühmten Dichter beeindruckt, wenigstens ein ganz klein bisschen. Aber ich weiß gar nicht, ob er von irgendeinem von uns beeindruckt war.

Irgendwann verabschiedete er sich, um in seinem Hotel zu übernachten. Am nächsten Tag fuhr er weiter.

»Lerne zu schweigen, ohne zu platzen«

35 Jahre nach dem Selbstmord meines Vaters wage ich mich zum ersten Mal wieder in die Nähe meiner väterlichen Verwandtschaft. Ich entsteige dem Zug und gehe unsicheren Schrittes die Straße entlang. Ich möchte sehen, was das für ein Haus war, in dem mein Vater aufgewachsen ist, was es für eine Luft atmet, welche Tapetenmuster es trägt, welche Spuren der Geschichte. Dass ich das später in einem Buch festhalten würde, darüber denke ich zu diesem Zeitpunkt noch nicht nach.

Ich klingele an der Haustür, werde eingelassen und steige die Treppe ins obere Stockwerk hoch. Da steht eine Verwandte meines Vaters, eine kleine weißhaarige Frau, Küchenschürze überm rosa Pullover, lächelt freundlich und beeilt sich, mir Apfelkuchen und Kaffee zu servieren. Sie hat eh gerade Besuch.

35 Jahre lang hatte ich den Kontakt gemieden. Meine Verwandte, über 80 Jahre alt, ist immer noch in der NPD aktiv. Ihr verstorbener Mann war Mitglied in der NPD und im Bund der Vertriebenen.

So viel braune Farbe im Haus. Als ob die Wirklichkeit das Klischee übertreffen wolle. Braune Türen. Im Wohnzimmer ein Esstisch mit brauner Bank und Stühlen, an der Seite wuchtet sich eine braune Anrichte die Wand hoch.

»Ja, schmeckt's denn, ja des isch recht!« Die Verwandte gibt Kuchenstücke aus. Reinstopfen, nur rein mit dem Süßkram.

Und noch ein Stück, und Kaffee hinterher. Rein damit, damit der Mund beschäftigt ist. Die Äpfel seien aus dem Garten, erzählt sie, ja, der Garten, immer noch groß und fruchtbar, mit Beeten unter Obstbäumen, ist es nicht schön auf der heimatlichen Scholle? Sie erzählt vom Haus und wer hier wann wohnte. Ich fühle mich unwohl. Mag nicht viel reden. Worüber denn? Was haben wir gemeinsam außer der Erde, auf der wir stehen?

Meine Verwandte lebt in einer Welt, zu der ich keinen Zugang habe. In dieser Welt ist alles geordnet, die Dinge stehen auf ihrem Platz, die Menschen auch, wie Vasen auf Spitzendeckchen. Es gibt eine naturgewollte Ordnung, die man nur akzeptieren muss, und schon lebt man in bauernfrommem Glück, in den Dämmerstunden der deutschen Gemütlichkeit, in der das helle Licht der Aufklärung nur stört. Die Wildgänse rauschen durch diese Welt, und die Wölfe heulen, die Menschen sitzen um das Feuer und singen ein Lied zum Lob und Preis ihrer Ahnen, während die Flammen prasseln. Doch der Feind ist nicht weit, der Feind lauert überall. Der Frieden ist eine winzige Atempause im tödlichen Kampf der Sippen und Rassen. Die Männer drehen den Hirschbraten, die Frauen hegen ihre Kinder, die Kinder küssen ihre Eltern, und die Eltern verehren ihren weisen Führer, und der verehrt die Ahnen, und die Ahnen verehren den Spießbraten, und die Männer drehen Frauen und Kinder im Feuer und heulen wie die Wölfe, und das Feuer flammt empor und bricht aus und verschlingt die halbe Welt.

Der Magen drückt, ich kann nicht mehr. »Wo bitte ist die Toilette?«

Ich brauche diesen Moment zum Verschnaufen. An der Wand, über dem Waschbecken, hängt in großen Buchstaben ein Sinnspruch. »Lerne zu schweigen, ohne zu platzen.«

Das Leitmotiv der Familie? Wie passend für das Klo! Mein Vater hat geschwiegen und ist dabei doch geplatzt. Er hat konsequent alles beschwiegen, was er im Nationalsozialismus getan hat. Kein Wort darüber drang ihm je über die Lippen. Wenn man nachfragte, und sei es noch so vorsichtig, machte er wütende Gesten der Abwehr. Der ehemalige Flak-Schütze ging in Stellung, seine Kanonen waren schussfertig. Aber nicht mit Worten, niemals mit Worten. Er schwieg und platzte.

Irgendwann verabschiede ich mich und verlasse das Haus. Für den Rest des Tages ist mir schlecht. Zu viel Kuchen gegessen. Lerne zu speisen, ohne zu platzen.

In der Bahn sitzend bewundere ich die Unschuld der vorbeiziehenden Landschaft. Bewaldete Hügel schwingen im Rhythmus unserer Fortbewegung, Wiesen breiten sich lieblich aus, breiten Gras über Blut und Boden von einst, breiten Erde über moderne Tote.

Wer war diese Familie, die vorgibt, mit mir verwandt zu sein? Wer war dieser Mann, der sich mein »Vater« nannte?

In gewisser Weise war er die Verkörperung jenes deutschen Prototyps, der seit dem Kaiserreich eine politische Katastrophe nach der anderen herbeigeführt hatte. Suchend nach dem Absoluten. Süchtig nach Untergang und Erlösung. Immer unterwegs, unfähig, über diese Suchsucht zu reden. Millionen von Nazi-Mitläufern haben später ihre Vergangenheit beschwiegen, und ihr Körper hat mit Magengeschwüren, Kopfschmerzen, psychosomatischen Leiden aller Art geantwortet. Mein Vater beschwieg seine Vergangenheit so intensiv, dass er schließlich in ihr und mit ihr unterging.

In meinem Handkoffer habe ich eine vom Deutschen Historischen Museum erstellte Chronologie des Dritten Reiches und einige neue Funde vom Tübinger Dachboden: ein Packen Feldpostbriefe und noch einen weiteren Abschiedsbrief. Der einzige Text meines Vaters, in dem er über sich persönlich und seine Geschichte schrieb. Ohne Überschrift, ohne Datum. Ich ziehe ihn heraus.

»Von der ersten Schulklasse in unserem kleinen Schwarz-walddorf an war ich meist der Jüngste, Kleinste und auch Schwächste unter meinen Schulkameraden. Mein höchster Wunsch war, es ihnen gleichtun zu können und richtig dazu-zugehören. Dabei sah ich, wie ungeschickt sie sich gegenseitig benahmen, was bei ihnen fehlte, und konnte es nicht ändern, so gern ich es getan hätte. Aber es kam nicht zum Tun, denn ich war auch mit dem Reden langsam und leise und schwach.«

Ich weiß nicht viel über die Kindheit meines Vaters. Er hat auch darüber kaum je etwas berichtet. Mein Vater erinnerte sich nicht gern, schon als Kind empfand er sich als uneins mit sich selbst.

»Langsam, leise und schwach mit dem Reden« war er also schon als Kind gewesen. Der Sohn hatte den Vorstellungen der Eltern nicht entsprechen wollen. Klein und schwächlich war er, ungeschickt, ohne praktische Begabung. Kurzsichtig und früh bebrillt. Aber: der erstgeborene Sohn, das erste von fünf Kindern. In Deutschland Anfang des 20. Jahrhunderts hatte der Erstgeborene besondere Verantwortung, er musste die Familie repräsentieren, war der Vize-Vater, und seine Ge-schwister akzeptierten ihn als solchen. Später, als sich die Streitereien in seiner Familie häuften, sprach er immer wieder ein »Machtwort« im Namen des Vaters. In seiner Familie hatte er Autorität, mehr als in unserer. Seine zwei Schwestern und sein jüngster Bruder blickten zu ihm auf. Er war nicht nur der Erstgeborene, sondern später auch der einzige Stu-dierte der Familie. Sie glaubten, er sei sehr klug, und er glaubte das auch. Er war zutiefst davon überzeugt.

Dass er in Wirklichkeit allen praktischen Fragen des Lebens hilflos gegenüberstand, das blendete er aus. Er erschloss sich die Welt durch Theorien – das war für ihn das Einzige, was zählte. Menschen, die das Leben meisterten, die in glücklicher Verbindung mit anderen Menschen standen, waren für ihn »oberflächliche Schwätzer«. Er war gut, er hatte Tiefe, er litt am Leben, und die anderen waren schlecht, billig, verdorben. Er war ein Meister der Projektion.

Mein Vater ist 1913 geboren. Kaum konnte er stehen, begann das erste Weltgemetzel. Er hat den Krieg nicht bewusst erlebt, wohl aber die Emotionen verspürt, vom siegesgewissen Hurra am Anfang bis zur demütigenden Niederlage am Ende.

Sein Vater, Jahrgang 1887, Volksschullehrer ohne eigenen höheren Schulabschluss, hat an der Front mitgekämpft, ist 1917 gen Frankreich gezogen, ist angeblich verwundet und verschüttet worden. Hat mein Großvater die Qualen von Verwandten oder Freunden mitansehen müssen, hat er erlebt, wie Körper zerfetzt wurden, Gliedmaßen vom Rumpf getrennt, Gesichter zerschossen wurden? Hat er die Schreie gehört? Hat ihn die Todesangst im Schützengraben zu jenem verhärteten Mann werden lassen, vor dem ich als Kind so furchtbare Angst empfand? Traumatisierte werden »gefühlsblind«, weil der für Gefühle zuständige Bereich im Gehirn blockiert wird. Ein materieller Prozess, den moderne medizinische Apparate sichtbar machen können.

Der Erste Weltkrieg war die Urkatastrophe des 20. Jahrhunderts, der erste industrialisierte Vernichtungskrieg auf europäischem Boden. Die jungen Deutschen zogen jubelnd in den Krieg, um auf den Schlachtfeldern erfahren zu müssen, dass der von ihnen herbeigesehnte süße Tod für das Vaterland so gar nicht süß und heldenhaft, sondern äußerst grausam war. Sie waren zu anonymem Menschenmaterial degradiert worden, das die Generäle in monatelangen Stellungskriegen sinnlos abschlachten ließen. Mit den Menschen starben auch die Ideale des Humanismus und der bürgerlichen Aufklärung in den Gemetzeln. Das von den europäischen Philosophen so hochgelobte autonome Individuum war nichts mehr wert, Millionen waren nichts mehr wert, alles, was bisher als gut galt, war nichts mehr wert. Viele Überlebende kehrten als

»Kriegszitterer« zurück. »Jedenfalls sind es im ganzen mehrere Armeecorps, die heute in Deutschland als nervenkrank aus dem Front- und Garnisonsdienst herausgenommen worden sind«, berichtete im Jahre 1917 der Direktor der Tübinger Nervenklinik in einem Vortrag. »Die Hauptursachen sind Schreck und Angst beim Explodieren feindlicher Geschosse und Minen, beim Anblick verstümmelter oder getöteter Kameraden, beim Zusammenstürzen der Unterstände, bei der Wahrnehmung eigener Verwundung und körperlicher Schädigung durch stumpfe Gewalt.« Bekannte Folgen seien »Zustände plötzlicher Stummheit, Taubheit oder Taubstummheit, des allgemeinen Zitterns, der Unfähigkeit zu stehen und zu gehen, der Anfälle von Ohnmacht und Krämpfen.«

Andere kamen als brutalisierte Militaristen nach Hause zurück und propagierten die »Tugend der Härte«. Die »Schmach von Versailles« konnten sie nicht akzeptieren: Ihre Kameraden sollten nicht vergeblich gestorben sein, der Krieg musste weitergeführt werden bis zum Endsieg. Und sie kämpften weiter, schlossen sich zu Freikorps und marodierenden Privatarmeen zusammen, später zur SA und SS, kämpften einen »dreißigjährigen Krieg« von 1914 bis 1945. Einer von ihnen hieß Adolf Hitler.

Mein Großvater gehörte nicht dazu. Hat er den »Auftrag«, weiterzukämpfen für Deutschlands Sieg, an seine Kinder weitergegeben? Seine Gegenwart verströmte einen Eishauch, ich empfand ihn als unnahbar, unheimlich, unberechenbar. Vielleicht versuchte er auch nur, sein Kriegstrauma hinter einer Fassade harter und überheblicher Männlichkeit zu verstecken. Seine Form von Zärtlichkeit waren grobe Kniffe, mir schien als Kind, dass es ihm eine Lust war, andere zu demütigen und zu beschämen. Aber vielleicht war es nicht nur der Krieg gewesen, der ihn beschädigt hatte, vielleicht hatte auch er einen schrecklichen Vater gehabt. So wie mein Vater. So wie ich.

Der Erste Weltkrieg. Im weiteren Kreis von Verwandten und Bekannten unserer Familie forderte er, wie überall, Opfer und immer mehr Opfer. Väter und Ernährer kehrten nicht mehr heim, die materielle Not wurde groß, selbst im bäuerlich sich selbst versorgenden Schwarzwald. Und dann war Deutschland besiegt, und der Versailler Vertrag musste unterschrieben werden, ungeheure Reparationszahlungen waren zu leisten, und den Menschen ging es immer noch nicht besser, und es mussten Schuldige dafür gefunden werden. Zuerst wurden die Siegermächte dafür verantwortlich gemacht, besonders der »Erzfeind« Frankreich, auch mein Großvater schimpfte über die »dreckigen« Franzosen. Und dann immer mehr und immer lauter die Juden. Sie mussten an allem schuld sein, da sie doch den Kapitalismus erfunden hatten und, besonders perfide, gleich auch sein Gegenteil, den Kommunismus.

Der Druck auf seine Schultern musste Manfred Augst schon von Kindesbeinen an verbogen haben. Wenn er mal nichts tue, schrieb er später an seine Frau, bekomme er sofort »Schuldgefühle«. Die schwäbische Lebensauffassung, »Schaffe, schaffe!«, saß ihm in den Knochen, und sein Vater, der Volksschullehrer, verlangte von ihm immer härtere Leistung! Leistung! Manfred Augst wollte nach oben kommen, er wollte studieren, seinen Doktor machen, eine Laufbahn als Wissenschaftler einschlagen, der Welt zeigen, dass er Wertvolles leisten konnte. Seine lebenslange Getriebenheit und Gehetztheit spiegelte diesen Grundkonflikt, Anforderungen von außen übernommen zu haben und sie doch nicht erfüllen zu können. Dass er nicht zu dem wurde, was er hatte werden wollen, dafür machte er »die anderen« verantwortlich, »die Gesellschaft«.

Oder war es der verstorbene zweitgeborene Sohn Friedrich, der das Familiendrama in Gang gesetzt hatte? Er starb mit zehn Jahren an einer Infektionskrankheit. Wurde mein Vater angehalten, ihn zu ersetzen, zumal er ebenfalls mit zweitem

Vornamen Friedrich hieß? Hatte mein Vater das Gefühl, die Lebensleistung von zwei Söhnen aufbieten zu müssen? Hat mein Großvater nach dem Tod des Zehnjährigen meine Großmutter verflucht, hat er ihr alle Schuld dafür aufgebürdet, ihr vorgeworfen, sie habe auf ihren Sohn nicht aufgepasst, sie sei eine Rabenmutter? Fühlte sie sich verantwortlich? Hat sie das zerbrochen? Ist sie deshalb in immer neue Krankheiten geflüchtet?

Lieb sei sie gewesen, meine Großmutter, und schwach, sagen diejenigen, die sie noch erlebt haben. Sie galt als nicht belastbar, ständig war sie krank, hatte Kreislaufprobleme, Ohnmachtsanfälle und Bewusstseinstrübungen. Was wollte sie nicht wahrnehmen? Ihr Unglück mit diesem Ehemann? Ihre ausweglose Lage als Gattin eines Westentaschendiktators? Mein Großvater muss einen Januskopf getragen haben: in der Schule und unter Kollegen jovial und beliebt, zu Hause gefühllos, geizig, manchmal auch gewalttätig. Für ihn war selbstverständlich, dass alle seinen Anweisungen folgen mussten, auch seine Frau. Tochter eines Kapellmeisters, begabte Klavierspielerin, hatte sie sich der Musik verschrieben, doch dann kam die Heirat, und ihr Leben war vorbei. Man sieht es an den wenigen Fotos, die von ihr existieren. Als zartes, bildhübsches junges Mädchen lächelt sie in die Kamera, doch schon nach kurzer Ehezeit sieht sie aus wie eine Pflanze, die der Frost zerstört hat. Wie eingefroren ist ihr Gesicht.

Manfred Augst konnte bei seinem tyrannischen Vater kein Verständnis finden und bei der kranken Mutter keinen Schutz. Mitten im Trubel einer Großfamilie mit Tanten und Großpapa wuchs er in herzabdrückender Einsamkeit heran. Am Tisch wurde gebetet, nicht geredet, und auch sonst hatten die Kinder wenig zu sagen. Jeder war für sich in dieser Familie, jeder verteidigte sein bisschen Territorium mit Zähnen und Klauen. Sie waren beeinflusst vom schwäbischen Pietismus, dem Frömmlertum, das Bibeltreue und »geistige Erneuerung der Kirche« predigte, aber das half ihnen nicht, füreinander Geborgenheit zu schaffen.

Vielleicht war es auch der Doppelschock von Tod und Entwurzelung, der meinen Vater so nachhaltig erschütterte. Bis 1922 wohnte die Familie in ihrem Schwarzwalddorf, doch dann ließ sich mein Großvater, der Dorfschullehrer, auf eigenen Wunsch in eine Kleinstadt versetzen. Dort starb der Zweitgeborene. Dann begann die Superinflation, die Zerstörung allen mittelständischen Eigentums; das Monatsgehalt eines Lehrers war am nächsten Tag nur noch ein Butterbrot wert. Die Augsts kämpften, wie fast alle, ums nackte Überleben. War es materielle Not, die anfällig machte für Neid und Hass auf die »reichen Juden«? Oder war es die Gleichung »Stadt gleich Tod«, die sie hereinfallen ließ auf Bauernkitsch und den fanatischen Städterhass Hitlers? Städte, Urbanität, Bürgertum, das stand in den Augen der Nazis für »kalten« Intellektualismus, für Unsicherheit und Erwerbslosigkeit, Vermassung und Entfremdung, für »Asphalt«.

Oder war es die körperliche Gewalt, die meines Vaters Fähigkeit zum Mitgefühl zerstörte? Die Kinder des Großvaters, seine Schüler und später seine Enkel bekamen seinen Jähzorn immer wieder zu spüren. Prügelstrafe war die damals übliche Erziehungsmethode. Selbst noch in meiner Grundschule teilte der Lehrer Anfang der sechziger Jahre »Tatzen« aus, indem er »ungehorsamen« Kindern mit einem Rohrstock auf die Handfläche schlug. Wer mit der Hand zurückzuckte, bekam eine »Tatze« zusätzlich. Nicht zurückzucken, sondern die Hand oder das Gesäß hinhalten, aushalten, die Strafe akzeptieren, das geplatzte Fleisch nicht spüren – darum ging es. An der Grenze der eigenen Identität, dort, wo auf der Haut auch die Lust siedelt, die gestreichelt und liebkost werden will, nistet sich der Schmerz ein und vermengt sich unentwirrbar mit der Lust. Arme Kinder ohne feste Haut und feste Identität, voller Gefühlswirrwarr.

Die Väter, kaputt, geschunden, kamen mit verwüsteter Seele aus dem Ersten Weltkrieg zurück und ließen ihre Frustration an ihren Söhnen aus. Zärtlichkeit galt dieser Generation als Verzärtelung. Ein Kind, zumal ein Sohn, sollte ertüchtigt, abgehärtet, körperlich gestählt werden. Er sollte das nicht mehr fühlen können, was sie erlebt hatten: Angst. Panik. Horror. Entsetzen. Ein Kind hatte nicht zu merken, dass es fror oder schwitzte, Hunger hatte, auf die Toilette musste, es hatte sich zu beherrschen und zu gehorchen. Ein Junge weint nicht. Ein Junge fürchtet sich nicht. Ein Junge reißt sich zusammen. Ein Junge ist tapfer und mutig, andere Gefühle hat er nicht. Gelobt sei, was hart macht.

Die moderne Hirnforschung hat entdeckt, dass alle menschlichen Gefühle eine Weiterentwicklung ursprünglicher Körperempfindungen sind. Sinne und Nerven melden, dass die Sonne scheint – wir fühlen uns glücklich. Unser Gehirn wird angesichts eines geliebten Menschen überschwemmt mit Hormonen – wir sind verliebt. Unser Körper steht unter Adrenalinschock – wir rennen in Panik davon. Wenn man kleinen Kindern beibringt, dass sie nicht empfinden dürfen, was sie empfinden, zerstört man nicht nur ihr Gefühlsleben, sondern auch ihre Mitmenschlichkeit. Wenn sie ihre eigenen Gefühle nicht deuten können, sind sie auch unfähig, Mitgefühl für andere zu entwickeln. Und wenn sie sich nicht in anderen Menschen wiederfinden können, finden sie auch sich selbst nicht. In ihnen entsteht ein Vakuum, eine lebenslange Bindungsunfähigkeit, eine furchtbare, todesähnliche Erstarrtheit und Leere. Mein Vater hat sie mit stetem Aktionismus gefüllt, um sie nicht zu fühlen. Er entwickelte eine unstillbare Sehnsucht und Sehn-Sucht nach dem, was man ihm in der Kindheit verweigert hatte. Sehnte sich nach einem starken Führer, der ihn so lieben würde, wie es sein Vater nie getan hatte. Sehnte sich nach einer »Aufgabe«, einer »Mission«, sehnte sich danach, akzeptiert und gebraucht zu werden. Mein Vater spürte ein Vakuum in sich, einen Unterdruck der Seele, einen Sehnsuchts-Sog, der mit nichts zu befriedigen war. »Ich kann mir nicht vorstellen, dass Du mich je einmal geliebt hast«, warf er seiner Frau in seinem letzten Brief vor und ahnte doch gleichzeitig, dass weniger sie als er das Problem war: »Ich bin unfähig geworden, aus mir rauszugehen, Partnerschaft zu haben. Es sitzt alles zu tief.«

Ein Säugling, so hieß der damals geltende Erziehungsgrundsatz, den sicherlich auch meine Großeltern befolgten, sollte »in Ruhe gelassen« werden. Schreiende Kinder sollte man schreien lassen, »das stärkt die Lungen«, wenn möglich in einen kühlen Raum geschoben und dort buchstäblich »kaltgestellt« werden. Ich stelle mir vor, wie der kleine Manfred in einer Bauernwiege im abgedunkelten Raum liegt und sich die Seele aus dem Leib schreit, weil er Hunger hat, weil er sich verloren fühlt. Niemand kommt. Kein Gesicht beugt sich über ihn. Keine freundlichen Blicke. Nichts, was das nötige Urvertrauen entstehen und wachsen lässt.

»Vermutlich hat meine Mutter mich vernachlässigt«, hat Manfred Augst in einem seiner handschriftlichen Abschiedsbriefe notiert, »obwohl ich gut nachvollziehen kann, warum – eine abgebrochene Musiklaufbahn, kleine Kinder, Krieg...« Wenn meiner Großmutter alles zu viel wurde, dann setzte sie sich ans Klavier und flüchtete in glücklichere Zeiten zurück: in die Welt der Musik, die Welt ihres Vaters, des Kapellmeisters. Das war wohl der Grund, warum mein Vater Musik so hasste: Sie war für ihn das Signal für Liebesentzug, sie kündigte den Rückzug und die Unerreichbarkeit der Mutter an. Hat er deshalb später eine musikbegeisterte Frau geheiratet? Wollte er es nochmal wissen? E selbst sorgte dafür, dass sich sein Trauma wiederholte, dass er sich erneut von Musik und weiblicher Liebe ausgeschlossen fühlte.

Dem kleinen Manfred haben wohl auch die zärtlichen

Hände gefehlt. Kinder, die zu wenig gehalten, getragen und gestreichelt werden, können kein Gefühl für ihre Körpergrenzen, ihre eigene Identität entwickeln. Hätten die Väter, die Lehrer, das Militär, der Staat und schließlich die Nazis ihnen nicht ständig gezeigt, »wo die Grenzen liegen«, sie »in ihre Schranken verwiesen«, sie in enge Uniformen und vorschriftsmäßige Tagesabläufe und Panzer aller Art gepresst, dann wären sie unter dem Druck ihrer Emotionen wahrscheinlich geplatzt. »Lerne zu schweigen, ohne zu platzen.«

Es war damals üblich, Babies nach der Geburt für 24 Stunden von der Mutter zu trennen, Anzahl und Dauer der Stillzeiten waren peinlich genau festgelegt, auch bei meinem Vater. Rigide Sauberkeit war das A und O der Kinderaufzucht, mit ihr sollte möglichst vom ersten Tag an begonnen werden. Die wahre Mutterschaft maß sich an der Topfgängigkeit des Kleinkinds. Je stubenrein, desto Mutter. Biologisch bedingt sind die kindlichen Nervenbahnen erst nach der Vollendung des zweiten Lebensjahres so entwickelt, dass sie Impulse von Blase und Enddarm ans Gehirn weiterleiten können. Die strafende Hand der Mütter war also stärker als die Natur, durch Zwang und Härte entwickelten schon Neunmonatskinder neue, andere Nervenbahnen, die sie vor Einnässen und Einkacken und den Strafen dafür warnten. Was für eine Zurichtung!

Die so Erzogenen merkten nicht, dass man ihnen beigebracht hatte, »Schmutz« in sich selbst und an sich selbst nicht wahrzunehmen, obwohl es zum Leben nun mal dazugehört, einen funktionierenden Darm zu haben. Schmutzig, säuisch, lebendige Scheiße, das waren für sie die anderen, und vor allem die Juden, »die Saujuden, diese Schweine, diese Tiere«. Im Namen der »Reinheit« mussten die Juden »ausgeschieden« werden aus dem »Volkskörper«, als seien sie Kot.

All das, was geschehen ist, konnte aber auch nur deshalb geschehen, weil Hitlers Anhänger, mein Vater und all die anderen, zum Schweigen und gehorsamen Hinnehmen erzogen worden waren. Wer »nicht hören« wollte, wurde verprügelt. Wer zu widersprechen wagte, wurde noch mehr verprügelt. Manfred Augst hat gegenüber seinem herrschsüchtigen Vater niemals die Stimme zu erheben gelernt. »Langsam, leise und schwach«, so war seine Redeweise zeitlebens, obwohl er doch nichts sehnlicher wollte als eben das: reden. Sich endlich ausdrücken und mitteilen können.

»Nur in der Schule, da war ich der Erste«, schrieb mein Vater. »Irgendwo war in mir etwas, das die andern nicht hatten und das oft im Weg war und störte. Ich hatte eine andre Dimension. Das hatte zur Folge, dass mir, solang ich mir denken kann, das Mittunkönnen als Gleicher immer wichtiger war als der individuelle Erfolg, die menschliche Verständigung wichtiger, als eine große Rolle zu spielen. Weil es mir nun leicht fiel, kam ich früher zur höheren Schule als die anderen und war doch entwicklungsmäßig später dran als sie. So taugte ich bei Spiel und Kameradschaft nicht so viel und erlitt manche Zurücksetzung. Da ich aber empfindlich und sensibel war, wurde ich unbewusst ein wenig Außenseiter, denn das war besser als dauernde Kränkungen zu erleiden. Ich galt als ›Eisbär‹, – und bei den wenigen ernsthaften Raufereien staunte man über meinen Wutausbruch.«

Der persönlichste Text, den mein Vater je geschrieben hat. Nirgends sonst hat er sich getraut, Schwächen so offen zuzugeben. Er, der Meister der Projektion, hat sonst immer den anderen, der Gesellschaft, der Kirche, der Familie, die Schuld daran gegeben, dass er so außenseiterisch geraten und so unglücklich war.

Das Klima in der Familie meines Vaters war geprägt durch den Herrn im Haus, meinen Großvater. Es wurde nicht viel geredet, geschweige denn diskutiert, der Großvater gab Anweisungen und sorgte dafür, dass er stets im Mittelpunkt stand, die anderen hatten zu gehorchen, besonders das weibliche Geschlecht. Niemand lernte dort, Gefühle auszudrücken, Konflikte in Worte zu kleiden und ihnen damit die Schärfe zu nehmen. Noch im Erwachsenenalter berichteten meine Tanten in Briefen an meinen Vater von Schreiereien und Nervenzusammenbrüchen zu Hause und von den folgenden Ohnmachtsanfällen meiner Großmutter. Immer wieder verlor sie zeitweilig ihr Gedächtnis und irrte orientierungslos durch die Gegend, bis sie von irgendjemandem aufgegriffen und heimgebracht wurde. Nach außen hin aber spielte man weiterhin, so gut es ging, die heile Familie.

Denn die Familie, der Clan, galt als das höchste Gut. Wer ihre ideologischen Werte in Frage stellte oder über Familiengeheimnisse redete – und dazu gehörte alles, was potenziell peinlich war, also auch der Selbstmord meines Vaters –, der wurde ausgeschlossen. Das galt und gilt bis in die Gegenwart. Die Familie meines Vaters hält ihre Ehre höher als die Wahrheit, mir ist die Wahrheit wichtiger als die vermeintliche Ehre. »Die gehört für uns nicht mehr zur Familie«, hörte ich deshalb immer wieder hinter meinem Rücken.

War das, was mein Vater als »im Weg stehend« und »störend« beschrieb, wirklich seine »andere Dimension«? War dieses »Störende« nicht eher eine Umschreibung für sein zentrales Problem: den unlösbaren Konflikt mit seinem Vater? Den hat er an seine Kinder weitergegeben, auch wir haben es nie geschafft, den Konflikt mit unserem Vater zu lösen, wir ackern und laborieren daran herum und werden ihn nicht los. Sein Leben lang schwankte mein Vater zwischen Gehorsam und Selbstbehauptung, Anpassung und Rebellion, Leistungsbereitschaft und Verweigerung, zwischen seinem Bedürfnis nach Unterordnung und seiner narzisstischen Wut, nicht als Mensch mit einer »besonderen Dimension« anerkannt worden zu sein. Dieser Konflikt war typisch für viele SA- und SS-Anhänger. Sie lagen dem Führer zu Füßen, zugleich trampelten sie wie eine rasende Horde über andere hinweg. Mein Vater war der Prototyp dieser Generation. Allerdings lebte er diese Form von autoritärer Revolte noch konsequenter als andere aus, mal gehorchte er, mal lehnte er sich auf und ruinierte sich jede Form von Karriere durch Querulantentum. Schließlich beendete er sein Leben mit einem Akt der »Rebellion« gegen das, was er im Duktus der »68er« »das Establishment« nannte.

»Mit der Pubertät begann ich die Schule bewusst zu missachten und zu vernachlässigen«, heißt es in seinem Abschiedsbrief. »Es war in der Oberprima, was einen Leistungsabbruch zur Folge hatte, sodass ich eben noch durchs Abitur kam.« Schon vorher war er in seiner Oberrealschule »sehr angestrengt« gewesen, doch dass er seine Pubertät offenbar erst in der Oberprima durchmachte, mit späten achtzehn Jahren, gab seinem Selbstbewusstsein einen weiteren Knacks. »Das war 1931. In dieser Zeit war die politische Radikalisierung so nahe auf die Haut gerückt, dass man sich damit beschäftigen musste.«

Eine seltsame Sprache. Eine ihrer Seltsamkeiten war der sparsame Gebrauch des Wortes »Ich«. Mein Vater benutzte es nur, wenn es nicht anders ging. Er schrieb nicht: Meine Leistung in der Schule ging zurück. Oder: Ich radikalisierte mich. Oder: Ich musste mich damit beschäftigen. Seine Sprache wand sich wie eine Schlange, züngelte hin und her, verknotete sich, nur um das Wort »ich« zu vermeiden. Nicht weil er so altruistisch und so bescheiden gewesen wäre, keineswegs, sondern weil er offenbar fast panisch Zusammenhänge zwischen seiner Person und seinen Gefühlen vermeiden wollte. Nicht dass er nicht fühlen konnte, ich nehme an, er fühlte jede Menge, solange er das als Mitglied eines imaginierten Ganzen tun durfte, als Teil einer Sippe, eines Stammes oder einer Rasse, er fühlte das Rauschen des deutschen Blutes in seinen Adern und das Dräuen von Volkes Schicksal in seinen Gliedern. Aber das kam über ihn, und es waren nicht sein Blut und seine Glieder, sondern das Blut und die Glieder seiner Rasse. Wenn er kein Teil einer höheren Macht war, dann durfte er nicht fühlen. Nichts fühlen. So, als ob ihm jemand das Existenzrecht als Individuum abgesprochen hätte. »Ich bin nichts, mein Volk ist alles«, war der Wahlspruch der Nationalsozialisten. Er war nie zum erwachsenen Individuum geworden, er war ein im Geburtskanal des Volkskörpers Steckengebliebener.

»Schon in der Schule schieden sich die Geister«, schrieb er. »Meine Tendenz ging zu einer naturhaften Ordnung der politischen Strukturen, für die man sich zu engagieren hatte, und der Nationalsozialismus schien diese zu gewährleisten. Die Verbundenheit mit einer bäuerlichen Umwelt wirkte mit und nicht zuletzt religiöse Impulse. Ich wollte dienen und für mich selber nichts als ein menschliches Genügen finden.«

Dienen. Sich einordnen. Verbunden sein. Sich fügen. Gehorchen. Für ihn war es die Erfüllung, sich als Teil eines heiligen Ganzen zu fühlen. Plötzlich war er kein Wicht mehr, sondern wichtig. Er konnte der Kälte seiner Familie entfliehen, er marschierte im Gleichschritt, er hatte Ideale und Ziele, und: Er trug eine Uniform.

»Wir waren Kameraden«, so erklärt es ein früher begeisterter Nationalsozialist in Gabriele von Arnims Buch »Das große Schweigen«, »mit allem standen wir füreinander ein. Wir liebten den Führer und wurden geliebt, wir liebten auch uns, weil wir stolz waren, weil auch unsere Mütter auf uns stolz waren, wenn sie unsere Uniformen für die Aufmärsche bügelten. Selbst vom Vater wurden wir bewundert, der in blank geputzten Stiefeln als imponierendes Vorbild vor uns stand. Es gab keinen Zweifel, es gab keinen Widerspruch, wir lebten in der herrlichsten Harmonie, vereint mit den Kameraden, geborgen in der Gemeinschaft. ›Du bist nichts, dein Volk ist alles‹, das war's. Plötzlich war es für meinen Bruder ganz in Ordnung, pubertäre Pickel zu haben, mochten die Mädchen ihn doch meiden, sie waren nichts, ›dein Volk ist alles‹; und so konnte ich mich damit abfinden, nicht so schnell zu laufen wie der kräftige Sepp, ich gehörte dennoch dazu, zu diesem herrlichen Volk mit seinem göttlichen Führer, den die Vorsehung ... geschickt hatte.«

So ähnlich wird es auch für meinen Vater im Dritten Reich gewesen sein, und für viele, die sich schwach und klein fühlten, sofern sie nicht wegen der falschen Religionszugehörigkeit ausgeschlossen waren. In der Kameradschaft schien er vergessen zu können, wie schmächtig er war, wie sehr er seinen unbarmherzigen Vater-Lehrer enttäuscht hatte, in der Volksgemeinschaft fühlte er sich aufgehoben, statt vom Vater nun vom Führer geliebt.

Aber die Nazis waren keine Liebesgemeinschaft, sondern eine Meute, eine Jagd- und Hetzmeute. »Die Jagdmeute«, schreibt Elias Canetti in seinem Großessay »Masse und Macht«, »bewegt sich mit allen Mitteln auf etwas Lebendes zu, das sie erlegen will, um es sich dann einzuverleiben. Zu ihrem näheren Ziele wird also immer die Erlegung. *Ereilen* und *Umstellen* sind ihre wichtigsten Mittel. Sie hat es auf ein einzelnes, großes Tier abgesehen oder auf viele, die in Massenflucht vor ihr begriffen sind.« Allen anderen voran lief der Leitwolf. Sein Befehlsbunker war die Wolfsschanze, seine Lieblingstiere waren Schäferhunde, vor allem »Blondi«, und seine engste Umgebung durfte ihn »Wolf« nennen, was er für die germanische Kurzform von »Adolf« hielt. Ihm liefen alle hinterher, die Blut geleckt hatten, nach Beute gierten, ihren Anteil haben wollten. Sie liefen eng zusammen, Lefze an Lefze, der Schweiß troff wie gemeinsamer Schweiß, das Blut kochte wie gemeinsames Blut, und so dampften sie voran und überrannten alles, was sich ihnen in den Weg stellte. »Wer nicht zur Beute werden wollte, mußte zum Raubtier werden, und wer kein Raubtier war, wurde zur Beute«, schrieb Barbara Ehrenreich in »Blutrituale« über den Nationalsozialismus. Der einsame Wolf mochte klein und mickrig sein, zusammen waren sie stark. Erich Fromm sprach vom »Gruppennarzissmus« der Nazis. Zusammen jagten sie durch die Landschaft und fühlten sich unbesiegbar.

»Politisch aktiv«, schrieb mein Vater weiter, »wurde ich erst nach dem Abitur, gegen den Widerstand und Spott zu Hause.«
Widerstand und Spott? Die Großmutter, ja, die mochte die Nazis nicht, aber zum Spotten fehlten ihr Kraft und Autorität. Der Großvater, der gerne spöttische, zynische Spitzen verschoss, wählte 1933 die Nazis, wie er später selbst schriftlich zugab. Im selben Jahr trat er der NS-Volkswohlfahrt bei, 1935 wurde er »Blockwalter« der »Volkswohlfahrt«, die sich um »Rassehygiene« und medizinische Betreuung der »Volksgenossen« kümmerte, 1937 »Blockleiter« der NSDAP. Ohne ihre zwei Millionen »Blockwarte« hätte die Partei niemals die Gesellschaft so lückenlos überwachen können, wie sie es tat; die »Blockleiter« wurden in ideologischen Schulungen angehalten, alle Bewohner ihrer Häuserblocks in »Haushaltungskarteien« zu erfassen und »unzuverlässige Elemente« zu denunzieren, die beispielsweise den »Deutschen Gruß« nicht korrekt oder gar nicht entboten. Er sei »kameradschaftlich«, beteilige sich »regelmäßig« und »opfere gern«, hieß es im Beurteilungsbogen der Partei über meinen Großvater. Später, im Entnazifizierungsverfahren, wurde er dennoch nicht als »Belasteter«, sondern nur als »Mitläufer« eingestuft, weil Zeugen zu seinen Gunsten aussagten, er habe sich weder in der Schule noch außerhalb als antisemitischer Agitator hervorgetan und sich einmal für einen verfolgten Lehrerkollegen eingesetzt. Ob er in seiner Funktion als Blockwart Menschen denunzierte, spielte in dem Verfahren keine Rolle. Es wurde schließlich

eingestellt, weil er wegen eines Hüftleidens nur zu 50 Prozent erwerbsfähig war und somit unter eine Teilamnestie der Alliierten fiel.

1931, als das Haus der Familie in einer schwäbischen Stadt gebaut wurde, auf einem Grundstück der Familie der Großmutter, da war Manfred August schon in der SA und der NSDAP, viele Jahre vor seinem Vater. Mit achtzehn Jahren, das Abitur der Oberrealschule mit der Note »genügend« gerade in der Tasche, marschierte er, die Reihen fest geschlossen, mit seinen Kameraden durch die Straßen. Hat er Kommunisten zusammengeschlagen? Zum Boykott jüdischer Geschäfte aufgerufen? Juden überfallen? Ein Vorgesetzter der SA bescheinigte ihm vor dem Umzug der Familie, ein »vorbildlicher SA-Mann« gewesen zu sein und »einen guten Charakter« zu besitzen. Einer, der brav zu Hause saß und sich an die Gesetze der verhassten »Judenrepublik« hielt, galt nicht als »vorbildlich«.

»Da bei vier Geschwistern das Geld zum Studium knapp war, wurde ich erst Apothekerpraktikant. Was mich innerlich ausfüllte, war der SA-Dienst. Diesen nahm ich so, wie ich in der herkömmlichen evangelischen Frömmigkeit empfand: keine Erwartung von Dank, aber in dankbarer Hinnahme der Kameradschaft, ohne groß zu fragen nach den Folgerungen und nach dem Warum. Man packte das Leiden seiner Umwelt zu seinem eigenen und trug es gemeinsam, und war dabei irgendwie glücklich, ohne das alles richtig artikulieren zu können.«

Irgendwie glücklich. Warum war er glücklich? Weil er sich nicht mehr einsam fühlen musste? Oder weil es ihn »irgendwie glücklich« machte, sich als Opfer der Verhältnisse zu sehen und die anderen als »Täter«? Dass er »raufen« konnte, das bewies er so manches Mal. »Lieber raufte man nun auf der Straße mit den anderen, und wenn dabei eine Fensterscheibe in Trümmer ging«, hatte er über seine Kindheit geschrieben, und in der Zettelwirtschaft auf dem Dachboden fand ich eine Rangfolge dessen, welche »Erlebnisse« ihm in seiner nationalsozialistischen Sturm-und-Drang-Zeit am wichtigsten gewesen waren: »Sport, Rauf, Mä ...« – Sport, Raufereien, Mädchen.

Er war ein hundertfünfzigprozentiger Nazi, ein ideologischer Dogmatiker, und ironischerweise beförderte ihn gerade diese Eigenschaft manchmal an den Rand der »Bewegung«. Einmal, so erzählte später sein jüngerer Bruder, habe er einen ganzen SA-Zug aufgehalten, weil dieser das Lied »Es zittern die morschen Knochen« falsch gesungen habe. »Und heute *hört* uns Deutschland«, hieß die Textzeile, doch die SA-Männer sangen wie alle Nazis eine andere Version, »Und heute *gehört* uns Deutschland, und morgen die ganze Welt«, und mein Vater stieß sich daran.

Im Jahre 1933 trat er als Mitglied Nummer 110 188 in die SS ein. Damals schon war die »Schutzstaffel« SS vieles gleichzeitig: Sie schützte die Nazi-Führung, überwachte die NSDAP-Mitglieder, terrorisierte politische Gegner, bewachte KZs und fühlte sich nach den Worten ihres Führers Heinrich Himmler als »soldatischer Orden nordisch bestimmter Männer«, die sich wie mittelalterliche Rittergemeinschaften mit Symbolen wie dem Totenkopfring oder dem Ehrendolch schmückten. Der elitäre Charakter des »Schwarzen Ordens« zeigte sich auch in seinem komplizierten Aufnahmeritual: Ein SS-Bewerber musste sich in einer langen Probezeit erst bewähren, dann zwei Zeugen beibringen, die seine bedingungslose Hingabe an Adolf Hitler bescheinigten, seine arische Abstammung bis zurück ins Jahr 1800 nachweisen, beste körperliche Gesundheit mitbringen und ein »Sportabzeichen« ablegen.

1933 habe sich »manches geändert«, schrieb mein Vater in seinem Abschiedsbrief. »Die bisherige kollektive Aufgabe verschwand weithin, und die neue eigene Aufgabe war noch nicht sichtbar. Es war eine Zeit des Suchens. Zunächst führte der Beruf weiter, aber an der Universität reichten die intellektuellen Mittel des Studenten nicht hin, und Führung gab es kaum.«

Zeit des Suchens. Immer suchte er, suchte, was die Gefühllosigkeit und Gefühlsunfähigkeit in seinem Inneren ausfüllen konnte, und mit ihm suchten Millionen von Nazianhängern und Nazimitläufern. Die Sehn-Sucht trieb sie weiter.

Ich wühle in den mitgebrachten Unterlagen vom Dachboden. Eine Bescheinigung von 1933, seinem »Eintritt in die SS« stehe nichts im Wege, seine Führung in der SA sei »gut« gewesen. Zwei Dokumente über seine Tätigkeit als Apothekerassistent in einer schwäbischen Kleinstadt und seine Mitgliedschaft in der dortigen NSDAP-Ortsgruppe. Eine Mitgliedskarte vom »Kampfbund für deutsche Kultur«. Eine Bescheinigung vom März 1934, er sei zum »Kameradschaftsführer der Hitler-Jugend« ernannt worden. Ein Merkblatt für ein »freiwilliges Ost-Semester« in Königsberg. Eine Bescheinigung, der Student der Pharmazie habe sich im Mai 1934 bei der NSDAP-Ortsgruppe Königsberg gemeldet. Verschiedene Papiere vom Sommer 1934, die seinen Umzug nach Jena belegen, wo er sich als »stud. rer. nat. der Rassenkunde und Anthropologie« an der Universität einschrieb und im »SS-Mannschaftshaus Trutzburg« wohnte.

Ausgerechnet im »Mustergau« Jena, an der Vorzeigehochschule der Nazis. Schon im Januar 1930 forderte Hitler bei einem Auftritt in Weimar, in Jena einen »Lehrstuhl für Rassefragen und Rassenkunde« zu gründen. Wilhelm Frick, wenige Tage nach jenem Auftritt zum Volksbildungsminister von Thüringen und damit zum ersten nationalsozialistischen Minister Deutschlands gewählt, beeilte sich, Hitlers Wunsch zu erfüllen, und berief den nicht habilitierten Philologen

Hans F. K. Günther zum Professor. »Rasse-Günther«, wie ihn der Volksmund nannte, hatte schon 1928 in seiner »Rassenkunde des deutschen Volkes« dunkelhaarige Menschen wie meine Mutter als dinarisch-minderwertig ausgewiesen. Zu seiner Antrittsvorlesung im November 1930 erschien Adolf Hitler persönlich, es soll der erste und letzte »Führer«-Besuch in einer deutschen Universität gewesen sein. Mein Vater saß dem Herrn Professor Günther zu Füßen, um kein Wort über die Überlegenheit der arischen Herrenmenschen zu verpassen. Hier war endlich einer, der ihm sagte, dass er, rassisch bedingt, etwas Besonderes sei. Balsam auf seine Seele. Endlich musste er sich nicht länger minderwertig fühlen. Endlich hatte er eine Aufgabe. Einen Auftrag, der ihn ausfüllte. Eine Passion. Eine Mission.

Zu dieser Zeit wurden in Jena gleich drei Universitätsinstitute zu Zentren der Rassenkunde ausgebaut und von der »Rassen-Quadriga« geleitet. Die »Rassen-Quadriga« bestand aus Professor Günther mit seiner Professur für »Sozialanthropologie«, dem ebenfalls nicht habilitierten Sportarzt Karl Astel auf dem Lehrstuhl für »menschliche Erbforschung und Rassenpolitik« – ideologische Standfestigkeit war wichtiger als wissenschaftliche Fähigkeiten –, Victor Franz, der den Studenten »Vererbungslehre« beibrachte, und Gerhard Heberer, der »Allgemeine Biologie und Anthropogenie« lehrte. Astel, der zweite von meinem Vater verehrte Professor, rief dazu auf, in enger Verbindung mit der SS eine »kämpferische Wissenschaft« zu begründen, später verkündete er als Universitätsrektor: »Im Ganzen genommen ist es schon heute der Ruf Jenas, die erste rassen- und lebensgesetzlich ausgerichtete Hochschule Großdeutschlands zu sein.«

Die Universität Jena war auch eine der ersten, die ein »SS-Mannschaftshaus« errichtete, später gab es weitere in Berlin, Leipzig, Tübingen und anderen Universitätsstädten. Die Häuser unterstanden dem »Rasse- und Siedlungshauptamt der SS« und wurden von ihm bezuschusst, ab 1939 wurden sie dem »Persönlichen Stab des Reichsführers SS« unterstellt, also Heinrich Himmler respektive seinem Stabsleiter Karl Wolff. Die SS-Mannschaftshäuser sollten als Aufzuchtstationen für die »rasseorientierte« Wissenschaftselite des NS-Staates fungieren; wer dort während seines Studiums wohnen und »Reichsförderung« beziehen wollte, wurde zuvor einem »scharfen Ausleseverfahren« im Hinblick auf ideologische Gesinnung unterzogen. Mein Vater bestand es. Die zukünftigen Mediziner, Rassenkundler und Erbhygieniker lebten in einem straff militärisch geführten Männerheim, wurden von einer Wirtschafterin verpflegt, hatten »am Sturmdienst einer SS-Einheit ihres Hochschulortes« und an regelmäßigen Schulungen teilzunehmen.

Die Mannschaftshäuser, so formulierte es »Reichsstudentenführer« Gustav Scheel, sollten »Stoßtrupp eines neuen Studententums« sein, es sollte sich »eine kleine Gemeinschaft von Studenten« finden, »die auf der Grundlage soldatischer Haltung und in der Einheit von körperlicher und geistiger Ausbildung hier eine politische Ausrichtung erhalten, die sie befähigt, im Leben weltanschaulich wie fachlich ihren Mann zu stehen. Leistung und Charakter sind die Voraussetzungen für die Aufnahme in die Mannschaftshäuser. Die Gemeinschaft, die dort heranwächst, soll auch nach Beendigung des Studiums als eine dauernde Lebenskameradschaft fortbestehen.«

Kameradschaft, wohlgemerkt, war etwas völlig anderes als Freundschaft. Freunde sind gleichberechtigt, sie helfen sich gegenseitig, sie sind füreinander da und brauchen keinen Dritten. Diese potenziell subversive Verbundenheit war in den nationalsozialistischen Eliteschulen nicht gerne gesehen, im Gegenteil. Wurden zwei beim trauten Zusammensein erwischt, so zitiert Sigrid Chamberlain in ihrem Buch »Adolf Hitler, die deutsche Mutter und ihr erstes Kind« einen ehemaligen »Napola«-Absolventen, dann »mussten die beiden Freunde vortreten und einander wechselseitig ohrfeigen, bis einer von beiden zu weinen begann ... dann war wenigstens ein Ende, oft auch ein Ende der Freundschaft.« »Kameraden« hingegen, sagt Chamberlain, sind nicht direkt miteinander verbunden, sondern nur über ein höherstehendes Drittes, eine Fahne, einen gemeinsamen Glauben, einen Führer, mit dem jeder Einzelne symbiotisch vereint ist. So wie das Volk alles ist und der Einzelne nichts, ist auch der Kamerad, anders als ein Freund, ein beliebig ersetzbarer Mensch.

Mein Vater glaubte an die hierarchische Ordnung »heiliger« Kameradschaft. In seinem Leben hatte er nur Kameraden, Freunde dagegen nie. Wenn ein anderer nicht seinen Glauben und seine Idole teilte, war er ihm nichts wert. So wie ihm auch seine Frau wenig wert war, weil sie in diesem »Gleichschritt der Herzen« nicht mitmarschieren wollte. Bis zur letzten Sekunde seines Lebens fühlte er sich an diese vermeintliche »Lebenskameradschaft« gebunden und sehnte sich nach ihr zurück: »Ich grüße meine Kameraden von der SS ...«

In den Unterlagen vom Dachboden war auch ein Stundenplan meines Vaters zu finden: mittwochs von 15 bis 17 Uhr Vorlesung bei »Rasse-Günther«. Ein Flugblatt mit der Ankündigung eines Vortrags von Professor Günther über die »Auflösung der germanischen Rassenpflege durch das mittelalterliche Christentum«, organisiert vom studentischen Arbeitskreis der »Deutschen Glaubensbewegung«. Auf der Rückseite des Programmzettels eine handschriftliche Liste von Frauennamen, geordnet nach Städten – Schwäbisch Gmünd, Königsberg, Berlin. Meines Vaters »Verhältnisse«? Erhalten ist auch sein Bericht über seinen »Landdienst« im Sommer 1934 bei einem ostpreußischen Bauern. Und ein Festprogramm zum »10. Gautag« am 1. Juni 1935 in Weimar und Erfurt, an dem er offenbar teilgenommen hat.

Am Gautag zog die SS durch die Straßen, mit Fahnen und Standarten, und bahnte sich mit klingendem Spiel ihren Weg. Ich versuche mir vorzustellen, wie er mitmarschiert, in seiner SS-Uniform, seine Stiefel knallen aufs Pflaster, im Gleichschritt mit den anderen. Jubelnde Mädchen am Straßenrand, beglückte Mütter heben strahlendblonde Kinder hoch, und immer wieder dieses aufbrausende »Heil!« seiner Kameraden, und nochmals »Heil!« Er fühlt sich gewaltig, mächtig, unbesiegbar, wie befreit von allen Zwängen und Gesetzen, er reckt seine Glieder, seinen Arm, der füllt sich mit Blut, bestem arischen Blut, er schreit vor Ekstase, das ist schöner als mit jedem Mädchen, tausend Arme recken sich im orgiastischen Akt der Vereinigung, tausend Münder öffnen sich in Hingabe, alle verschmelzen zu einem einzigen Volkskörper, ein Volk, ein Reich, ein Führer! Heil! Heil! Heil!

Und dann redeten Reichsminister Joseph Goebbels und SS-Brigadeführer Hans F. K. Günther und der Thüringer Reichsstatthalter Fritz Sauckel. Jener Sauckel, der später vom Nürnberger Tribunal wegen Deportation von über fünf Millionen Zwangsarbeitern aus den besetzten Gebieten ins Deutsche Reich zum Tod durch Hängen verurteilt werden sollte. Und mein Vater brüllt wieder und wieder, so laut er kann, sein »Heil!«

Diese Gruppensextase war für ihn wahrscheinlich die einzige Möglichkeit, sich zu enthemmen, alle Kontrolle fahren zu lassen. Sie war wie ein andauernder Rausch, und Hitler lieferte das Rauschgift.

Manfred August, der Einsame, sehnte sich nach Gemeinschaft. Er wollte sich in ihr auflösen. In ihr untergehen. Sich selbst nicht mehr spüren müssen. Wie Millionen von anderen, so wollte auch er *Anschluss*. Hitler schloss Österreich an, August schloss sich Hitler an, jeder schloss sich an jeden an, *Gleichschaltung* eben, ein Volk, ein Reich, ein Stromschlag.

»Rasse-Günther« bekam im Dritten Reich zahlreiche Medaillen umgehängt, Rassehygieniker Astel bekam sogar ein eigenes Landesamt geschenkt. Nur einen Tag nach Bekanntgabe des »Gesetzes zur Verhütung erbkranken Nachwuchses« richteten die Nazis im Juli 1933 ein neues »Landesamt für Rassewesen« ein, in dem die gesamte Bevölkerung Thüringens »rassenhygienisch« erfasst wurde. Karl Astel entwickelte dafür eine eigene Methode: die »Sippschaftstafel«. Wer nicht ins Schema der »Erbgesunden« passte, wurde später zwangssterilisiert oder der Euthanasie zugeführt: Blinde, Taube, Behinderte, Schizophrene, Alkoholiker. Gegen Ende seiner Herrschaft plante der Exterminator und Extreminator Hitler sogar, alle Herz- und Kreislaufkranken »ausmerzen« zu lassen, er kam wegen seiner anderweitigen Verpflichtungen als katastrophiler Feldherr nur nicht mehr dazu.

Was will einer werden, der Rassenkunde studiert? Mein Vater muss die Politik der »Ausmerze« in jeder Hinsicht bejaht haben, war doch seine »Rassenkunde« die ideologische Rechtfertigung für alle Institutionen, die die späteren Massenmorde planten. Sollte er eine Karriere in der NSDAP und im Reichssippen-Hauptamt anstreben? Oder auf der Universität bleiben? Auf einem Zettel notierte der 21-Jährige im Sommer 1934 seine Möglichkeiten: »Soziologe, Anthropologe, Museumsdirektor, Lehrer, Philosoph, Botaniker, Apotheker ...«, außerdem schrieb er dem Reichsernährungsministerium einen Brief. Das Schreiben ist nicht erhalten, aber der Antwortbrief des »Reichsnährstands« vom »14. Julmond 1934« an den »stud. rer. nat.«, versehen mit dem »Blut und Boden«-Wappen. Und aus der Antwort kann man auf die dargelegte Bitte schließen. »Zuchtwart« wolle er werden! Nicht etwa für Tiere, nein, für Menschen!

Ich würde gerne lachen, wenn mir nicht zum Heulen wäre. Wollte mein Vater neben Betten mit arischem Inhalt sitzen und die gelungene geschlechtliche Vereinigung kontrollieren?

Wollte er sich germanische Stammbäume vornehmen und geeignete menschliche Zuchthengste und Zuchtstuten zusammenführen? Selbst dem Reichsbauernführer ging diese Idee zu weit: »Auf Ihre an das Reichsernährungsministerium gerichtete Anfrage teilen wir Ihnen mit, dass es zwar den Beruf eines Zuchtwarts heute noch nicht gibt und dem Titel nach vermutlich auch in Zukunft nicht geben wird«, heißt es in dem Schreiben. Aber: »Dagegen macht sich heute bereits der Mangel an rassenkundlich und erbbiologisch wirklich gründlich geschulten Leuten deutlich bemerkbar, und es besteht durchaus die Wahrscheinlichkeit, dass dieser Bedarf, zu dem Zeitpunkt, da Sie Ihr Studium beendet haben, noch keineswegs gedeckt sein wird. Der Name und Titel tut hier nichts zur Sache, man braucht Fachbearbeiter für menschliche Blutsfragen. Sie sind durch Ihr Studium in Jena bei Professor Günther und Professor Astel auf dem richtigen Wege ...«

Das Reichsernährungsministerium unterstand damals »Reichsbauernführer« Richard Walther Darré, der das Wort vom »Blut und Boden« miterfunden hatte und sich das Dritte Reich als Bauernimperium vorstellte, ohne Großstädte, aller Intellektuellen entvölkert, tief in den zu kolonialisierenden russischen Osten reichend. Darré war studierter »Kolonialwirt« und Viehzüchter, der sich für Pferdezucht und »Zuchtbuchführung« begeisterte. In einem seiner Bücher, 1933 unter dem unfreiwillig komischen Titel »Das Schwein als Kriterium für nordische Völker und Semiten« veröffentlicht, versuchte er zu beweisen, dass das Schwein das »Sinnbild der nordischen Sesshaftigkeit« sei. SS-Reichsführer Heinrich Himmler war ebenfalls studierter Landwirt und gescheiterter Geflügelzüchter. »Rassenreinheit«, »Ahnentafel«, »Zuchtstammbuch« – was die Viehzüchter Himmler und Darré sich in ihrer Studienzeit an Fachbegriffen anlasen, tauchte später in ihren Reden und Erlassen wieder auf, nur meinten sie statt Hühnchen und Hengsten Menschen. Darré wollte alle »Erbhofbauern« in einem reichsweiten »Sippenbuch« erfassen, um einen »Neuadel aus Blut und Boden« zu schaffen, Himmler wollte die SS zu einem »Zuchtorden« für die neue »arische Rasse« umfunktionieren, wobei die Auswahl unter den Söhnen aller im SS-»Sippenbuch« eingetragenen SS-Familien erfolgen sollte. Der Staat als Zuchtanstalt: Wer nicht rassenrein war, wurde geschlachtet.

Das Ineinssetzen von Tieren und Menschen war Programm. »Wir Deutsche, die wir als Einzige auf der Welt eine anständige Einstellung zum Tier haben«, rief der gescheiterte Geflügelzüchter Himmler bei einer Rede im Oktober 1943 vor SS-Leuten in Posen aus, »werden ja auch zu diesen Menschentieren eine anständige Einstellung einnehmen.« Er meinte damit die russischen und jüdischen »Untermenschen«. In der Tat, Hitler hatte eine sehr anständige Einstellung zum Tier: Er war Vegetarier, er konnte die Vorstellung nicht ertragen, in einstmals lebendiges Fleisch und Blut zu beißen.

In diesem Umfeld war es so abwegig nicht, dass einer wie mein Vater »Zuchtwart« werden wollte.

Nicht nur die Juden wurden mit Tieren gleichgesetzt, auch die SS-Mitglieder, die einen »Zuchtorden« bilden sollten. Was war das für eine seltsame Lust, die sich im Begriff der »Zucht« breit machte? Die auch mein Vater, der Möchtegern-Zuchtwart, empfunden haben musste?

Ich schaue in die schwingenden Linien der Landschaft und versuche dem Wort nachzulauschen. »Zucht!«, ich höre förmlich, wie der Peitschenschlag des Erziehers den entblößten Körper des Zöglings trifft. Ein Wort, geradezu disponiert für die sadomasochistischen Fantasien sexuell verklemmter Menschen. Das mittelhochdeutsche »zuht« steht für Ziehen, Zug, Richtung, Weg, Erziehung, Bildung, Strafe, feine Sitte und Lebensart. Ursprünglich bezog sich das »Ziehen« auf die Beihilfe bei der Geburt von Haustieren und das »Aufziehen«

von Pflanzen, doch schon im mittelhochdeutschen »zühti-gen« steckt eine Vorstellung von Menschenzucht als gewalt-tätiger Abrichtung: »Züchtiges« Benehmen sei nur durch kör-perliche Strafen zu erreichen. Wer sich »unzüchtic« verhielt, gehörte ins »Zuchthaus«, auf dass überall »Zucht und Ord-nung« herrschte. Wahrhaft »züchtig« waren nur die Gezüch-tigten. Noch im heute so harmlos daherkommenden Begriff »Erziehung« steckt etwas von dieser gewaltbereiten Zurich-tung – warum spricht man eigentlich nicht von der »Beglei-tung« junger Menschen?

Für die Generation meines Vaters war »Zucht« alles gleich-zeitig: Pflege, Strafe, Ordnung – und Sexualität. In derselben fatalen Verkettung, wie sie es in ihren eigenen Familien erlebt hatten: keine Pflege und kein Sex ohne Strafe, keine Ordnung ohne Gewalt. So, wie man vom eigenen Vater gezüchtigt wor-den war, so ging es nun anscheinend darum, alle Menschen zu peinigen und zu bestrafen. Die Nazis und ihre Nachfolger aber schrieben diesen Akt zu etwas Heiligem um. »Was ist denn Zucht? Doch nichts anderes, als ein bewusstes Geben für den Augenblick der Heiligkeit; ein bewusstes Sich-Geben für das neue Leben!«, schrieb ein Nazi-Autor noch im Jahre 2003 in den »Huttenbriefen«, der Zeitschrift des rechtsradika-len »Deutschen Kulturwerks europäischen Geistes«.

Der Zug schwankt weiter durchs schwäbische Land. Wie gut, denke ich, dass die »intellektuellen Mittel« des Studenten Manfred Augst »nicht ausreichten«, dass es ihm an der Uni-versität an »Führung« fehlte. Er kam nicht voran im Studium, und am Ende wurde er weder »Zuchtwart« noch »Fachbear-beiter für menschliche Blutsfragen«.

Allein diese Worte. Ein kalter Hass steigt in mir empor, Ekel und Abwehr, die mich innerlich erstarren lassen. Auch ich will nicht fühlen. Auch ich will nicht bei jedem einzelnen dieser Worte ermessen, was sie für die Opfer bedeuteten.

Im Sommer 1935, kurz bevor die »Nürnberger Rassegesetze« erlassen wurden, so genannte Mischehen zwischen Juden und Nichtjuden verboten und die ersten Urteile wegen »Rassenschande« gefällt wurden, nahm er als »SS-Mannschaftshausstudent« an einem »Mannschaftshausschulungslager« auf der Burg Aufsess in Oberfranken teil. Obschon streng christlich erzogen, trat er aus der Evangelischen Landeskirche aus, wie es von SS-Mitgliedern verlangt wurde. Keine Pflicht, sondern Kür war es indes, bei der »Deutschen Glaubensbewegung« einzutreten. Sein Mitgliedsausweis zeigt die Unterschrift des Führers der »Glaubensbewegung«, Wilhelm Hauer.
Auch so einer.

Jakob Wilhelm Hauer, wie er hieß, bis er seinen »jüdischen« Vornamen Jakob ablegte, war Missionar in Indien gewesen, bevor er Professor für Religionswissenschaft in Marburg und Tübingen wurde und im Juli 1933 in Eisenach die »Arbeitsgemeinschaft Deutsche Glaubensbewegung« gründete. Mit seinem seltsamen Gebräu aus jenseitiger Schwärmerei und diesseitigem Heidentum beabsichtigte der Freund von Heinrich Himmler, die »vorderasiatisch-semitische Fremdreligion« des Christentums durch einen »arteigenen indogermanischen Glauben« abzulösen. Judentum und Christentum hätten den Menschen durch die Zweiteilung in Gott und Welt »seiner Geborgenheit in Natur und Kosmos« entrissen, argumentierte er, der »artgemäße« germanische Pantheismus hingegen bewahre die Einheit der Schöpfung: »Die Geschichte eines Volkes ist Gottgeschehen.« Aber an was außer dem »Deutschtum« die Gläubigen denn eigentlich glauben sollten, diese Frage konnte auch Hauer nicht beantworten, so viele Veranstaltungen unter dem Saalschutz von SA und SS er auch abhielt. Wer gegen seine christen- und judenfeindlichen Ausführungen mit Zwischenrufen protestierte, riskierte, zusammengeschlagen zu werden. War mein Vater auch unter den

Schlägern? Hatte er schon damals seine später von uns Kindern so gefürchteten »Wutausbrüche«? Oder stand er abseits und schaute zu?

Der »Führerrat« der »Arbeitsgemeinschaft Deutsche Glaubensbewegung« bestand zu mehr als zwei Dritteln aus Nazis, auch »Rasse-Günther« war dabei. Hauers Freund Herbert Grabert, der nach Kriegsende den rechtsradikalen Grabert-Verlag in Tübingen gründete, wurde der Schriftleiter der Bewegung und ihrer Zeitschrift. »Der germanisch-deutsche Staat ist notwendig auf dem Führerprinzip aufgebaut«, schrieb Hauer in einem Aufsatz. »Wir haben in unseren Bünden der Jugendbewegung gegen schwere Widerstände der alten Generation dieses Prinzip erkämpft und gelebt. Und dort haben wir entdeckt, daß das Führerprinzip im Glauben wurzelt und an den Glauben appelliert. Dem Führer kann nur der gläubige Mensch gehorchen, das ist der Mensch, der etwas verspürt hat von der Begnadung des Führers mit Machtvollkommenheit.«

Was für eine praktische Religion, denke ich. Himmel und Erde sind eins geworden: »Weil wir an die Ewigkeit dieses Reiches glauben, sollen auch diese Werke ewig sein«, versprach Hitler. Gott und Volk und Rasse sind eins geworden, und statt der Juden sind nun die Deutschen das auserwählte Volk Gottes. »Keine Konfession, kein Christusglaube kann so stark sein wie dieser unser Glaube«, bekannte SS-Führer Hans Frank, »wir streiten in Gottes Namen gegen den Juden und seinen Bolschewismus.« Gott und Führer sind eins geworden: »Von unserer Bewegung geht die Erlösung aus«, sprach Hitler. Deshalb darf der auf die Erde Wiedergekehrte auch über Leben und Tod richten und seine Feinde vernichten. »So glaube ich im Sinne des allmächtigen Schöpfers zu handeln: Indem ich mich des Juden erwehre, kämpfe ich für das Werk des Herrn«, schrieb dieser Heiland in »Mein Kampf«.

Was für ein kindischer Glaube. Ich bilde mir ein, von ferne

die Kinder wimmern zu hören, die diese Nazis selbst einmal waren. Die gottverlassenen, bestraften, gezüchtigten Kinder, die sich nach mütterlicher Haut und väterlicher Wärme sehnten. Gott und Führer und Rasse und Volk und Einzelmensch, alles eine heilige Einigkeit, alles Mama. Kindliche Verschmelzungswünsche, würde die Psychoanalyse diagnostizieren. Ablösung von der Mutterbrust nicht gelungen. Ablösung vom Vater misslungen. Kinder, die ihre inneren und äußeren Grenzen nie akzeptiert, die kein Gewissen ausgebildet haben. Unreife Männer, lächerlich in ihren braunen Uniformhosen, mit diesen Bauschungen rund um die Hüften, laufen immer noch in ihren verkackbraunen Windeln herum und schreien sich die Seele aus dem Leib nach Mama und Papa, »Heil Hitler« brüllen sie, ja heilt euch doch endlich selbst.

Ungefähr 1934 schrieb mein Vater ein Selbstportrait mit dem Titel »Der junge Deutsche«. Er erzählte von müden Pfarrern im Kindergottesdienst und von erregenden Lagerfeuern beim »christlichen Bund«. Und wie er im Konfirmationsunterricht »mit aller Gewalt in das Christentum einzudringen« versuchte, um es »zu seinem eigenen zu machen«. Der phallische Versuch musste misslingen. Aber dann trat endlich ein Retter auf den Plan: ein Aushilfslehrer der Schule. Der habe ihnen von ihren »germanischen Vorfahren« erzählt, und »wie ein Blitz« habe die Idee bei ihm gezündet. Im Frühjahr 1931 habe ihn das »Gesundungsfieber« ganz erfasst, nun habe er seine »Art«, sein »Blut wiedergefunden, im Kampf gegen den marxistischen Geist durch Hitler, Rosenberg und Günther, durch die Erfahrung von Blut und Rasse war endlich die brennende Leere im Inneren ausgefüllt«. Wie genau die Sprache sein Inneres nach außen bringt: Die brennende Leere des verlassenen Kindes. Die Leere seiner nicht gefühlten Gefühle. Die unerfüllte Sehnsucht nach der Mutter, nach dem Großen Ganzen, fand zumindest vorläufig ein Ende.

War es so? Fühlte er sich jetzt wirklich ausgefüllt? Dass Hitler im Juni 1934 den SA-Führer Ernst Röhm und seine Getreuen kurzerhand liquidierte, weil sie ihm zu eigenmächtig wurden und weil er die Wehrmachtsführung für sich gewinnen wollte, muss das gläubige Vertrauen des ehemaligen SA-Mannes Manfred Augst in Reich!Volk!Führer! doch erschüttert haben. Und nicht nur das meines Vaters. Wegen angeblicher »Meuterei« verhaftet, wurde Röhm im Münchner Gefängnis Stadelheim von SS-Unterführern ermordet, andere SA-Führer wurden in einer Berliner Kaserne an die Wand gestellt und starben mit einem ungläubigen »Heil Hitler!« auf den Lippen. In meines Vaters gesamtem Nachlass, in seinen unzähligen Manuskripten und Briefen, ist nur ein einziges Mal von »Hitlers Verbrechen« die Rede, und zwar im Hinblick auf die »Röhmlinge«. »Gewiß waren die Dinge vom Juni 1934 Verbrechen«, schrieb er 1953 an den Verfasser eines Hitler-kritischen Artikels. Doch das war der einzige Tadel, zu dem er sich durchringen mochte. Auch der Mord an Röhm, den er distanziert-umschreibend »Dinge« nannte, auch der wiege nicht »das grundlegende Mehr an Ursprünglichkeit« Hitlers auf, seine »tiefe, ungebrochene Wurzelhaftigkeit«, die »das Geheimnis seines politischen Erfolges bei den Deutschen« gewesen sei.

War es »wurzelhaft«, dass sich Hitler spätestens mit der Ausschaltung des Röhm-Flügels zum irdischen Gott über Leben und Tod ernannte und die in vielen hundert Jahren europäischer Geschichte erkämpfte staatliche Gewaltenteilung in einem Streich niederriss? »In dieser Stunde war ich … des deutschen Volkes oberster Gerichtsherr«, bekannte sich Hitler wenige Tage nach der Bluttat in einer Rede. Spätestens seit dem 30. Juni 1934 war politischer Mord erlaubt. Nun war der Führer alles zugleich: oberster Gesetzgeber, oberster Exekutor, oberster Richter, irdischer Gott. Und die Mehrheit der Deutschen jubelte ihm zu. Endlich waren sie alle Einer, und der

Eine bestand aus Allen. Was für eine selig machende Entgrenzung. Was für eine Entlastung für ihre geprügelten Körper und ihre geschundenen Seelen.

Das Volk ist nur durch den Führer, und der Führer ist nur durch das Volk. »Alles, was ihr seid, verdankt ihr mir; alles, was ich bin, verdanke ich euch«, sagte der Führer in einer Rede an seine SA-Männer. »Augenblicklich waren meine kritischen Fähigkeiten ausgeschaltet«, beschrieb sein früherer Anhänger Kurt Luedecke in seinem 1938 im Londoner Exil erschienenen Buch »I knew Hitler« eine Begegnung mit ihm. »Seine Worte waren wie Peitschenschläge … Ich vergaß alles über diesem Mann. Als ich mich umschaute, sah ich, daß seine Suggestivkraft die Tausende in Bann hielt wie einen Einzigen … Ich hatte ein Erlebnis, das sich nur mit einer religiösen Bekehrung vergleichen ließ.«

Und mein Vater sah »Wurzeln«, wo Blut floss, und er sah »Blut«, wo es um Leben ging, er sah »Reinheit«, wo das Schlachten umschrieben wurde. Die althochdeutsche Sprache war durch die erste germanische Lautverschiebung entstanden; die »Lingua Tertii Imperii«, LTI, wie der als Jude verfolgte Sprachwissenschaftler Victor Klemperer sie nannte, war durch Goebbelsche Sinnverschiebungen entstanden. Ohne Hitlers Propagandaminister Joseph Goebbels, sein Sprachrohr und Schreibmaschinengewehr, hätte das Neusprech der Nazis niemals Millionen von Menschen manipulieren können. Auch der Student Manfred Augst formulierte damals einen »Abriss unserer Geschichte« in LTI-Sprache. »Als Germanen waren wir noch ein artreines und sittenreines Volk«, sinnierte er, aber im Mittelalter hätten wir »unseren Glauben verloren«. Die Folgen seien »Sittenlosigkeit, Unzucht und Rassenzerfall« gewesen. Nun aber sei »die vielleicht größte Revolution aller Zeiten« angebrochen, und nun müssten sie durch »Leistungen« beweisen, dass sie »berufen« seien: »Wir sind das letzte Aufgebot unseres Blutes.«

Blut. Rasse. Ehre. Sitte. Treue. Reich. Volk. Führer. Ich schaue auf die Häuser, die hinter dem Zugfenster wie hinter einer Aquariumscheibe dahinschwimmen. Was waren das für Worte, dass sie solche Macht entwickeln konnten? Die Gläubigen murmelten sie, sagten sie auf, schrien sie aus sich heraus, auch mein sprachloser, mundtoter Vater lernte mit und in diesen Worten das Sprechen, ein mordsmäßiges Sprechen. Am Anfang war das Wort. Das Wort, die erste Wunderwaffe der Nazis. Und das Wort ward Mord.

»Unsere Ehre heißt Treue«, war der Wahlspruch der SS. Treue dem Führer gegenüber, Treue bis in den Tod, das war der Kern des SS-Ehrenkodexes. »Ehre«, das meinte ursprünglich Ansehen, Selbstachtung, Wertschätzung durch andere Menschen, und »Treue« stand für Zuverlässigkeit, Vertrag und Bündnis. Die gegenseitige Wertschätzung wurde durch die einseitige Bindung an den Führer ersetzt, und außerhalb dieser Bindung galt nichts mehr, herrschte ein Vakuum. »Blut«, so mein etymologisches Lexikon, steht in Zusammenhang mit dem althochdeutschen »bluot« und dem altsächsischen »blöd« und ist wohl verwandt mit »Blüte«, dem üppig Hervorquellenden und Sprießenden. Blödes Blut! Nie wurde es häufiger gebraucht als während der tausend Jahre zwischen 1933 und 1945. Triefte nicht schon in »Mein Kampf« die Sprache nur so von Blut? Alles war blutig, es tönte die Stimme des Blutes, es schlug die Stunde des Blutes, Hitler ließ auf Blut-Fahnen schwören, Himmler ließ einen Blut-Orden gründen, Reichsbauernführer Darré schwärmte von Blut und Boden. Blut war ein Wort wie eine Allzweckschraube, es konnte überall eingesetzt werden, es schraubte all die anderen Nazi-Wörter zusammen oder ersetzte sie. Es stand für den heiligen Volkskörper, den die jüdischen Blutsauger aussaugten, für Opfer und Märtyrertum, aber auch für Lebenssaft, Lebenskraft, Verbundenheit, Verwandtschaft, Familie, Stamm, Sippe, Volk, Rasse, Nähe, Geschichte, Wärme, Natur, Fröhlichkeit,

Ideen, Ideale, für das Gute schlechthin. »Nun hatte er seine Art, sein Blut wiedergefunden«, schrieb mein Vater über sich selbst in der dritten Person und sein nationalsozialistisches Erwachen. »Wir sind das letzte Aufgebot unseres Blutes«, textete er. »Pflege und Reinhaltung unseres Blutes ist die schönste und wichtigste irdische Aufgabe«, glaubte er auch noch nach Kriegsende. Und selbst und gerade in seinen Abschiedsbriefen holte ihn die Wahnidee vom Blutopfer wieder ein: Er sah sich als Repräsentation der »Generation, die sich mit Gut und Blut eingesetzt hat für das, an was sie glaubte«.

War die Rede vom Blut, das fließen muss, knüppeldick, nicht von Anfang an wörtlich gemeint? Hitler, das kann man in »Mein Kampf« nachlesen, hatte seine Absichten nie verborgen. Offenbar ist es für die Nazi-Sprache charakteristisch, dass sie immer gleichzeitig wörtlich und metaphorisch gemeint ist, Doppel-Sprech, entstanden aus Doppel-Fühl und Doppel-Moral. Wer entsetzt fragte, ob wirklich Blut strömen sollte, bekam zu hören, das sei doch nur ein Bild. Wer sich aber darauf verließ, dass das nur bildhaft gemeint sei, wurde bald eines Besseren belehrt.

Der Zug rattert, die Landschaft rast an mir vorbei, durch mich hindurch. War es vielleicht das Problem meines Vaters, denke ich, dass er diese Sprache niemals loswurde, auch nach 1945 nicht, dass sie weiter durch ihn hindurchraste, dass er es nie schaffte, sich aus diesem Begriffskitsch freizukämpfen, und auch deshalb zunehmend verstummte? Es war unmöglich, in diesem Neusprech frei zu denken, in dieser Ersatz- und Versatzsprache für Menschen, die nicht denken sollen. Es gab in ihr keine nüchternen Begriffe, mit denen man Realität analysieren, Gedankensysteme entwickeln und vergleichen konnte. Ihre Worte waren bombastisch, überladen und gleichzeitig wie verwackelt, ohne scharfe Grenzen. Nichts drückte pure Gegenwart aus, jeder Begriff war in einer mysti-

schen Vergangenheit verwurzelt und von sentimentaler Ge-
fühligkeit umnebelt, jedes Wort hing wie mit einer Nabelschnur an der Mutter, am heiligen Gral, an der ruhmreichen
deutschen Vergangenheit, an der Großen Plazenta.

Der Begriff »Rasse« ist ursprünglich ein völlig harmloses
Wort: Das mittellateinische Wort »rassa«, verwandt mit dem
lateinischen »ratio«, stand für »Abmachung unter den Angehörigen eines Berufes oder einer Familie«; daraus wurde
wahrscheinlich das mittelfranzösische »race«, das »Geschlecht,
Stamm, Abstammung, Gattung, Sorte« bedeutete. Später
meinte es Lebewesen mit besonders edlen Eigenschaften, wie
etwa »Rassepferde« oder »rassige Frauen«. Doch seit jenem
Zeitpunkt, als der vom gesellschaftlichen Abstieg bedrohte
französische Adlige Gobineau Mitte des 19. Jahrhunderts aus
purem Eigennutz sein Traktat »Über die Ungleichheit der
menschlichen Rassen« veröffentlicht hatte, wurde der Begriff
»Rasse« zu einem Mordwerkzeug.

In der Nähe des Zugrestaurants sitzend, fällt mir eine Sorte
Brot ein, Puri, die ich aus indischen Lokalen kenne. Eine Art
Fladenbrot, das sich während des Backens mächtig aufbläht
und mit heißer Luft füllt. Wenn man mit der Gabel hinein-
sticht, macht es »pfffffffft«, und die ganze Herrlichkeit sackt
in sich zusammen. Genau so waren diese Nazi-Begriffe. Auf-
gebläht und voller heißer Luft.

Das Gift der Nazi-Sprache setzte sich überall ab, erreichte die
letzten Winkel des Lebens, öffentliche wie private. Die Nazi-
Führer erfanden kaum ein Wort neu, sondern arbeiteten vor
allem mit Bedeutungsverschiebungen.

Aus »rassa«, der »Abmachung unter Angehörigen«, wurden
»minderwertige Menschensorten«. Aus dem »Reich«, das seinen Ursprung wahrscheinlich im keltischen »rigs« hat und
höchst irdisch das »Aufgerichtete« und »Gelenkte« bedeutete,
wurde das mystische »Dritte Reich«, ein Himmelreich oder

Himmlers Reich auf Erden, das mindestens tausend Jahre währen sollte. »Fanatismus«, heutzutage wieder eine negative Bezeichnung für ideologische Verbohrtheit, wurde durch Hitlers inflationären Gebrauch des Wortes zu einer Tugend. Auch hier war die Nazi-Sprache, wie beim Wort »Blut«, überraschend klar, bestand doch die ganze NS-Bewegung aus Fanatismus. Fanatisch zu sein, schrieb der Augen- und Sprachzeuge Victor Klemperer in jenen Zeiten nieder, bedeute »die Übersteigerung der Begriffe tapfer, hingebungsvoll, beharrlich, genauer: eine glorios verschmelzende Gesamtaussage all dieser Tugenden«. Je dunkler die Lage gegen Ende des Krieges sich gestaltete, desto häufiger sei der »fanatische Glaube an den Endsieg, an den Führer, an das Volk oder an den Fanatismus des Volkes als eine deutsche Grundtugend« zitiert worden.

Beängstigend fand Klemperer, dass nicht einmal überzeugte Nazi-Gegner oder die verfolgten Juden vor dem »LTI«-Jargon gefeit waren. Erstere fingen plötzlich damit an, vom »jüdischen Krieg« zu faseln, als ob die Juden den Krieg begonnen hätten, und Letztere begannen, selbst Wörter wie »fanatisch«, »kämpferisch« oder »ausmerzen« zu benutzen. Das stärkste Propagandamittel der Hitlerei, schrieb der Sprachwissenschaftler, seien nicht die einzelnen Reden des Führers und seines Propagandaministers gewesen, auch nicht die gleichgeschaltete Presse, wiewohl Goebbels Form und Inhalt aller Artikel bis ins Detail überwachen ließ, auch nicht die Flugblätter oder Plakate.

»Sondern der Nazismus glitt in Fleisch und Blut der Menge über durch die Einzelworte, die Redewendungen, die Satzformen, die er ihr in millionenfacher Wiederholung aufzwang und die mechanisch und unbewusst übernommen wurden.« Wenn einer nur lange genug »fanatisch« statt »tugendhaft« sage, dann glaube er schließlich selbst, dass man ohne Fanatismus kein Held sein könne.

Auch mein Vater wurde durchdrungen von dieser vergifteten Sprache, er wurde selbst zur ideologischen Giftspritze, er wurde die Worte nie wieder los. Auch er empfand »fanatisch« als Tugendwort, auch er wollte ein Held sein. Von Ende 1935 bis Herbst 1936 diente er freiwillig in der Wehrmacht und ließ sich in Berlin zum Flak-Kanonier ausbilden.

»Ein Jahr freiwilligen Dienstes in der Wehrmacht war kaum geeignet, diese Lücke zu schließen«, schrieb er in seinem Abschiedsbrief und meinte mit »Lücke« den »Mangel an Führung«. »Doch muss ich sagen, dass meine besten Stunden in dieser Zeit lagen, in Berlin im Kreis von Kameraden. Der ›Dienst‹ neben dem Studium nahm viel mehr Zeit in Anspruch, als nötig war, aber ich tat ihn, aus Pflichtgefühl gemischt mit Gewohnheit und Zwang, obwohl ich um den Leerlauf wusste – tat ihn ohne Ehrgeiz und persönliche Gewinnabsichten.« Der »Leerlauf« ergab sich womöglich auch daraus, dass im August 1936 die Olympischen Spiele in Berlin abgehalten wurden und die Nazi-Organisationen strikte Anweisungen hatten, ausländische Gäste nicht durch auffällige Aktionen zu verprellen. Die pompös gefeierte Olympiade stellte für alle Bedrohten eine Atempause dar, die Zahl der Insassen in den sieben bis dato vorhandenen KZs sank vorübergehend von etwa 9000 auf »nur« rund 7500 Gefangene.

»Rasse-Günther« war inzwischen »Professor für Rassenkunde« an der Berliner Universität geworden, also sah mein Vater keinen Grund mehr, an die Hochschule von Jena zurückzukehren. Ende 1936 wohnte er im SS-Mannschaftshaus Berlin-Grunewald, wahrscheinlich erlebte er dort seine »besten Stunden« im »Kreis der Kameraden«. Laut einer Bescheinigung nahm er »regelmäßig« am Dienst im »SS-Sturm 9/6 Kurt von der Ahé« teil, später im Sturm 4/6. Kurt von der Ahé war ein SS-Scharführer gewesen, der im Februar 1933 laut Augenzeugen versehentlich von den eigenen Leuten erschossen worden war. Der tödlichen Schüsse bezichtigt wurde aber ein anderer, der Kommunist Richard Hüttig, der 1934 deshalb in Berlin-Plötzensee hingerichtet wurde.

Anfang Februar 1937, so entnehme ich den Unterlagen vom Dachboden, wurde mein Vater zu einem Schulungskurs des »Rasse- und Siedlungsamtes SS« in der SS-Führerschule Bad Tölz abkommandiert. Mitzunehmen, so hieß es im »Einberufungsbefehl«, seien Sportzeug, Skiausrüstung, Musikinstrumente und Hitlers »Mein Kampf«. Mein Vater schien sich bewährt zu haben, denn danach wurde er zum »SS-Rottenführer« ernannt. Der »Rottenführer« stand auf der drittuntersten Stufe der SS-Hierarchie, eine »Rotte« war die kleinste Einheit in der SS und umfasste vier Mann.

Im Zug sitzend, muss ich daran denken, dass damals auch mein Vater quer durch die Republik unterwegs war, rastlos auf der Suche nach etwas, das er wohl selbst nicht benennen konnte. Wann und warum er nach Leipzig übersiedelte, wohl wieder in ein SS-Mannschaftshaus, ist nicht klar. Ob er von dem KZ Buchenwald gewusst hat, das ab Mitte 1937 entstand? Von den neuen »Schutzhaftbestimmungen«, die der »Führer« im Januar 1938 verkündete? »Schutzhäftlinge« hatten keinerlei Anspruch auf rechtlichen Beistand, waren also, auch das ein Bruch einer vielhundertjährigen europäischen Rechtsgeschichte, als Personen sozusagen ausgelöscht, lebendige Leichname. »Dass es so etwas gibt wie ein Recht, Rechte zu haben«, schrieb Hannah Arendt, »wissen wir erst, seitdem Millionen von Menschen aufgetaucht sind, die dieses Recht verloren haben.« Nunmehr konnten »alle volks- und staatsfeindlichen Personen« inhaftiert und ins Konzentrationslager verbracht werden, was der Geheimen Staatspolizei die willkürliche Verhaftung von jedermann ermöglichte. Allerdings blieb ein Unterschied existenziell: Kommunisten und Sozialdemokraten galten zwar als politische Feinde, aber immer noch als Deutsche, damit hatten sie eine Chance zu überleben und sogar freigelassen zu werden, ihnen wurde nicht das allererste Menschenrecht abgesprochen, das Recht zu existieren. Ganz im Gegensatz zu den Juden. Nicht einmal der militanteste Kommunist wurde deshalb im wörtlichen Sinne so tierisch misshandelt wie der staatstreueste Jude, selbst wenn dieser im Ersten Weltkrieg Tapferkeitsabzeichen erkämpft, selbst wenn er getauft und nur noch der Herkunft nach jüdisch war.

Irgendwann in dieser Zeit bewarb sich mein Vater bei der Waffen-SS, wurde aber nicht genommen, da er ihren körperlichen Idealvorstellungen nicht entsprach: Er trug eine Brille. Es muss die Kränkung seines Lebens gewesen sein. Er war doch schon in SA und SS gewesen, hatte nichts ausgelassen, er war in Rassenkunde theoretisch und praktisch bewandert, fanatisch glaubenstreu, und nun lehnten sie ihn ab! Ich habe die Kurzsichtigkeit meines Vaters geerbt, doch ich bin ihm dankbar dafür. Jedes Mal, wenn ich wieder eine Kontaktlinse zerkratze oder in den unendlichen Abflussrohren unserer Zivilisation verliere, sage ich mir, dass mir dafür womöglich ein Massenmörder oder KZ-Aufseher als Vater erspart geblieben ist.

Die Landschaft um mich herum entschwäbelt sich langsam und geht ins Hessische über. Ich schaue in der Chronologie nach den Ereignissen von 1938. Im März 1938 überquerte die Wehrmacht die Grenze zu Österreich und vollzog dessen »Anschluss« an Hitlers Reich. Im Oktober 1938 marschierte sie im tschechischen Sudetenland ein. Am 9. November 1938 zerstörten die Nazis in der »Reichspogromnacht« tausende von jüdischen Geschäften und Synagogen und verschleppten rund 25 000 Juden in KZs, die Übriggebliebenen mussten dafür auch noch eine »Entschädigungssumme« von einer Milliarde Reichsmark leisten. Mein Vater erlebte die Nacht der Schreie und der Verzweiflung wahrscheinlich in Leipzig, dort lebte mit über 12 000 Mitgliedern die sechstgrößte jüdische Gemeinde auf deutschem Boden. Auch hier wurde die

Synagoge niedergebrannt und mehr als 550 Juden wurden in die KZs Buchenwald und Sachsenhausen abgeführt. Es ist unwahrscheinlich, dass der »SS-Rottenführer« Manfred Augst sich aus allem heraushalten wollte oder konnte.

Im Dezember 1938 erhielt mein Vater eine neue Aufgabe: Er wurde zum »SS-Verbindungsmann« der Studentenführung Leipzig ernannt. Was er dort genau zu tun hatte, ist den Unterlagen nicht zu entnehmen. Im Juni 1939, inzwischen zum »SS-Unterscharführer« ernannt, was von unten gezählt dem 19. von insgesamt 24 Rängen in der SS-Hierarchie entsprach, wurde er mit den Vorbereitungen zum Bau des SS-Mannschaftshauses »Elbe Dresden« beauftragt. Da waren die Kriegsvorbereitungen längst im Gange. Die Nazis hatten sich die Rest-Tschechei schon im März einverleibt und zum »Reichsprotektorat Böhmen und Mähren« umbenannt, ohne dass die Westmächte irgendetwas unternommen hatten. Hitler konnte sich ziemlich sicher sein, dass sie auch dann passiv bleiben würden, wenn seine Armee Polen überfallen würde, um »Lebensraum« im Osten zu gewinnen.

Ich schaue in den Abschiedsbrief meines Vaters. »Dann kam der Krieg«, schrieb er lapidar. »Als Ehrenkodex und Norm steckte es in uns, sich nicht zu drücken, und so wurde ich Soldat, obwohl bei der Militärbürokratie meine Papiere verloren gegangen waren. Auch hier tat ich meinen Dienst ohne Frage, ohne andern Ehrgeiz, als den, im großen Geschehen meine Funktion zu erfüllen, solange bis ich einem Kommisskopf nicht gefiel.«

Von einem Wunsch, sich als Held zu beweisen, ist nichts zu spüren. Allerdings machen mich seine ständig wiederkehrenden Beteuerungen, er habe ohne Ehrgeiz gehandelt, misstrauisch – wollte er etwa das Gegenteil überdecken? Und welcher Konflikt mit welchem »Kommisskopf« war hier gemeint? Ich weiß es nicht. Aber ich bin dem Kommisskopf dankbar. Auch er trug mit dazu bei, dass mein Vater es in der Hierarchie des NS-Staates nicht weit nach oben brachte. Nicht so weit, dass er für Kriegsverbrechen größeren Ausmaßes verantwortlich gewesen wäre.

Anfang September 1939 wurde er eingezogen und tat als Flak-Kanonier des »Wachbataillons General Göring« seinen Dienst. Das Bataillon war in einer Kaserne in Berlin-Reinickendorf stationiert und diente mehr oder weniger als persönliche Schutztruppe für Luftfahrtminister Hermann Göring. Ob Reichsmarschall Göring sich in seinem Jagdanwesen in der Schorfheide nördlich von Berlin von seinen Untaten erholte oder auf Frontbesuch weilte – seine Truppe war fast immer dabei. Sie war offenbar auf Kurzeinsätze spezialisiert, ein Teil des Bataillons war schon beim »Anschluss« Österreichs und der Besetzung des Sudetenlands beteiligt, später in Polen, Holland, Belgien und Frankreich. Erheblich vergrößert und umbenannt in »Brigade« und dann in »Division General Göring«, kämpften die Panzerfahrer, Fallschirmspringer und Flaksoldaten der Truppe noch später in Rumänien, Nordafrika, Italien, Ostpreußen und Schlesien.

Und mitten drin mein Vater. Ja, die Geschichte schlägt immer wieder ironische Haken. Ausgerechnet mein hagerer, pietistischer, jedem Lebensgenuss entsagender Vater beschützte einen der größten Verschwender und Lebemänner unter den Nazi-Führern. Den fetten, drogensüchtigen Göring, der nie genug bekam, der Prunk über alles liebte, der bei seiner Verhaftung nach Kriegsende die denkwürdigen Worte sprach: »Wenigstens zwölf Jahre gut gelebt.« Der vom Nürnberger Tribunal zum Tod durch den Strang verurteilt wurde. Und kurz vor der Urteilsvollstreckung Zyankali schluckte. Immerhin eine Gemeinsamkeit.

In der Schorfheide hatte der Hobbyjäger ein pompöses Anwesen bauen lassen, das er nach seiner verstorbenen und dort beigesetzten schwedischen Ehefrau »Carinhall« nannte.

Immer größer und protziger wurde es mit den Jahren, zu den Hauptgebäuden kam ein Bibliotheksflügel hinzu, ein Museumsflügel für Görings Kunstsammlung, zwei Kasinos, ein Tennisplatz, Wach- und Postenhäuser, eine Nachbildung des Potsdamer Schlosses Sanssouci für Tochter Edda. Rund um »Carinhall« waren Flak- und Scheinwerfertürme aufgebaut, zur Abwehr feindlicher Flieger. Etwas weiter weg gab es sogar nochmal ein »Carinhall«, eine potemkinsche Nachbildung, um Feindflieger in die Irre zu führen. Und das, obwohl sich der Luftfahrtminister zu Anfang des Krieges in die Brust geworfen hatte: »Wenn jemals ein feindliches Flugzeug über Deutschland auftaucht, will ich Meier heißen.«

Mein Vater schob also bei Herrn Meier Dienst. Für 1939 und 1940 sind in den wenigen erhaltenen Unterlagen des Wachbataillons verschiedene Einsätze auf »Carinhall« verzeichnet. »Aber im Ganzen ist die Kameradschaft gut, weil es gute Soldaten (und eine gute rassische Auslese hier) gibt. Wir schieben Wache jeden Tag … beim Feldmarschall in Carinhall«, schrieb mein Vater Ende 1939 an eine seiner Schwestern.

Im Übrigen sollte die Flak des »Wachbataillons General Göring« die Hauptstadt des Reiches schützen, während dessen Truppen das Nachbarland Polen mit Terror überzogen. Am 13. September 1939 war Warschau von deutschen Soldaten eingeschlossen, am 27. September kapitulierte Polen, wurde zwischen der Sowjetunion und Deutschland aufgeteilt und existierte fortan nicht mehr. Bis 1945 töteten die Nazis fast sechs Millionen polnische Zivilisten, darunter über zwei Millionen Kinder – beinahe ein Fünftel der gesamten Bevölkerung. Gleichzeitig initiierten sie eine gigantische »Umdeutschung«, über eine Million Polen wurden aus den Westgebieten vertrieben, um Platz für Deutsche zu schaffen. Umdeutschung, auch so ein Wort.

Ich nehme mir den Packen Feldpost vor, die mein Vater an seine Eltern und Geschwister geschrieben hat, sein Vater gab ihm die Briefe wohl irgendwann zurück. Den Soldaten war es verboten, »militärische« Informationen über ihre Standorte und Einsätze preiszugeben oder sich über die Kriegsführung zu äußern, sodass die Briefe, auch jene meines Vaters, in weiten Teilen nur Belanglosigkeiten enthielten. Habe Euren letzten Brief erhalten, Ihr bekommt demnächst ein Päckchen von mir, das Wetter ist schlecht, mir geht es gut, herzliche Grüße. Krieg schien eine Art Urlaub gewesen zu sein, bei dem den Soldaten ständig Leckereien in den Schoß fielen. Die Raubzüge der Wehrmacht machten es offenbar möglich, ständig Lebensmittel an die »Heimatfront« zu schicken und diese damit ruhig zu stellen.

»Auch wenn wir wenig Freiheit haben«, schrieb mein Vater im März 1940 an seine Schwester, »ist doch auch in der wenigen Zeit in Berlin immer etwas los. So ist das Leben nicht besonders schön, aber zum Aushalten. Ebenso wie der ganze Krieg … Die Leute haben sich im Allgemeinen zu ihrem Vorteil geändert. Wir sind beim Ausgehen ja meist im ehemals roten Wedding – aber diese roten Revolutionstypen haben hier nirgends mehr die große Schnauze wie früher. Alles wehrt sich gegen sie. Unser Dienst ist immer Saft und Kraft …«

Anfang April 1940 marschierte die Wehrmacht in Dänemark und Norwegen ein, Anfang Mai in den Niederlanden, Belgien und Luxemburg, Mitte Juni besetzte sie die französische Hauptstadt. In wenigen Monaten hatten Hitlers Generäle halb Europa erobert, die Nationalsozialisten taumelten im Siegesrausch, und das deutsche Volk beklatschte sie. Das Einzigartige an der Nazi-Elite sei gewesen, schreibt Hannah Arendt, dass sie an die »Allmacht des Menschen« geglaubt habe. Hitler und seine Getreuen seien überzeugt gewesen, dass »alles Gegebene nur ein zeitweiliges Hindernis ist, das durch überlegene Organisation überkommen werden kann«. Sie hätten auf ihre durch Organisation erzeugte Macht ver-

traut, so wie »die Gewalt einer gut organisierten Räuber-
bande jederzeit den schlecht bewachten Reichtum an sich
bringen kann«. Sie seien »betrogene Betrüger«, die vergessen
hätten, dass ihre eigene Verschwörung gegen die gesamte
Welt eben jene Welt dazu bringen könne, sich gegen sie zu
vereinigen.

Für die betrügerischen Betrogenen, die Nazi-Anhänger
vom Schlage meines Vaters, stellte sich die Sache etwas anders
dar. Für sie waren die »Blitzkriege« der Beweis für die Überlegenheit ihres Führers und ihrer Rasse. Sie waren fasziniert
von den mitreißenden Inszenierungen, von den Aufmärschen,
Fahnen, rollenden Panzern, der marschierenden Ordnung der
Gewalt. Von dieser sakralen Gewaltordnung, die sich selbst
heilig sprach, indem sie vorgab, für eine heilige Sache zu
kämpfen. Von der Wucht dieser Donner-und-Feuer-Ästhetik,
den unerhörten Szenen, die von der physischen Stärke organi-
sierter Menschenmassen erzählten, die sie an die »Allmacht
des Menschen« glauben ließen.

Mein Zug eilt durch die Wellen der Fuldaer Berge. Ich versuche mir vorzustellen, was mein Vater während seiner häufigen
Kurzeinsätze im Ausland getan hat. »Erlebt hab ich viel in Belgien«, schrieb er seinen Eltern, »aber das ist nur was zum
mündlich erzählen. Einmal war ich in Brüssel und ein ander-
mal verbotenerweise in M., dabei wurde ich geschnappt und
hab mit 2 Kameraden Strafparadieren usw. usf. gemusst.
Sonst geht's immer gut ...« Nach Aussage meiner Mutter
war er auch in Frankreich und in Polen, wenn auch nur kurz.
»Liebe Eltern, ... heute traf ein Befehl für eine Sonderkommandierung ein, die zunächst 14 Tage dauern soll«, berichtete
er Anfang Oktober 1940. »Ich bin augenblicklich schon weg
von Berlin.« Hatte die »Sonderkommandierung« etwas mit
der militärischen Absicherung dessen zu tun, was in Warschau geschah? Die Einrichtung und Abriegelung des War-

schauer Ghettos, die am 2. Oktober begann? Das Ghetto, in dem die Menschen zusammengepfercht wurden wie Vieh, wurde zweieinhalb Jahre später zum Massengrab. 50 000 Menschen starben bei einem Aufstandsversuch.

Ich starre aus dem Fenster, mein Körper fühlt sich an, als sei er zu schwarzem Eis gefroren.

Anfang November 1940 war mein Vater wieder in Berlin, frustriert, dass aus der erwarteten militärischen Beförderung nichts geworden war. »Auf diese Weise kam ich dazu«, schrieb er in seinem Abschiedsbrief, »wenigstens einen Studienurlaub zu beantragen, um in Leipzig ein Notexamen zu machen.«

Während Hitler die Entsendung deutscher Truppen nach Nordafrika befahl, um den italienischen Faschisten bei der Verteidigung ihrer kolonialen Herrschaft beizuspringen, saß mein Vater in seinem Leipziger Studierstübchen über Büchern. Über Ludwig Gumplowicz wollte er seine Abschlussarbeit schreiben, einen jüdischen Juristen und Soziologen aus Krakau, der 1909 ein Buch mit dem Titel »Der Rassenkampf« veröffentlicht hatte.

Und wieder bin ich dankbar, weil mein Vater damit ein Thema wählte, bei dem er nur verlieren konnte. Aus Dummheit und Mangel an strategischem Verstand? Oder aus einer unbewussten Regung heraus, sich selbst zum Scheitern zu bringen? Denn einerseits musste er beweisen, dass Gumplowicz nichts taugte, weil er Jude war. Andererseits war Gumplowicz Rassentheoretiker, wenn auch nicht von der primitiven Sorte, und ihn zu widerlegen hätte bedeutet, auch den Rassenwahn der Nazis in Frage zu stellen. »Gumplowicz stellt sich die Aufgabe nachzuweisen, dass die gesamte Geschichte ihre Wurzeln in Rassenkämpfen hat«, schrieb mein Vater in seinem haarsträubend antisemitischen, plump formulierten Werk, das aber sei »nach dem Stand der Wissenschaft nicht möglich«. »Rasse-Günther«, sein Doktorvater, beurteilte die

Arbeit unter dem Titel »Rasse als Naturkontakt an einem Beispiel jüdischer Wissenschaft« später nur als »brauchbar« und »nicht überragend«.

Mein Vater aber war vom Gegenteil überzeugt. »Ich glaube, es ist eine beachtliche Leistung«, schrieb er im April 1941 an seine Eltern. Seine Unfähigkeit, die eigene Person einzuschätzen, war das Spiegelbild seiner Unfähigkeit, andere Menschen zu beurteilen oder ihre Gefühle zu deuten.

Zu diesem Zeitpunkt hatte Hitlers General Rommel schon einen Teil des heutigen Libyen erobert, die deutschen Truppen hatten Jugoslawien und Griechenland besetzt, Hitler hatte vor Wehrmachtsgenerälen einen »Vernichtungskrieg« gegen die Sowjetunion angekündigt. Und mein Vater, ab Mai 1941 wieder an der Front, wartete erneut vergeblich auf eine Chance, sich entweder im Militär oder noch viel lieber in der Wissenschaft bewähren zu können. »Über die Reformbedürftigkeit der militärischen Strukturen ganz klar, aber ohnmächtig, verbrachte ich so die Soldatenjahre in der Kriegsmaschinerie«, schrieb er im Abschiedsbrief. »Doch die immer wieder erlebte Kameradschaft trug einen durch alles durch und machte das Leben lebenswert.«

Im Juni 1941, als Hitler den Angriff auf die Sowjetunion befahl und das Oberkommando der Wehrmacht die sofortige Ermordung aller gefangenen Kommissare der Roten Armee anordnete, war mein Vater im Ruhrgebiet stationiert. Im Juli und August, als der SS-Gruppenführer Reinhard Heydrich mit der Vernichtung der Juden in den besetzten Gebieten beauftragt wurde und SS-Einheiten in Kischinjow rund 12 000 Juden ermordeten, war das Wetter im Ruhrpott so schön, dass mein Vater immer wieder baden ging. Im Herbst begannen im KZ Auschwitz-Birkenau die Vergasungen von Juden und im KZ Sachsenhausen die Hinrichtungen sowjetischer Kriegsgefangener per Genickschussanlage, die Nazis besetzten Kiew und massakrierten in Babi Jar bei Kiew rund 33 000 Menschen.

Ich merke, wie mich all diese Zahlen überfordern. Von fünf Toten kann ich mir noch ein Bild machen, auch das Entsetzen und die Trauer in ihren Familien kann ich mir vorstellen. Aber fünfzig Tote übersteigen schon meinen Horizont. Erst recht fünfhundert, fünftausend, fünfzigtausend, fünfhunderttausend, fünf Millionen. Der von den Nazis angezettelte Weltkrieg hat etwa fünfundfünfzig Millionen Menschen das Leben gekostet. Wer soll das noch nachfühlen können? Ist es nicht auch verständlich, dass Menschen sich vor diesen Dimensionen des Horrors abwenden? Fast sechs Millionen Juden wurden ermordet, an die sieben Millionen russische Zivilisten, fast sechs Millionen polnische Zivilisten, etwa eine Million Sinti, Roma, Oppositionelle, Freidenker, Homosexuelle, Gebrechliche, Behinderte, Kranke, Blinde und Taube. Ist es nicht zu viel verlangt von jedem Einzelnen, diese Dimensionen zu begreifen? Ich jedenfalls fühle mich überfordert, immer wieder. Als Journalistin habe ich einmal einen bekannten Holocaust-Forscher zu dieser Frage interviewt. Er wusste darauf keine Antwort. Er hatte sich zwar als Profi einen gewissen kühlen Umgang mit Zahlen und Fakten angeeignet, aber im Grunde war er so hilflos wie ich.

»Unsere Glocke für Alarm schellt zwar ziemlich oft, aber vor die Kanonen kriegen wir selten welche«, schrieb mein Vater im November 1941 aus einem unbekannten Ort an die Eltern. Er wollte sich offenbar wieder beurlauben lassen, um aus seiner Abschlussarbeit über den Juden Gumplowicz eine Doktorarbeit zu machen. »Maßgebend ist und bleibt für mich Günther, von dem ich noch sehr viel zu lernen habe«, heißt es in einem seiner Briefe. »Rasse-Günther« lehrte inzwischen an der Universität Freiburg, und mein Vater war sich des politischen und seines privaten Endsieges sehr sicher: »Nach dem Krieg werde ich also eine Stelle als wissenschaftlicher Assistent in Freiburg annehmen und will mir von dort aus als Rassenkundler ... eine eigene materielle und geistige Plattform schaffen. Ich stell mir das so vor, dass ich neben meiner Tätigkeit an der Universität ... heimatkundliche Vorträge mit Lichtbildern halte. Besonders im Sinne und mit Unterstützung von SS und H.J.« Er bat seine Eltern, ihm eine Leica-Kamera zu schicken, damit er die verschiedenen menschlichen Rasse-Typen für seine Diavorträge verewigen konnte. Und er schrieb von einem »Dienstplan«, der ihn unter anderem nach Posen, Gorkow, Litzmannstadt und Krakau bringen sollte. Was wollte er dort?

Im November 1941 meldete er sich noch einmal aus Dresden. Im Dezember griffen die Japaner, mit den Deutschen und den Italienern verbündet, den US-Hafen Pearl Harbor an, Hitler erklärte den USA den Krieg. Im Januar 1942 besprach die Nazi-Elite auf der Wannsee-Konferenz bei Schnittchen und Cognac die »Endlösung« der Judenfrage, während General Rommel mit seinem »Afrika-Korps« die nordafrikanische Stadt Bengasi eroberte. Im April gewährte die Wehrmacht meinem Vater offenbar noch einmal einen 18-tägigen »Arbeitsurlaub« in Leipzig. Das Ergebnis, 41 Seiten »Auszug aus meiner Dissertation«, die leider »immer noch nicht fertig« sei, ließ er im Juni seiner Schwester zukommen. Meine Tante sollte den Text ihres Bruders an »Rasse-Günther« weiterleiten und tat es auch.

Im Juni 1942 wurde mein Vater, inzwischen Obergefreiter, in das Afrika-Korps General Rommels versetzt. Mit dem Zug rollte seine Flak-Einheit durch Italien bis nach Taranto, mit dem Schiff fuhr sie weiter, über Albanien und Korfu bis nach Bengasi im heutigen Libyen. In einer Art Fronttagebuch notierte er die Ereignisse während der Überfahrt: »Angriff von 4 Fliegern, 2 abgeschossen, U-Boot-Alarm ...« Seinen

Eltern schrieb er, »rassisch sind hier einfach alle Marken vertreten – nordisch, ostisch, arabisch, negroisch ... Die Bevölkerung ist zu uns ganz herzlich und natürlich. Die Mädchen sind für uns fast unzugänglich.« Nur langsam gewöhne er sich an die Hitze, und »Verdauungsschwierigkeiten hat wohl jeder«.

Was wollten die Deutschen in Afrika? Im Jahre 1911 hatte das Königreich Italien vom Osmanischen Reich ultimativ die Abtretung seiner nordafrikanischen Provinzen Tripolitanien und Cyrenaika verlangt, um mit den anderen europäischen Kolonialmächten gleichziehen zu können. Als der Sultan dankend ablehnte, beschoss die italienische Flotte die Küstenstädte, eine Invasionstruppe von zunächst 40 000 Mann ging in Bengasi und anderen Städten an Land. Doch zur Verwunderung der Italiener sahen die Araber und Berber die Invasoren nicht als Befreier, sondern als moderne Kreuzritter, und gingen zum bewaffneten Widerstand über. Die italienischen Kolonialherren versuchten diesen mit einer Herrschaft der Gewalt und des Galgens zu brechen, dennoch kontrollierten sie 1915 nur noch die Hafenstädte. Faschistenführer Benito Mussolini, seit 1922 an der Macht, erklärte die Wiedereroberung Nordafrikas zu einem seiner höchsten Ziele, nach dem Vorbild des antiken Imperium Romanum sollte an den fruchtbaren Küstenstrichen eine italienische Siedlungskolonie erblühen, wenn man die Araber erst vertrieben hatte. Bei der Aufstandsbekämpfung und Vertreibung schreckte die italienische Luftwaffe nicht davor zurück, Giftgas einzusetzen. Im Sommer 1930 wurde fast die gesamte Zivilbevölkerung aus der Cyrenaika deportiert und etwa 100 000 Menschen wurden in 15 Konzentrationslager ins Wüstengebiet verschleppt, 1933 lebte von ihnen nur noch die Hälfte.

1940 eröffneten die italienischen Faschisten in Nordafrika eine militärische Offensive gegen die Briten im benachbarten Ägypten. Sie verloren massiv Terrain, Mussolini musste seinen Freund Hitler zu Hilfe rufen. Der schickte sein Afrika-Korps, nicht aus Freundlichkeit, sondern weil er eine Stärkung der britischen Stellungen im Mittelmeerraum und dadurch die Eröffnung einer neuen Front in Südeuropa befürchtete. Zweimal gelang es General Erwin Rommel, die britischen Truppen Richtung Ägypten zurückzudrängen, zweimal warfen die »Tommies« wiederum die Deutschen zurück. Als mein Vater in Bengasi ankam und mit seiner Einheit über Derna Richtung Osten vorrückte, stand Rommels Speerspitze vor El Alamein nahe der ägyptischen Grenze. Doch im September 1942 wurden sie zurückgeschlagen. In seinem »Fronttagebuch« notierte mein Vater tägliche Angriffe, »Stellungswechsel«, »Volltreffer« und gefallene Kameraden. Anfang September, wohl nahe der für Panzer unpassierbaren ägyptischen Katarra-Senke, schoss er »1 MK 3« und »1 Hurricane« ab und zog »Leichen raus«, einen Tag später notierte er: »Ich bei Kommiss muss in Ehren durchkommen, sonst kein Ziel mehr.« Insgesamt rund 100 000 Menschen starben bei Rommels Afrika-Feldzug. Wie viele von ihnen hat mein Vater durch seine Abschüsse vom Leben in den Tod befördert?

Ich werde es nie herausbekommen. Meine Gefühle verheddern sich. Ich spüre den Wunsch in mir, es mögen viele gewesen sein, damit ich meinen Vater mit Recht hassen kann. Und erschrecke vor mir selbst. Muss ich nicht froh sein, sehr sogar, dass das Schicksal immer wieder Schlimmeres verhinderte?

Ob er wohl auch »Abschussanträge« gestellt hat? In Deutschland gab und gibt es genaue bürokratische Vorschriften für alles, und das Flakregiment 5, dem mein Vater angehörte, erließ umfangreiche Regelungen, wie ein »Antrag auf Anerkennung eines Abschusses« auszusehen habe. »Bei der Ausfertigung der Anträge ist größte Sorgfalt anzuwenden«, abzuliefern seien »Abschussantrag mit Stellungnahme des Abteilungskommandeurs«, »Abschussmeldung«, »Gefechtsbericht«, »Originalzeugenbericht (nur gewünscht)«, »Zielweg-

skizze Maßstab 1:50 000«, »Zielwegskizze Maßstab 1:100 000«.
Wo käme die Wehrmacht denn hin, wenn sich ein Soldat einfach so seiner Abschüsse brüsten dürfte?

Ende Oktober 1942, mitten in einer britischen Offensive,
stellte der Militärarzt »Ruhr« bei meinem Vater fest, später
kam noch eine Gelbsucht hinzu. Nun ging die Reiserei wieder
los, Anfang November gelangte er mit dem Lazarettschiff
»Aquileia« nach Bari, eine Stadt »ohne Kaffer«, wie er in seinem Fronttagebuch erleichtert notierte, und weiter mit einem
Lazarettzug ins österreichische Lazarett Wasserburg. Dort
angekommen, wog er noch »51 Kilogramm«. »Zurzeit geht's
gut«, oder: »mir geht's immer gut«, schrieb er den Eltern
über die Jahreswende 1942/43. Bloß keine Gefühle zeigen,
nicht einmal im Krankenhaus. Die »Gelbsucht« sei vorbei
und Ende Januar werde er in ein Lazarett in ihrer Nähe verlegt. Etwa zur gleichen Zeit entwarf er eine Rede an die Kameraden über die »Unsterblichkeit«: »Ihr dürft nun trauern«,
hieß es darin, und: »Geburt will Tod und Sterben meint Gebären.«

Auch das gehörte zu seinem Weltbild: Tod und Leben ist
eins, des Menschen Welt besteht aus reinen »Naturgesetzen«.

Ich frage mich, ob dieses Nichtunterscheiden von Natur und
Gesellschaft der Grund für die Katastrophilie der Nazi-Elite
war, für ihre Untergangsfantasien, ihre Todessymbole und
Todessehnsüchte. Wohl eher nicht, es muss noch eine andere
Ursache als diese Verwechslung gegeben haben, weniger eine
intellektuelle als eine emotionale.

Zu jenem Zeitpunkt, als mein Vater von Geburt als Tod
schwadronierte, war den Klügeren der Nazis klar, dass die
Weltherrschaft nicht zu erringen war und der Krieg verloren
gehen würde. Im Januar 1943 besiegten die Russen die deutschen Truppen im Kessel von Stalingrad, im März begannen
schwere Bombenangriffe der Alliierten auf das Ruhrgebiet,

im April kesselten sie die deutsch-italienischen Verbände in Tunesien ein, im Mai gaben diese auf. Doch Hitler verbot jede Kapitulation und befahl seinen Verbänden, noch wilder als bisher zu wüten. Er hatte die deutsche Kapitulation im Ersten Weltkrieg als »Schmach« und »Schande« erlebt, deshalb, so wiederholte er immer und immer wieder, werde er eine neuerliche Kapitulation »niemals zulassen«, koste es, was es wolle. Als Goebbels im Februar 1943 im Berliner Sportpalast den »totalen Krieg« verkündete, umjubelt von den Massen, befahl der Führer, der Roten Armee nichts als »verbrannte Erde« zu hinterlassen.

Dazu passten die monumentalen »Totenburgen«, die nach Vorstellung des Führers nach dem Endsieg die neuen Grenzen des Deutschen Reichs in Asien hätten markieren sollen. Während mein Zug das Flachland Niedersachsens durchquert, eine Taschenausgabe der berühmten endlosen russischen Weiten, fällt mir auf, wie sehr die gesamte Fantasie der Nazis um Totenfeiern, Scheiterhaufen und Flammenräder kreiste. Mit nächtlichem Feuer und Fackelglanz, mit Trommelwirbel und Tamtam, mit Blutfahnen und Opferschalen verklärten sie den Tod. Als hassten sie das Leben selbst. Als sei er der Fantasie eines schlechten Horror-Autors entsprungen, verkroch sich Hitler immer öfter in den Höhlen seiner Befehlsbunker, wagte sich nur noch nachts heraus und vermied den Anblick von Licht oder von Schnee, weil ihn Letzterer an »Leichentücher« erinnerte.

War auch mein Vater todessüchtig? Ich weiß es nicht. Seine Feldpostbriefe klingen, als hätte er sie verfasst, während er lässig an seiner Flak-Kanone lehnte, als zünde er sich genüsslich eine Zigarette am Weltenbrand an. Angst? Wut? Heimweh? Sehnsucht nach Frieden? Nichts davon. Nur kalte Abwehr. Auch meine Gefühle für ihn nähern sich dem absoluten Gefrierpunkt.

Im Frühjahr 1943 meldete er sich von einem kurzen Zwischenaufenthalt in Leipzig, er hatte inzwischen mit der Tochter seiner Vermieter angebändelt. Im April wurde seine Einheit nach Italien gebracht, nahe Neapel kommentierte er gegenüber seinen Eltern den Krieg: »Trotz allem, was ich nun kenne, kann ich ihn nicht als Unglück ansehen – trotzdem ich nun selber doch reichlich Pech gehabt habe. So schlimm und trostlos wie vor 1933 kann es doch nicht mehr kommen – für mich nicht, und ich glaub für alle nicht. Und mein Pech wird auch einmal zu Ende sein. Im Grund hab ich noch nie bereut, dass ich 1 Jahr freiwillig zum Kommiss ging ...« Ende Mai setzte er mit einem sechsmotorigen »Fliegenden Elefanten« nach Süditalien über, wohl auf eine der Inseln, dort übernahm der frühere Apothekerassistent mit seinen pharmazeutischen Kenntnissen die Rolle eines Aushilfs-Sanitäters. »Ich hab mich ziemlich selbständig gemacht als Sani, und durch meine paar Brocken Italienisch bekomm ich auch manchmal was Besonderes an Dienst«, meldete er seinen Eltern.

»Liebe Eltern, mir gehts immer gut«, berichtete er im Juni und Juli 1943 auch dann noch nach Hause, als den deutschen Truppen, die den Einmarsch ihrer Feinde über Italien bis nach Deutschland verhindern sollten, die Alliierten schon längst im Nacken saßen. »Wir haben viel Malaria, besonders unsere Italiener. Ich selbst fühl mich wohl, sobald ich ausgeruht bin ...« Am 22. Juli marschierten US-Einheiten in Palermo ein, am 24. Juli sprach der Faschistische Großrat Mussolini angesichts des militärischen Desasters sein Misstrauen aus, der König ließ ihn verhaften. Anfang August verhandelte die nunmehr mussolinifreie Regierung in Lissabon mit den Alliierten über einen Waffenstillstand, und während die letzten deutsch-italienischen Truppen Sizilien räumten, bereitete die Wehrmacht ihre Machtübernahme in Nord- und Mittelitalien vor. Auch meines Vaters Einheit zog sich zurück, und irgendwo machte er »so etwas wie einen Lehr-

gang. Jetzt, wo mir die Sani-Laufbahn offen ist (bis Unteroffizier), wollen sie mich auf einmal auch als Offiziersanwärter.«
»Vorwärts ging es nur dann, wenn mir die Sache zu dumm wurde und ich ausbrechen wollte, z. B. in den Sanitätsdienst. Ich ließ mich zurückholen und wurde so noch Offizier«, berichtete er in seinem Abschiedsbrief. »Offiziere« hießen in der Wehrmachts-Hierarchie alle Befehlshaber ab dem zwölfthöchsten von insgesamt 27 Rängen.

»Der Dienst macht mir Freude«, schrieb mein Vater aus Italien an seine Eltern, »es ist doch etwas, wenn man sich etwas anstrengen muss und was Sinn hat. Und man ist bald stolz darauf, was man jetzt in Wochen lernt wie sonst in Jahren … Wer Schauermärchen erzählt und sich und anderen Schreckensbilder ausmalt, die er gar nicht kennt, ist ein Idiot und Rindvieh und gehört als solcher behandelt. Die Wirklichkeit ist doch ganz anders. Sie ist nicht traurig, nur fast.«
Und wie sah die Wirklichkeit damals aus? Im Herbst 1943 befreiten die Alliierten Kalabrien und Neapel. Die neue italienische Regierung unter Badoglio erklärte nach einigem Zögern Deutschland den Krieg. Die Wehrmacht besetzte die Alpenpässe und Rom. Deutsche Fallschirmjäger befreiten Mussolini. Der rief am Gardasee eine faschistische Gegenregierung und die »Sozialrepublik von Salò« aus. Die Wehrmacht entwaffnete die italienischen Verbände. Viele, die sich weigerten, wurden einfach erschossen. Auf der griechischen Insel Kephallonia töteten die Deutschen rund 5000 italienische Soldaten, die sich längst ergeben hatten.

Und wieder rollte mein Vater mit dem Zug durchs Land. Im Oktober 1943 meldete er sich von seinem »neuen Einsatzort«: »Ich glaube, wir haben es sehr gut getroffen. Es ist eine größere Stadt in einer Gegend, die wegen ihrer Schönheit und Fruchtbarkeit berühmt ist.« Grado nahe Triest, das damals eine der größten jüdischen Gemeinden besaß, ist eine kleine

Perle, seine Hafen- und Befestigungsanlage reicht tief ins tür-kisblaue Mittelmeer. Auf einem Zettel finde ich ein hand-schriftliches Gedicht: »Nach Grado warn wir kommandiert, Doch hat es uns gar nicht pressiert, Kameraden, werdet nicht bang, von Grado ertönet mein Sang...«

In den Unterlagen liegt ein Wehrmachts-Fahrschein von Grado nach Verona. Ich finde ihn, als mein Zug in Kassel ein-fährt. Ich steige aus und wechsle in die Regionalbahn nach Hofgeismar, weil ich eine Tagung der Evangelischen Akade-mie besuchen will. Es geht um das Verstummen der Tätergen-eration und ihre Gefühlserbschaft an die Nachgeborenen. Mein Thema.

Der Zug bummelt noch eine Stunde durch hügelige Land-schaft, bis er Hofgeismar erreicht, ich habe also Zeit, weiter in den Unterlagen zu wühlen. Im Februar 1944 wurde mein Vater offenbar nach Verona abkommandiert, dem Zentrum von Mussolinis neuer faschistischer Republik von deutschen Gna-den. Dort war SS-Brigadeführer Wilhelm Harster zugange, der Befehlshaber der deutschen Sicherheitspolizei in Italien. Harster, der aus den besetzten Niederlanden abkommandiert worden war, baute ein Netz von Gestapo-Dienststellen auf, organisierte den Abtransport von etwa 7000 italienischen Juden in deutsche KZs und koordinierte die »Bestrafungsak-tionen« gegen »Banditen«, also Partisanen und Zivilbevölke-rung. 1967 wurde er für seine Aktivitäten in den Niederlanden wegen Beihilfe zum Mord an rund 83 000 Menschen – darun-ter auch Anne Frank – zu 15 Jahren Haft verurteilt, dann aber begnadigt, er starb friedlich in seinem Bett.

Noch heute sind längst nicht alle Massaker und Kriegsver-brechen aufgearbeitet, die Deutsche und Österreicher im besetzten Norditalien begingen, Angehörige der SS und Waf-fen-SS, Wehrmachtseinheiten wie die Division »Hermann Göring«, Gebirgsdivisionen, auch Flak-Einheiten wie die meines Vaters. In einer genauen Aufstellung des Historikers

Carlo Gentile ist für fast jeden Tag der Jahre 1943 bis 1945 ein Verbrechen verzeichnet. Oft unter dem Namen »Bandenbekämpfung«, aber auch als »Vergeltungsaktion«, wobei es nicht unüblich war, als Vergeltung für jeden toten Deutschen zehn Italiener zu ermorden, oder unter dem Begriff »Arbeitseinsatz«, wobei möglichst viele Menschen gefangen genommen und zur Zwangsarbeit nach Deutschland verbracht werden sollten. Nicht selten ging es auch nur darum, sich das Geld und den Besitz der Menschen anzueignen, ganze Dörfer wurden nach ihrer Zerstörung geplündert, die Häuser der jüdischen Familien sowieso. Als Vergeltung für einen Bombenanschlag in Rom, bei dem 32 Besatzer starben, erschossen die Deutschen in den Ardeatinischen Höhlen bei Rom 335 wehrlose Geiseln. Im Bergdorf Sant'Anna di Stazzema nahe Lucca töteten sie mehr als 500 Zivilisten. In Civitella bei Arezzo kostete eine »Bandenaktion« der Deutschen mehr als 200 Bewohnern das Leben. In Gubbio brachten sie 40 gefesselte Bewohner um. In der Gemeinde Marzabotto im Appenin massakrierten sie über 700 Menschen. Undsoweiter undsofort. Der Historiker Gentile schätzt, dass die Deutschen mehr als 600 Ortschaften heimsuchten und an die 10 000 Zivilisten ermordeten. Wohlbemerkt Unbewaffnete, die Partisanen nicht miteingerechnet. Die deutsche Flak, sagte mir Carlo Gentile, sei dabei »überproportional oft« beteiligt gewesen, aber die Flak-Akten seien fast alle vernichtet worden. Viele Nazi-Verbrechen in Italien blieben unaufgeklärt und ungesühnt. Ein »Schrank der Schande« mit fast 700 Aktenbündeln über Kriegsverbrechen blieb bis 1994 verschlossen.

Die Ermordung italienischer Zivilisten war in den Augen der Nazis gerechtfertigt, weil sie allesamt »Verräter« waren, hatte ihre Regierung doch die Seite gewechselt. Auch mein Vater zeigte sich schon in den Notizen zu seinem »Rassenkunde«-Studium überzeugt, dass, wenn überhaupt, nur die vom »germanischen Stamm der Langobarden« abstammenden

Norditaliener etwas taugten. In einem Punkt waren die Italiener tatsächlich »Versager«: Mussolinis Regime gelang es nie, so konsequent gegen Juden vorzugehen, wie es die deutschen Besatzer forderten. Beamte schlampten, Angestellte ignorierten Befehle, Arbeiter verweigerten ihre Dienste, vielen fehlte es am nötigen Kadavergehorsam. Im Gegensatz zu Deutschland, wo man dem Staat treu war bis ins Knochenmark, stand man ihm in Italien wie in vielen anderen Ländern mit Misstrauen gegenüber.

Frisch in Verona eingetroffen, meldete mein Vater im Februar 1944 seinen Eltern, er habe »die letzten 2 Tage wieder im Grafenschloss zugebracht« und sich »wieder als Sprengmeister betätigt. In allen Felsen und Bergen sind hier jetzt Mörser und Unterstände … Die Jagdbomber tun ihr Übriges, um für Unterhaltung und Krach zu sorgen. Täglich circa 6mal kommen sie und stürzen.« In den erhaltenen Wochendienstplänen seines Flakregiments 5 ist der Soldatenalltag genau festgelegt: »Täglich 6.00 Uhr wecken, 6.15 Beginn der Feuerbereitschaft, 7.45 – 12.00 Uhr Vormittagsdienst, 14.00 – 17.30 Uhr Nachmittagsdienst (nur werktags), 18.15 Ende der Feuerbereitschaft, 1 ¼ Std. Waffen- und Gerätreinigen, ¾ Std. Sacheninstandsetzen, 3 ½ Stunden Stellungsbau.« Im Mai berichtete mein Vater, er stehe vor seiner Ernennung zum Offizier und habe einen »ziemlich verantwortungsvollen Posten bekommen«.

Im Juni 1944 verkündete der deutsche Oberbefehlshaber in Italien, Albert Kesselring, er werde »jeden Führer decken«, der bei der Partisanenbekämpfung »in der Wahl … und Schärfe des Mittels bei der Bekämpfung der Banden über das bei uns übliche vorbehaltene Maß hinausgeht«. Im Klartext: Als Vergeltung für jeden toten Deutschen war es nun erlaubt, so viele Italiener wie möglich umzubringen. Mein Vater schrieb den Eltern im August, er sei »jetzt noch voller in die Sache rein … Mir geht's hier immer gut. Wenn wir auch kein

Schlemmerleben führen, so haben wir doch alles, was wir brauchen, und wenn in der Heimat manche kleinmütig werden, bei uns ist alles in Ordnung … Wir haben ja alles auf eine Karte gesetzt. Und es ist nach wie vor das Anständigste, alles auf eine Karte zu setzen. Und gottseidank ist die Anständigkeit heute wieder das Wichtigste im Leben geworden.« Was gab es für einen Grund zu erwähnen, er sei jetzt »noch voller in die Sache rein«, und die »Anständigkeit« mitten im Partisanenkrieg so zu betonen, und wofür erhielt er kurz danach zwei Militärorden? Meinte er dieselbe »Anständigkeit«, von der Heinrich Himmler im Oktober 1943 vor 92 SS-Offizieren in Posen sprach, als er über die »Ausrottung des jüdischen Volkes« redete? »Von Euch werden die meisten wissen, was es heißt, wenn hundert Leichen beisammen liegen, wenn fünfhundert daliegen oder wenn tausend daliegen«, sagte Himmler. »Dies durchgehalten zu haben, und dabei – abgesehen von Ausnahmen menschlicher Schwächen – anständig geblieben zu sein, das hat uns hart gemacht.«

»Ich weiß, dass wir den Krieg gewinnen werden. Das ist ein Naturgesetz«, sagte Himmler damals auch. Im August 1944 war Paris bereits befreit, die Rote Armee stand in Bukarest, im September hatten die Alliierten Brüssel und die deutsche Grenze bei Trier erreicht, im Oktober musste sich die Wehrmacht aus Griechenland zurückziehen, die Rote Armee stand in Ungarn, Jugoslawien und Ostpreußen. Auf »Naturgesetze« hoffte auch mein Vater, der in dieser Zeit irgendwelche nicht zu klärenden Schwierigkeiten mit der SS bekam. »Liebe Eltern, … denkt nicht, dass ich das mit der SS zu leicht nehme, aber erstens ist das lange nicht so ehrenrührig wie manches andere, und zweitens ist es vielleicht besser, sich ganz allein am richtigen Platz zu behaupten. Das geht alles nach Naturgesetzen, und so viel Erfahrung hab ich, dass ich über deren Ablauf Bescheid weiß … Unangenehm berührt war ich natürlich, denn ich hatte gehofft, den Mann etwas verständiger zu finden. Was ich schreibe, muss ich gut überlegen, denn das kann immerhin zukunftsentscheidend sein. Sonst geht's immer gut. Wir warten ab, was als Nächstes kommt, und haben das schöne und beruhigende Gefühl, dass bei uns Deutschen alles in Ordnung ist – d. h. wenigstens in der Batterie.« Waren es diese Schwierigkeiten mit der SS, die zu seiner zweiten, später in einem Vermerk auftauchenden Disziplinarstrafe führten?

Mein Vater glaubte dennoch unverdrossen an den Endsieg: »In der nächsten Zeit wird ja wohl eine Wendung eintreten. An Wunder und Blitzkrieg glaub ich zwar nicht, aber doch an eine sehr große technische Überlegenheit.« »Waren die Jabos [Jagdbomber] auch schon mal bei Euch?«, fragte er im Oktober seine Eltern. »Die Brüder sollen nur frech werden jetzt. Ich hoffe und glaube, selbst noch Gelegenheit zur Vergeltung zu haben …« Und sechs Tage später: »Habt ihr gelesen – in 2 Nächten haben wir hier neulich 11 Fe. runtergeholt.« Einfach nur: Fe.

Im November 1944 wurde mein Vater in die »Luftkriegsschule« in Göppingen bei Freiburg geschickt. Nach den Dienstplänen, die im Militärarchiv Freiburg erhalten sind, lernte er dort nicht etwa die traditionellen Techniken der Luftabwehr, sondern Panzer-Nahbekämpfung sowie den Umgang mit Nebelkerzen, Nebelhandgranaten, Flammenwerfern, Brandflaschen, Handgranaten, Spreng- und Zündmitteln. Warum? War er für einen der »Werwolf«-Einsätze hinter dem Rücken des »Feindes« vorgesehen, die es bald schon nördlich von Verona geben sollte? »Zu einer Sprengung gehören also grundsätzlich: Zündmittel, Sprengkapsel, Sprengladung je nach Auftrag und Wirkung«, heißt es unter der Überschrift »Nur für den Dienstgebrauch« in den Merkblättern der Luftkriegsschule. Mein Vater bekam beigebracht, wie man Holz, gefrorenen Boden, Eisenbahnschienen oder feindliche Geschütze sprengt. Auch das Erkennen und der Umgang mit Minen stand auf dem Programm. Unter dem Punkt »Allgemeines« lernten die Luftkriegsschüler: »Die Erfahrung zeigt, daß der Minenkrieg immer größere Ausmaße annimmt. Vor allem der Feind versteht meisterhaft den Minenkrieg. Den Begriff Ritterlichkeit gibt es damit nicht mehr. Nur List und Verschlagenheit führen zu Erfolgen. Jedes Mittel ist recht, um dieser gemeinsten Kampfmethode zu begegnen ...« So wurde den Soldaten deutlich gemacht, dass nunmehr jedes Vorgehen erlaubt war, und sei es das verbrecherischste. Angeblich hatte ja zuerst der Feind jede Ritterlichkeit aufgegeben.

Mein Vater nützte die Gelegenheit, um »Rasse-Günther«, seinem inzwischen an der Freiburger Universität lehrenden »sehr verehrten Herrn Professor«, wiederholt einen Besuch abzustatten. Dem Ehepaar Günther schien es im letzten Kriegswinter ausgezeichnet zu gehen, es bewirtete meinen Vater ein ums andere Mal mit Mittagessen, Kaffee und Kuchen, Süßmost, Äpfeln und Zigarren.

Daneben mischte sich mein Vater mit verschiedenen Briefen kräftig in das Leben seiner Schwester ein. Als Krankenschwester hatte sie sich in einem Lazarett in den jungen Soldaten Heinz J. verliebt, den sie bald darauf heiratete. Gegen den Willen ihrer Familie.

Mein Onkel Heinz wurde 1918 in eher ärmlichen Verhältnissen in Frankfurt/Oder geboren. Sein Vater war Kellner, er starb bald an einer von Hitlers Fronten, seine Mutter arbeitete als Serviererin. 1939, zu Kriegsbeginn, zog die Wehrmacht den 21-Jährigen als Soldat ein. In manchen Formularen wurde er als »Student der Medizin« geführt, in anderen als »kaufmännischer Angestellter«. Medizinische Kenntnisse besaß er mit Sicherheit, denn die schien er in der Folge ausgenützt zu haben, um Verletzungen vorzutäuschen und so oft und so lange wie möglich in Lazaretten zu liegen, statt zum Töten ausrücken zu müssen. Ein Deserteur! In unserer Familie! Abgesehen von meines Vaters Mutter der Einzige, der auf der richtigen Seite stand.

Die Wehrmachtsauskunftstelle listet insgesamt sechs verschiedene Lazarette auf, in denen er während des Krieges untergebracht war, ohne dass Hinweise auf eine schwere Verwundung zu finden sind. Im Dezember 1939, also schon kurz nach Kriegsbeginn, lag er im Reservelazarett Stettin wegen »Verdacht auf Fraktur«. Vielleicht war sein Knochenbruch ja wirklich durch Fremdeinwirkung entstanden, aber unter den vielen Arten von Selbstverstümmelung waren Frakturen und Schussverletzungen bei den Deserteuren besonders beliebt, weil am leichtesten selbst vorzunehmen.

Ich glaube nicht, dass mein Onkel ein politisch denkender Mensch war und aus klarer Gegnerschaft zum Nationalsozialismus handelte, sonst hätte er später nicht ausgerechnet in eine Familie wie die meines Vaters eingeheiratet. Wahrscheinlich war er ein Schlawiner, der sich durchmogelte, ein kleiner Schwejk, der sich drückte, wo er konnte. Selbst wenn er nur zu seinem eigenen Vorteil gehandelt haben sollte: Mir ist solch ein Schlitzohr hundertmal sympathischer als all die Nazi-Mitläufer und kleinen Denunzianten, ganz zu schweigen von den KZ-Wächtern und Schreibtischmördern. Heinz J. bewies, dass auch unpolitische Menschen in der Nazi-Zeit auf ihre Art Widerstand leisten konnten.

»Deserteure waren oft sehr jung«, heißt es in einer österreichischen Studie, aus der ich schließen kann, dass mein Onkel offenbar ein geradezu typischer Fall war. »Viele von ihnen sind in ärmlichen, zum Teil ›zerrütteten‹, in jedem Fall mit bürgerlichen Vorstellungen kollidierenden Verhältnissen aufgewachsen. Der Historiker Norbert Haase spricht in diesem Zusammenhang von einer auffälligen Häufung von ›Biographien des Scheiterns‹. So waren etwa viele Deserteure bereits wegen Bagatelldelikten wie kleinen Diebstählen oder Bettelei vorbestraft … In jedem Fall aber waren Desertionen in den überwiegenden Fällen die Tat eines Einzelnen oder einiger Weniger, organisierte Desertionen hingegen eine seltene Ausnahme: Deserteure waren zum Großteil ausgeprägte Individualisten, häufig Einzelgänger, die ihre Unabhängigkeit schätzten und die gepriesene ›Kameradschaft‹ oftmals nur als Zwang empfanden. Derartige individualistische Persönlichkeiten störten das Bild der propagierten nationalsozialistischen Volksgemeinschaft, und sie wurden deshalb von Wehrmachtsjuristen in der Regel als ›Feiglinge‹, ›Außenseiter‹ oder ›asoziale Menschen‹ diffamiert.« Wie groß die Anzahl der jungen Männer war, die sich vor dem organisierten Töten zu drücken versuchten, ist unbekannt. Über 30 000 Wehrmachtssoldaten wurden wegen »Fahnenflucht« oder »Wehrkraftzersetzung« zum Tode verurteilt, etwa die Hälfte davon wegen Selbstverstümmelungen. Rund 25 000 Soldaten entzogen sich durch Suizid. Wenn dieser missglückte, wurden sie ebenfalls wegen »Wehrkraftzersetzung« bestraft, in ungefähr der Hälfte aller Fälle mit der Todesstrafe.

Für Schwejksches Schlawinertum spricht im Falle meines Onkels, dass er sich irgendwann einen adligen Zusatznamen zulegte. Aus dem kleinen Soldaten Heinz J. wurde über Nacht ein Herr Heino Bergström J. Freiherr von Oerzen. Mein Onkel schien zu hoffen, dass das nicht ohne Eindruck bleiben würde in einer Armee, in der seit Jahrhunderten der preußische Adel das Sagen hatte. Und weil doppelt gedichtet besser hält, dichtete er seinen Vater zu einem »Rentmeister« um und seine Mutter zu einer in Göteborg geborenen Schwedin. Die blonden Schweden galten ja als arisch-nordisch, also als edle Rasse. Aber vielleicht wollte er auch nur verhindern, dass die Nazi-Behörden seine Mutter ausfindig machten, um die Richtigkeit der Angaben des Freiherrn zu überprüfen. Sie lebte nach dem Tode ihres Mannes in Fürstenwalde.

Der selbst erteilte Adelsschlag konnte nicht verhindern, dass mein Onkel im Dezember 1939 vom Amtsgericht Fürstenwalde zu zwei Jahren Zuchthaus verurteilt wurde – wahrscheinlich wegen Fälschung von Wehrpässen alias »schwerer Urkundenfälschung«. Die verbüßte er zunächst als »Moorsoldat« in den Strafgefangenenlagern Walchum und Börgermoor im Emsland, wo er täglich mindestens zwölf Stunden Moor stechen musste, dann in der Haftanstalt Wittlich in Rheinland-Pfalz, wo vorwiegend politische Gefangene inhaftiert wurden. Danach wurde er als »Wehrunwürdiger« ins berüchtigte Strafbataillon 999 auf den schwäbischen Heuberg abkommandiert. Am 1. Dezember 1942 erhielt mein Onkel den Einberufungsbefehl für den 900 Meter hohen Heuberg bei Stetten am kalten Markt. Ob er wohl auch von »Stetten am kalten Arsch« sprach, wie die anderen »999er«, oder von »Schwäbisch Sibirien«? »Ein Dreivierteljahr Winter und ein Vierteljahr kalt«, so charakterisierten die Einheimischen das dort herrschende Klima. Die harten Fröste dauerten bis in den Frühsommer und setzten im frühen Herbst wieder ein. Ein idealer Ort also, um Menschen zu quälen. Gleich nach ihrer Machtübernahme hatten die Nazis den Heuberg mit Stacheldraht und Wachtürmen in das erste Konzentrationslager Württembergs verwandelt. Es wurde später aufgelöst, aber Stacheldraht und Türme blieben, als das Strafbataillon 999 dort Ende 1942 sein Quartier aufschlug.

In der verqueren Logik der Nationalsozialisten verdienten ihre politischen Gegner es nicht, sich auf dem Schlachtfeld für das Vaterland zu opfern, ihnen wurde neben den Bürgerrechten auch die »Wehrwürdigkeit« aberkannt. Als im Herbst 1942 das Blutbad des Krieges immer gewaltiger wurde und der Mangel an soldatischem Nachwuchs immer dringlicher, sorgte das Oberkommando der Wehrmacht für Nachschub an Menschenmaterial, indem es ein erstes Bataillon so genannter Wehrunwürdiger aufstellen ließ. Nach Schätzung von Hans-Peter Klausch, Historiker und Autor mehrerer Bücher über das Strafbataillon 999, waren rund ein Drittel seiner insgesamt etwa 28 000 Mitglieder Regimegegner, in erster Linie Kommunisten, aber auch Sozialdemokraten, Pazifisten, Bibelforscher und »Feindsender«-Hörer. Etwa zwei Drittel waren Kriminelle: Diebe, Hehler, »Schwarzschlächter«, »Devisenverbrecher«. War ein mutmaßlicher Wehrpassfälscher und Deserteur wie mein Onkel ein Politischer oder ein Krimineller? Er passte in beide Kategorien und in beide nicht.

Das Leben auf dem Heuberg war äußerst hart. Die Verpflegung miserabel, die Unterkünfte eiskalt, die Bekleidung mangelhaft, der Drill manchmal mörderisch. Die 999er erhielten eine normale militärische Ausbildung durch Vorgesetzte, die manchmal recht kameradschaftlich und manchmal übelste Menschenschinder waren. »Ich eliminiere durchs Kriegsgericht und Arzt, was nicht niet- und nagelfest ist«, schrieb ein Ausbilder über seine Rekruten an den obersten Führer des Bataillons, Generalmajor Thomas, der den Spitznamen »Tom der Wahnsinnige« trug. Im Unterschied zu anderen Soldaten durften die 999er kaum Außenkontakte pflegen, die Postzensur war äußerst rigide, Ausgänge wurden nur selten gestattet, und wer sich unerlaubt entfernte, wurde wegen Fahnenflucht erschossen. So wie jene zwei Rekruten, die ihre im Hotel auf sie wartenden Mütter besuchten und bei ihrer pünktlichen Rückkehr zum Dienst vor den Augen ihrer Kameraden hingerichtet wurden. Die Mütter und Ehefrauen der 999er, die nicht zu ihren Angehörigen vorgelassen wurden, hielten nicht nur einmal eine wütende Versammlung am Lagerzaun ab. Ähnlich wie die Frauen in der Berliner Rosenstraße, die hartnäckig nach ihren verhafteten jüdischen Männern verlangten und sie durch ihre mehrtägige Belagerungsaktion tatsächlich freibekamen, riefen auch sie: »Wir wollen unsere Männer sehen! Wir wollen unsere Männer sehen!«, bis die Lagerkommandantur die rigide Besuchsregelung lockerte, zumindest für kurze Zeit.

Mein Onkel aber hatte damals noch keine Frau, mit seinen Eltern hatte er sich offenbar zerstritten, niemand wartete auf ihn. Auf dem Heuberg dürfte ihn der Jammer der Einsamkeit überkommen haben. Zwei oder drei Monate wurde er geschunden und gedrillt, dann ging es ab an die Front nach Nordafrika. Die »Wehrunwürdigen« sollten General Rommels Afrikakorps in seinem Kampf gegen die Engländer und Amerikaner im heutigen Tunesien unterstützen. Im Januar 1943 wurde das Bataillon 999 nach Belgien transportiert, im Februar ging es weiter nach Südfrankreich, im März über Marseille an der Riviera entlang nach Sizilien, wobei die Vorgesetzten zu ihrem Ärger eine Kontaktaufnahme zwischen den »Politischen« und dem Widerstand in Belgien, Frankreich und Italien nicht verhindern konnten. In Nimes flog ein Wehrmachtsbordell in die Luft, bei Neapel explodierte ein als Rot-Kreuz-Schiff getarnter deutscher Munitionsdampfer, nachdem italienische Hafenarbeiter Feuer gelegt hatten, auf dem Überflug nach Nordafrika wurden 18 von 50 deutschen Militärmaschinen abgeschossen.

Irgendwann zwischen Ende März und Mitte April 1943 traf auch mein Onkel an der tunesischen Front ein, doch wieder kämpfte Heinz J. alias Freiherr von Oerzen höchstens ein paar Tage lang. Am 16. April 1943 wurde er mit einem »Granatsplitter im rechten Oberarm« ins Feldlazarett eingeliefert und ins Reich zurückverfrachtet. Doch auch für seine Kameraden dauerte der Einsatz nicht mehr lange. Rommels gloriose Armee hatte keinen Nachschub mehr, keine Fahrzeuge, kein Benzin, die Front der Deutschen brach unter der britisch-amerikanischen Luftüberlegenheit im Mai 1943 vollständig zusammen. Nicht wenige der 999er nutzten die Gelegenheit, zu den Alliierten überzulaufen, einige wurden dabei erwischt und standrechtlich erschossen.

Knapp zwei Monate lang, bis Juni 1943, lag mein Onkel in einem Krankenbett in Österreich, der damaligen »Ostmark«, und wurde dann als »garnisonsverwendungsfähig Heimat« entlassen. Erneut kam er auf den Heuberg. Und erneut schaffte er es, nach drei Monaten wieder im Lazarett zu landen, diesmal in Tübingen, wegen einer »alten Verwundung«. Im November 1943 kam er seiner Abkommandierung zur Stammkompanie 999 nicht nach, sondern blieb im Krankenhaus. Offenbar trug ihm das eine neue Verurteilung ein, jedenfalls verzeichnen die Akten für Dezember 1943, er sei ins Wehrmachtsgefängnis eingeliefert worden. Noch in der Nacht seiner Inhaftierung schluckte er eine Überdosis Schlafmittel und wurde deshalb wieder ins örtliche Lazarett verlegt. Dort lernte er seine zukünftige Frau kennen, die ihn als Rot-Kreuz-Schwester versorgte, und schenkte ihr wenig später einen Verlobungsring.

Im Februar 1944 wurde er ins Reservelazarett Stuttgart eingeliefert und im März in die Wehrmachtsstrafanstalt Bruchsal, ohne dass die Gründe dafür verzeichnet wären. Anscheinend war er zwischenzeitlich erneut von einem Militärgericht verurteilt worden, vielleicht wegen »Wehrkraftzersetzung« aufgrund seines Suizidversuchs. Im April 1944 besuchte ihn dort, zwischen zwei Fronteinsätzen in Italien, mein Vater. Offenbar wollte er seinen zukünftigen Schwager von einer Heirat abbringen, denn ein Deserteur und Gefängnisinsasse als Schwiegersohn wollte so gar nicht in die Vorstellungen der Familie und vor allem die meines Großvaters passen. »Mein Empfinden sagt mir, dass er sich gegen mich stellt«, schrieb Heinz J. an seine Liebste über meinen Vater. »Ich mag auch einen sehr ungünstigen Eindruck auf ihn gemacht haben, denn ich war mächtig aufgeregt ... Er hielt mir vor, wie ich es nur fertiggebracht hätte, dir, wo wir uns doch erst einen Monat kannten, den Ring zu geben ... In manchen Sachen habe ich ihn nicht verstehen können. Warum lässt er durchblicken, dass ich eine verkrachte Existenz wäre ... Oder hast du auch Zweifel wie er? Warum spielt er auf das Gut meiner Eltern an? Indirekt stellt er mich als unordentlich hin ...«

Meine verliebte Tante aber hatte offenbar keine Zweifel. Gut sah er aus, ihr Herzenssoldat, verführerisch blond, blauäugig, blaublütig, arisch, sie träumte davon, bald den Namen »Freiherrin von Oerzen« tragen zu dürfen. Im Blütenduft des Mai 1944, als ihr Verlobter für gerade mal zwei Wochen aus dem Gefängnis entlassen wurde, zeugte er mit ihr meine Cousine. Vielleicht sogar bewusst, um dem widerwilligen Großvater die Einwilligung zur Heirat abzuzwingen.

Schon Ende Mai musste er wieder einrücken, diesmal nach Baumholder bei Trier. Derweil beschwerte sich meine Tante schriftlich bei meinem Vater, es sei ungeheuerlich, »hinter meinem Rücken herumzuspionieren«. Offenbar hatte mein Vater weitere Informationen über die Echtheit der blauen Farbe im Blut des Freiherrn einzuziehen versucht. »Verloben gehört in den Kreis der Familie«, schrieb mein Vater wütend quer über den Brief seiner Schwester. »Vorher anerkenne ich nicht …«, der Rest ist unleserlich.

Nun aber wieder an der Front in Norditalien, war es meinem Vater unmöglich, den unliebsamen Schwager in spe weiter zu bespitzeln, zumal die Großmutter, im Gegensatz zum Rest der Familie, den jungen Mann offenbar ins Herz geschlossen hatte. Meines Vaters Glückwunschbrief am Hochzeitstag, dem 29. Juli 1944, war alles andere als freundlich: »… Ich bedaure, dass ich in dieser Art mit Eurer Hochzeit nichts anfangen kann. Ich wünsch ja alles Gute, aber ich kann mich nicht freuen …«

Das zivile Glück für die Frischvermählten war kurz, äußerst kurz. Heinz J. bekam nur ein paar Tage frei, dann musste er wieder ins Strafbataillon einrücken. Im September 1944, als die US-Armee bereits die Westgrenze des Reiches erreicht hatte, wurden nach den Akten im Militärarchiv Freiburg »die in Baumholder liegenden Ausbildungskompanien von fast allen Politischen gesäubert, die ins KZ Buchenwald eingeliefert wurden. Der Rest, fast nur Kriminelle, wurde in sogenannten Einsatz-Bataillonen zusammengefaßt ...« Kam mein Onkel etwa auch ins KZ Buchenwald? In den Häftlingslisten ist sein Name nicht zu finden, aber die Akten in der heutigen Gedenkstätte sind nicht vollständig. Oder wurde er in einem der unbewaffneten Einsatz-Bataillone an der Westfront eingesetzt und musste Sperren beseitigen, Schanzen abbauen, Minen räumen? Es gibt ein paar Feldpostkarten aus diesem Herbst, »zur Zeit auf Transport« schrieb er anstelle einer Adresse.

Die Geschichte, wie ungefähr 400 Männer des Strafbataillons mit Viehwaggons ins KZ Buchenwald transportiert wurden und dort nach einigen Tagen in die Freiheit entlassen wurden, ist geradezu unglaublich. Nach Darstellung des Historikers Hans-Peter Klausch erfuhr der fürs Bataillon 999 zuständige Militärrichter Otto L. nach seiner Rückkehr aus einem Urlaub von dem Transport ins KZ. Der Richter, der offenbar schon früher einige Todesurteile gegen 999er verhindert, aber auch einige verhängt hatte, versuchte beim zuständigen Wehrmachtskommando zu intervenieren. Erfolglos. Unter Umgehung sämtlicher Dienststellen sandte er ein Telegramm an die KZ-Verwaltung. Die Eingelieferten seien Wehrmachtsangehörige, so oder ähnlich argumentierte er, und deshalb freizulassen. Was auch geschah. Ob mein Onkel nun zu diesen Glücklichen gehörte oder am Westwall Minen räumte: Es war ein kleines Wunder. Wer sonst wurde Ende 1944 noch aus einem KZ freigelassen?

Spätestens im November 1944 war auch zu meinem Vater in Italien die Kunde durchgedrungen, dass meine Tante schwanger war und das Kind nicht so blaublütig werden würde wie erwartet. »Es wäre notwendig, die ganze Sache mit dem Gesundheitsamt zu besprechen«, schrieb mein Vater an seine Eltern. Er könne sich vorstellen, dass seine Schwester »nicht viel unternimmt. Aber ihm gehört ein Denkzettel verabreicht, an den er sein Leben lang denkt.«

Welchen Denkzettel sollte mein Onkel bekommen? Wollte man über das Gesundheitsamt, das damals aus »rassenbiologischen Gründen« über das Wohl und Wehe jeder einzelnen Schwangerschaft entschied, Druck ausüben? »Dann weiss ich noch, dass Deine Mutter Dich auf keinen Fall hergeben wollte – auch als Du noch nicht geboren warst«, schrieb mein Vater viele Jahre später an meine Cousine. Sollte die junge Ehefrau zu einer Abtreibung überredet werden?

Auch als mein Vater seine Braut loswerden wollte, die in Leipzig auf ihn wartete, wandte er sich an seine Eltern. »Heute habe ich H. einen langen Brief geschrieben«, meldete er ihnen. »Ich habe dargelegt, dass es notwendig ist, Briefwechsel und persönlichen Verkehr vorläufig abzubrechen, um sie nicht gebunden zu halten. Ich hab das alles schon öfter freizügig zu regeln versucht, es ist aber bei ihr nicht geglückt.« Wie gnädig von ihm. An ideologischen Meinungsverschiedenheiten hatte es nicht gelegen, sie war eine überzeugte Nazisse.

Anfang 1945 kapitulierten die deutschen Truppen in Warschau, die Rote Armee befreite Auschwitz. Mein Vater wurde wieder nach Italien geschickt, anscheinend in die Nähe von Verona oder Trient. Doch nun gab es keine Briefe mehr von ihm, außer einem einzigen nichtssagenden. Kamen sie wegen des Zusammenbruchs aller Fronten nicht mehr an? Oder war er tatsächlich in einem Werwolf-Einsatz?

Im März 1945 besetzten die Alliierten die Rheinbrücke bei Remagen und befreiten Köln, während Hitler nun auch der Westfront befahl, nichts als »verbrannte Erde« zu hinterlassen. Im April befreiten US-Truppen das KZ Buchenwald und Himmler ordnete die sofortige Erschießung aller an, die es wagten, eine weiße Fahne zu zeigen. Mitte April kapitulierte die eingekesselte Wehrmacht im Ruhrgebiet, während die KZ-Häftlinge von Ravensbrück und Sachsenhausen zum Todesmarsch gen Nordwesten gezwungen wurden. Am 19. April eroberten US-Truppen Bologna, am 22. April stand die Rote Armee am Stadtrand von Berlin, am 28. April wurde Mussolini bei einem Fluchtversuch Richtung Schweiz am Comer See von Partisanen erschossen. Am 29. April diktierte Hitler sein Testament und bestimmte Admiral Dönitz zu seinem Nachfolger als Reichspräsident. Am 30. April erschoss er sich.

Von meinem Vater keine Spur. Erst am 8. Mai, dem Tag der Kapitulation Deutschlands, tauchte er wieder auf, in einem amtlichen Vernehmungsprotokoll, offenbar von Deutschen gefertigt, die im Dienste der Amerikaner standen. Manfred August, »bei der 1. Batterie der Flakabteilung 264 (o) seit Mai 1943, zuletzt Messoffizier bei der 1. Batterie, gerichtlich nicht, disziplinar zweimal vorbestraft«, gab in dem Protokoll an, »am 2. Mai vom Eintritt der Waffenruhe und am 3. Mai durch Radio Bozen vom Tod des Führers und vom Amtsantritt seines Nachfolgers Grossadmiral Doenitz« erfahren zu haben. Er habe aber auch gehört, Feldmarschall Kesselring habe die Kapitulation der Heeresgruppe C bekannt gegeben und »zur Fortsetzung des Kampfes gegen den Bolschewismus« aufgerufen. Daraus habe er geschlossen, dass »die Teilkapitulation nicht mit Genehmigung des Oberbefelshabers der Wehrmacht« geschehen sei. Wegen des Führerwortes »Für das deutsche Volk gibt es keine Kapitulation« habe er beschlossen, in dieser Situation »seinem Fahneneid treu zu bleiben und sich zur kämpfenden Truppe nach Osten durchzuschlagen«. Am 4. Mai habe er nachts bei einem Bauern Zivilkleidung geordert, am 5. Mai habe er seine Batterie per Fahrrad verlassen und dabei den Zettel hinterlassen: »Wer freiwillig in Gefangenschaft geht, übt Verrat am Führer und an seinem Nachfolger Grossadmiral Doenitz.« Ein Telefonat mit seinem deutschen Vorgesetzten habe die Richtigkeit der Angabe bestätigt.

Danach sei er zu besagtem Bauern gefahren, habe Zivil angezogen und sei Richtung Nordosten gefahren. In St. Ursula
habe er bei einer ihm bekannten Familie Quartier bezogen.
Aus dem Radio habe er von der Kapitulation der deutschen
Truppen erfahren. Das habe ihn »irgendwie unsicher« gemacht. Er habe »zur 6. Batterie zurückkehren wollen, um
mehr über die militärische Lage zu erfahren, ihren Standort
aber verlassen vorgefunden«. Man habe ihm Auskunft gegeben, sie sei in Candriai. In Candriai sei er von Oberleutnant
S. festgenommen worden.

Die gut gesicherte Festung Candriai gehörte zu den Fes-
tungsanlagen von Trient. Aber ist die Geschichte, die mein
Vater hier auftischte, auch so gut gesichert? Hatte er sich
wirklich zur »kämpfenden Truppe im Osten« durchschlagen
wollen? Oder hatte er einen Vorwand gesucht, um sich der
Kriegsgefangenschaft zu entziehen? War er im letzten Moment genauso zum Deserteur geworden wie sein ungeliebter
Schwager? Im Übrigen trug er eine gefälschte Bescheinigung
der Partisanen bei sich, wonach er seit Anfang 1945 in ihren
Reihen kämpfte. Ein Zettel für alle Fälle.

Wenn es Desertion gewesen sein sollte, dann nützte ihm die
nicht viel, die Amerikaner schnappten ihn dennoch. Aber er
saß offenbar nur kurz in Haft und konnte dann erneut entwi-
schen. Wieder Flucht. Wieder Suche nach irgendwas. Wieder
unterwegs. »Ich entfloh, hielt mich längere Zeit in einer deutschen Sprachinsel auf und wanderte dann, jede Straße mei-
dend, nach Hause«, bekannte er später. Als er 1948 zwei seiner
religiösen Aufsätze an irgendeinen Herrn Professor sandte,
schrieb er erklärend hinzu, diese seien »wenige Tage nach der
Kapitulation in einer kürzeren Einzelhaft« entstanden. »Da
versuchte ich meinen nichtchristlichen Glauben zusammen-
zufassen. Als das Entscheidende erschien mir, im Gegensatz
zum Christentum, die demütige Einordnung in das ›Gesetz‹,
in die Schöpfungsordnung, in den göttlichen Willen, im Ein-

satz und im Leiden, nicht mehr sein zu wollen als ein Stück Natur, in der Gottes Wille lebendig ist, nichts als ein lebendiges Glied und Werkzeug des Göttlichen, bei allen Irrungen. Diese, in jahrelanger Gewöhnung im Krieg ›erzwungene‹, aber innerlich freiwillige Einordnung nannte ich die soldatische Glaubensform, die es in jeder Religion und Konfession im Grunde gäbe. Es war der Glaube an die Lebenserfüllung in der Pflicht (dabei in Liebe, Leistung, Leiden), nur darin erschien mir das Leben noch sinnvoll.«

Soldatische Glaubensform! So wie sich die Deutschen über Nacht allesamt in Widerständler verwandelten, so wandelte sich auch mein Vater. Wenn auch nicht vom Nazi zum Nazi-Gegner, so doch vom Hitler-Jünger »nichtchristlichen Glaubens« zum gläubigen Jesus-Anhänger. »Die nächsten Monate erlebte ich in Freiheit in einem südtiroler Bergtal«, schrieb er weiter an den Professor. »Dort erfuhr ich, mehr unterbewusst als bewusst, ohne grosse Persönlichkeitseinwirkungen, dass Christus nichts anderes lebte und wollte als gerade diese demütige Einordnung in den Willen Gottes, und die Bestätigung, dass Einsatz und Demut zum Gesetz des echten Lebens gehören, und dass er klarer und reiner war als alle. Damit war die Gegnerschaft zum Christentum grundsätzlich gebrochen.«

Der Zug hält in Hofgeismar. Ich muss aussteigen. Ein Zufall, dass mich ausgerechnet eine Evangelische Akademie erwartet.

Der Verstummer

Das hessische Städtchen Hofgeismar ist evangelisch bis ins Holz seiner Fachwerkhäuser. In riesigen Gebäudekomplexen inmitten bäumerauschender Parks befinden sich die Evangelische Akademie, ein evangelisches Priesterseminar, eine evangelische Altenhilfe, Behindertenwerkstätten und das Diakonische Werk. Ein passender Rahmen, um über die religiösen Metamorphosen meines Vaters nachzudenken.

»Das Ende des Schweigens? Auswirkungen traumatischer Kriegserfahrungen über mehrere Generationen«, so lautet der Titel einer Tagung der Evangelischen Akademie, zu der sich über hundert Teilnehmende zusammengefunden haben, die meisten weißhaarig, einige grau meliert wie ich, nur wenige jung. In den Akademieräumen herrscht eine dichte, konzentrierte, vertrauensvolle Stimmung, eine seltene Mischung von Anspannung und Entspannung. Mehr als die Hälfte der Menschen sind Kinder von Nazi-Tätern, mehr als die Hälfte sind Kinder von Vergewaltigungs- und Vertreibungsopfern. Hier gibt es kein lupenreines Täter-Opfer-Schema. Aber eine Geschichte von Ursachen und Wirkungen.

Hier, in diesem geschützten Raum, wagen es viele, ihre Familiengeschichte zum ersten Mal zu erzählen, öffentlich oder unter vier, sechs, acht Augen. Eine Sechzigjährige mit kurzen blonden Haaren erzählt beim Mittagessen von der Liebschaft ihrer Mutter mit Goebbels. Über einen Teller Suppe gebeugt, freundlich distanziert, erzählt sie diese Ungeheuer-lichkeit. Nein, sagt sie, das mache ihr nicht viel aus, sie sei nicht bei ihrer Mutter aufgewachsen. Eine andere ältere Frau berichtet am Mikrofon des Sitzungssaales, wie ihr eigener Bruder ihre Mutter bei der Gestapo denunziert habe. Diese Zerstörung des familiären Vertrauens, sagt sie, habe sie mehr erschüttert als alle Bombenangriffe. Später sei sie in die USA ausgewandert, und weil in ihrer Familie Täter und Opfer unter einem Dach gelebt hätten, sei sie heute aktives Mitglied im Verein »One by One«, der Täterkinder und Opferkinder zum Dialog zusammenführt. Ein zerzaust wirkender Mann um die Fünfzig zeigt dem Publikum das Foto seines gefallenen Vaters: ein Soldat mit einem Maschinengewehr und einer Katze im Arm. Das sei das Einzige, stammelt er, was ihm geblieben sei. Zwei Bilder in einem. Gewalt und Zärtlichkeit. Sein Vater war vielleicht Täter, er weiß es nicht, aber wenn, dann war er ein tierlieber Mörder. Zwei Frauen gestehen sich bei der Kaffeepause gegenseitig, lange Zeit alle Männer für potenzielle Vergewaltiger gehalten zu haben – ihre Väter waren in der SS gewesen wie meiner, ihre Mütter waren auf der Flucht vergewaltigt worden. Der eine Vater war nach dem Krieg eine parteipolitische Karriereleiter hochgeklettert, ohne seinem Antisemitismus jemals abschwören zu müssen. Die Tochter, eine starke Persönlichkeit mit vielen wilden Locken, weigert sich bis heute, ihm zu verzeihen. Ihre Art der Versöhnung ist, dass sie nie aufgehört hat, sich mit ihrem Vater auseinander zu setzen, für Tagungen wie diese opfert sie Geld und Freizeit. Die Teilnahme an der Studenten- und der Frauenbewegung von 1968, sagt sie, war für sie die gesellschaftliche Erlösung aus einem unlösbaren individuellen Familienkonflikt.

Doch für andere ist die außerparlamentarische Opposition exakt das Gegenteil. Mit eisglitzernden Augen fährt eine ältere Dame die Frau mit den Locken an, sie hätte damals ihre Kinder vor den »aufhetzenden« Reden Rudi Dutschkes retten müssen. Wieso »retten«? Hat sie, die Flucht und Vertreibung erlebt und den Vater verloren hatte, die Studenten wie die Wiederkehr der vergewaltigenden Bolschewisten erlebt? War ihr Gehirn blockiert, unfähig zum Aufnehmen neuer Eindrücke, wie das vieler Traumatisierter? Ihr Antikommunismus jedenfalls ist spürbar stärker und heftiger als ihr Antinazismus. Erst später kann sie darüber sprechen, dass sie selbst BdM-Führerin gewesen ist.

Es sei wohl kein Zufall, sagt der Kasseler Psychotherapeut Hartmut Radebold, dass dieser intergenerationelle Dialog erst jetzt beginnt, zu einem Zeitpunkt, da die Tätergeneration ausstirbt. Nach seinen Worten leben bundesweit nicht einmal mehr 120 000 Männer über 90 Jahre. Nun, da die Enkel zu fragen beginnen, sind fast alle Täter und Zeitzeugen tot. Zwischen Eltern und Kindern aber kam kein Gespräch zustande, ergänze ich in Gedanken, sei es, weil unsere Eltern bereits mit Blicken und Gesten jede Frage nach der Nazi-Vergangenheit guillotinierten, sei es, weil der selbstgerechte moralische Rigorismus von uns Kindern den Eltern den Mund verschloss.

Tabus, klärt die Psychotherapeutin Angela Moré ihr Publikum auf, werden meist ohne Worte, dafür aber in der Sprache der Affekte weitergegeben. Erschrecktes Abwehren, zornige Mienen, leere oder traurige Blicke, Seufzer – das alles kann schon ein Baby verstehen. Kinder lernen auf diese Weise, dass sie nach bestimmten Dingen nicht fragen dürfen, wenn sie nicht die Liebe ihrer Eltern verlieren wollen. Auf diese unausgesprochene Weise, ergänzt der Psychoanalytiker Hans-Jürgen Wirth, entstehen »Gefühlserbschaften« und »familiäre Aufträge«. Schuldgefühle der Eltern übertragen sich auf ihre Kinder. Genau, denke ich. Auch ich habe mich an die Lehrbücher der Psychoanalyse gehalten und die Symptome ausgebildet, die Tätertöchter ausbilden: Schuldgefühle. Hass auf den Vater. Autoaggression. Ängste, ungreifbar wie wabernde Nebelschwaden. Das Gefühl, ein Nichts zu sein. Unwertes

Leben zu sein. Bindungsängste. Männerangst und Männer-hass. Liebschaften mit Männern, die nicht »zu haben« waren.

Und mir fallen die unglaublichen Biografien ein, die der israelische Psychoanalytiker Dan Bar-On in seinem Buch »Die Last des Schweigens« nachzeichnete, die Dörte von Westernhagen, Tochter eines SS-Mannes, in ihrem Werk »Die Kinder der Täter« schilderte. Die meisten dieser Kinder fühlen sich ein Leben lang mit Schuld beladen, sie versuchen sie abzuarbeiten, indem sie das Gegenteil ihrer Eltern tun. Der Sohn von Martin Bormann, erzogen in fanatischem Christen- und Judenhass, wurde christlicher Ordensprediger. Der Sohn eines anderen SS-Mannes konvertierte zum Judentum, wanderte aus und wurde orthodoxer Rabbiner in Jerusalem. Der Sohn eines Gestapo-Mannes heiratete eine Jüdin und triumphierte: »Die Enkel meines Vaters sind Juden!« In diesen Familien, auch das wird in den Büchern deutlich, war das Schweigen Normalzustand, es legte sich wie eine bleierne Decke über das darunter wütende Gefühlschaos. Nicht selten wurden die Täter depressiv oder brachten sich um, noch öfter aber ihre Ehefrauen oder Kinder.

Auch bei der »Rote Armee Fraktion« (RAF) gab es Gefühls-erbschaften, fährt Hans-Jürgen Wirth in seiner Rede fort. Die Eltern hatten den bewaffneten Widerstand gegen die Nazis nicht gewagt, also fantasierten die Kinder, die RAF-Generation, einen »faschistischen Staat« herbei, gegen den man mit der Waffe in der Hand kämpfen müsse. Gudrun Ensslins Vater, ein von Schuldgefühlen geplagter schwäbischer Pfarrer, begann von der »heiligen Selbstverwirklichung dieses Menschenkin-des« zu schwärmen, als seine Tochter ein Kaufhaus in Brand steckte.

Und was ist mein »Auftrag«? Vielleicht dieses Buch?

Ich fühle mich wohl in Hofgeismar, wohl unter meines-gleichen, den Täterkindern. Am Abend wird uns ein kurzer

Dokumentarfilm vorgeführt, »… war einst ein wilder Wasser-mann«. Großmutter, Mutter und Enkelin versuchen, sich über die Nazi-Zeit zu unterhalten. Die Großmutter, einst glühende Nationalsozialistin, spricht mit eingefrorenem Gesicht über die Ermordung der europäischen Juden. Mehr als die Be-merkung, deren Schicksal sei »schlimm« gewesen, bringt sie nicht über die Lippen, alle ihre Gefühle und Mitgefühle hat sie abgespalten. Die Enkelin spürt das und beginnt an der Großmutter statt hemmungslos zu weinen. Sie erträgt es nicht, ihre Oma so empfindungslos und verantwortungslos zu sehen. Womöglich bekommt sie sogar Angst vor ihr: Viel-leicht ist die Großmutter morgen auch ihr gegenüber so er-kaltet? Kann man jemandem noch vertrauen, der einstmals darüber hinwegsah, dass Menschen vergast wurden? Diese kleine Filmszene trifft einen Nerv in mir, auch ich fange an zu heulen.

Später, in der Nacht, setzt sich irgendetwas in mir frei. Ich bleibe fast schlaflos, wälze mich im Bett herum, nicke dann doch ein und schrecke dauernd aus Albträumen hoch. Mir ist speiübel, in meinem Magen dreht sich ein Dolch herum. Warum das plötzlich, ich habe sonst nie Magenprobleme. Da fällt mir ein, was ich über drei Jahrzehnte lang vergessen hatte: Mein Vater hatte Magengeschwüre. Kriegsfolgen, sagte er nur, oder er sagte nicht einmal das. Ich spüre sie plötzlich selbst, die Magenkrämpfe meines Vaters, seinen Ekel vor dem Krieg, vor den eigenen Taten. Ich liege im Dunkeln und be-komme kaum Luft.

Und dann fällt mir noch etwas ein: mein Traum. Etwa zwei Dutzend Menschen standen unter einem Baum mit weit aus-ladenden Ästen, die Gesichter voller Todesangst. Juden oder Partisanen oder einfach nur Zivilisten: Männer, Frauen, Kin-der. Und mein Vater erschoss sie. Alle. Offenbar musste ich ganz schnell aufwachen, um mich nicht zu übergeben.

Alles nur Fantasie? Natürlich kann es meine Fantasie

gewesen sein, die mir einen Streich gespielt hat. Aber woher stammt die plötzliche Erinnerung an das Magengeschwür meines Vaters? Das war keine Fantasie.

Meine Freundin Bosiljka organisiert in Berlin Gruppentherapien für bosnische Kriegsopfer. Als ein Überlebender des Massakers von Srebrenica seiner Gruppe erzählte, wie er durch ein Meer von Leichen waten musste, um zu entkommen, war auch ihr so schlecht geworden, dass sie keine Luft mehr bekam. Und im selben Moment entschlüsselte sich für sie das Trauma ihres eigenen Vaters, eines Kroaten, der im Zweiten Weltkrieg als Partisan gekämpft hatte. Vor ihrem inneren Auge sah sie plötzlich die Leichen, die er hinterlassen hatte, über die er nie hatte reden wollen. »Trauma-Übertragung«, sagt Bosiljka. Ist es möglich, dass Täter durch die Art und Weise ihres Schweigens, durch ihre Reaktionen auf bestimmte Situationen, ihre Gesten, ihr Vermeiden bestimmter Umstände, ihre Abwehr gegen bestimmte Wörter eine Art Schattenriss ihrer Taten liefern? Oder dass andere Menschen die verdrängten Erinnerungen der Täter bildlich spüren? Jeder gute Psychotherapeut empfindet in der »Gegenübertragung« die abgespaltenen Gefühle seiner Patienten, wieso soll das mit den abgespaltenen Bildern nicht ähnlich sein?

Noch eine andere Geschichte kommt mir zu Bewusstsein. Die Geschichte eines Tätersohnes, den Dan Bar-On interviewt hat. Seine Mutter hatte seinen Vater nach Kriegsende geheiratet, nicht ahnend, dass dieser als Nazi-Funktionär im Todeslager Treblinka gearbeitet hatte. Als die Mutter in hochschwangerem Zustand eines Tages mit dem Vater durch die Stadt ging, »sah« sie plötzlich eine schwarze Wolke auf sich zukommen, eine Wolke aus Asche mit dem Geruch brennenden Menschenfleisches, wie sie oft über Treblinka gehangen hatte. Und da »wusste« sie Bescheid.

Vielleicht erklärt das auch meine Knallphobie. An Sylvester, wenn andere lustvoll Feuerwerkskörper in den Himmel jagen, stehe ich abseits und wünsche mir Ruhe. Die Knallereien der türkischen Gangs in Berlin-Kreuzberg versetzen mich in Panik. Schon als kleines Kind habe ich mich zitternd ins Bett verkrochen, wenn das Sommerfest in Tübingen mit einem mitternächtlichen Feuerwerk endete. Die ganze Familie stand am Fenster und formte die Münder zu »Ah« und »Oooh«. Doch mich bekam niemand aus dem Bett, nicht einmal meine Mutter. »Du brauchst doch keine Angst zu haben«, mit diesen Worten versuchte sie mir die Hände von den Ohren wegzuziehen, »das ist doch nur ein Spaß!« Für mich war es Krieg. Womöglich auch für meinen Vater, verbunden mit lustvollen Empfindungen. Irgendwie spürte ich seine Zerstörungslust, vielleicht sah ich ein sadistisches Glimmen in seinen Augen oder hörte einen obszönen Spruch, jedenfalls war meine Angst vor der Knallerei in Wirklichkeit eine vor dem Vater, der Explosionen sichtlich genoss. Jahrzehnte später musste ich in den Feldpostbriefen meines Vaters entdecken, dass er sich im italienischen Partisanengebiet als »Sprengmeister« betätigt hat.

Ich erinnere mich an das Notizbuch meines Vaters aus dem Jahre 1967, ebenfalls auf dem Dachboden gefunden. Darin hatte er offenbar Träume notiert. »Saboteur, es behagt mir«, schrieb er irgendwann, »poche auf Kreuzverhör, Gaskammer (eskapistisch), Asbestanzug, schweißgebadet, träum deutsche Namen, erwacht: null Freund, appellative Umkehr, nebelverhüllt, Strasse, Pappeln, Gehöft, Artillerie«. Was sind das für Albträume? War er ein Saboteur, ein »Werwolf«? Wollte er sich im Kreuzverhör seiner Taten brüsten? Wollte er sich im Asbestanzug gegen das Sterben der Juden in der Gaskammer immunisieren? Und das Gehöft an der Pappel-Straße, wurde es von seiner Einheit angegriffen? War der Nebel der Rauch der Flammen? Und was ist mit der Umkehr? Wer appellierte an ihn? Sein Gewissen?

Er war Christ, er kannte das fünfte Gebot, das Tötungsverbot. Die Stichworte klingen, als habe er die Sabotage zuerst genossen, als habe sich aber dann sein Gewissen zu Wort gemeldet, des Nachts, weil es tagsüber nicht durch den Asbestanzug seiner Mitleidlosigkeit und seines Schweigens drang. Als ob er verzweifelt nach einer Möglichkeit der Umkehr gesucht, sie aber nicht gefunden hätte, weil ihn niemand verstand: »null Freund«. War sein Suizid eine Art Gerichtsurteil gegen ihn selbst?

Möglich ist auch, dass er an einem handfesten Kriegstrauma litt. Vielleicht hatte er zerfetzte Körper, herausfließende Gehirnmasse, heraushängende Därme gesehen. Vielleicht war er selbst dem Tod knapp entronnen, während Kameraden starben, und fühlte so etwas wie eine Überlebensschuld. Vielleicht war es auch eine Kombination aus beidem, vielleicht war er Täter *und* Opfer gewesen. Auf jeden Fall muss es massive Gründe gegeben haben, dass er seine Erinnerungen verschloss wie in einem Hochsicherheitstresor, als seien sie eine extrem giftige, gefährliche Substanz. Dass er über alles redete, es zumindest versuchte, aber niemals ein Sterbenswörtchen über seine eigenen Aktivitäten im Krieg verlor. Dass er jedem, der ihn darauf ansprach, aggressiv den Mund verbot.

Seine Psyche verwandelte sich nach dem Krieg immer mehr in einen Bunker. Er war schon immer ein introvertierter Mensch gewesen, aber nun zog er eine unüberwindliche Betonwand auf und verstärkte sie von Jahr zu Jahr. Seine Augen wurden Schießscharten. Seine Nase witterte Verdammnis und Verrat. Seinen Mund füllte er mit Schweigen – oder mit Zynismus. Selbst seine Schrift veränderte sich, sie wurde immer unlesbarer und flacher, duckte sich weg. Er machte sich unberührbar. Unangreifbar. Unbestrafbar. Tief in seinem Inneren, so fühlte ich es als Jugendliche und fühle es noch heute, lagerte eine Giftkapsel, die jeden Eindringling bei Berührung tötete.

Eine Kapsel voller Aggression und mörderischer Energie.

Hat die Kapsel auch mich, die Vaterhasserin, vergiftet? Womöglich habe ich den Spieß bloß umgedreht, indem ich nunmehr ihn und seine Spießgesellen zu hassen begann.

Mir fällt auf, dass ich die Dinge auch in anderer Hinsicht umgedreht habe. Seit ich mich mit den Aktivitäten meines Vaters im Dritten Reich beschäftige, habe ich ständig unappetitliche Toiletten-Träume. Ich gerate in verdreckte und verkotete Räume, mit verstopften und überlaufenden Klos, es gibt nur benutztes Toilettenpapier, alles ist nazibraun. Die Träume zeigen meinen Wunsch, dass nur die anderen »scheiße« sind und nicht ich selbst, sie zeigen meine Panik, selbst beschmutzt zu sein.

In seinem »Handbuch der Judenfrage« hatte der Antisemit Theodor Fritsch schon 1907 vorgeschlagen: »Summa summarum: Ausscheidung der jüdischen Rasse aus dem Völkerleben.« Die Juden wurden als Exkremente dargestellt, die man ausscheiden musste, oder als Schweine, die in Exkrementen wühlten. In den Konzentrationslagern, die ein SS-Mann »anus mundi« nannte, den Hintern der Welt, sorgten die Nazis dafür, dass die Realität nachträglich den »Saujud«-Karikaturen im »Stürmer« angepasst wurde: Sie zwangen die Gefangenen, aus Toilettenschüsseln zu trinken oder in Essgeschirr zu defäkieren. »Fast jeder Häftling litt chronisch an Durchfall«, erzählte eine KZ-Überlebende, »niemandem war es gestattet, während des Zählappells aus der Reihe zu treten. Man stand da, mit den entsetzlichsten Bauchkrämpfen und – jawohl, die Scheiße lief uns an den Beinen herunter ... In den Baracken stand in der Nacht ein Bottich, in den man seine Notdurft verrichten mußte ... Am Morgen mußte der Bottich von zwei Häftlingen hinausgetragen werden – immer zum Überschwappen voll; man war mit Fäkalien begossen, man stank, man ekelte sich vor sich selbst und den anderen, man konnte sich niemals richtig waschen.« Zum Ort des Massenmords wurden ausgerechnet Duschräume erkoren.

Aufgewühlt fahre ich nach dem Ende der Tagung zurück nach Berlin, um mich dort erneut in die Funde vom Dachboden zu vertiefen. Wie hatte mein Vater die Nachkriegszeit erlebt? Ich nehme mir noch einmal seinen letzten Abschiedsbrief vor.

»Das Kriegsende begann mit meinem Ausbruch aus amerikanischer Gefangenschaft in Italien. Was war geblieben? Die engsten Freunde waren gefallen, die andern aus den Augen verloren, das Soldatsein und das bisherige Streben diskriminiert. Nach Hause marschiert, versuchte ich an der Universität anzukommen ohne Erfolg. Nach einer Zeit des Probierens glaubte ich in der Kirche eine sinnvolle Existenz finden zu können. Vom Alltag des Hilfswerks her glaubte ich die theologischen und soziologischen Fragen anpacken zu können. Aber ich war vielleicht zu verbiestert und abgestempelt, ich fand nach oben keine Resonanz, und mit kameradschaftlichem Mitgefühl war hier nichts geholfen. So blieb ich auch bei der Kirche Hilfsarbeiter, so wie vorher bei der Partei und beim Militär. Einigen Heimkehrern schwebte dann eine Arbeitsgilde als neue Ordnung und Heimstatt vor, so versuchten wir es im Schwarzwald, aber die Kirche machte daraus ein caritatives kurzfristiges Hilfsunternehmen für Zonenflüchtlinge.

Nach diesem erneuten Misslingen, durch treue Arbeit im Kleinen zu größeren Aufgaben zu kommen, glaube ich nicht mehr daran – wenigstens in unserer Gesellschaft –, dass sich Qualität von selber durchsetzt, wie es das Interesse der Allgemeinheit fordert.

Inzwischen hatte ich geheiratet und begann nun um meiner Familie willen eine bürgerliche Existenz aufzubauen, als Pharmazeut. Ich hatte die Chance, durch meine Frau nach

Tübingen zu kommen, und nahm nach einigen Jahren, veranlasst durch wirtschaftlichen Druck, auch noch die Chance wahr zu studieren. Aber mit dem Studium wurde meine ganze Problematik wieder wach, die fast zehn Jahre lang verdrängt war, und ich fühlte mich nach dem Examen unbefriedigter denn je. Ein Privatleben, das hatte keinen Reiz für mich. Eine treue, aber hausbackene Frau vermochte den Sinn eines echten Berufes nicht zu ersetzen. Eine Rückkehr zum kirchlichen Leben brachte auch keinen Partner, wenigstens keinen solchen, bei dem das Lautwerden der Stimme des Herzens zu praktischen Konsequenzen geführt hätte.

So scheint nur diese Lösung übrig zu bleiben. Nach meinem Empfinden ist ein Leben sinnlos und leer, das nicht für andres Leben den Wert einer wichtigen Botschaft hat. Da ich mit meinem Wort allein niemand zu erreichen vermag, sehe ich die Möglichkeit einer Tiefenwirkung nur noch im Zerbrechen der alten Norm, in der Provokation der bürgerlichen und kirchlichen Gesellschaft durch den sichtbaren Einsatz der Ganzen Existenz. Hier habt ihr sie …

An was ich, ist der Mangel an Antwort, der meine Sprach- und Ausdrucksfähigkeit verkümmern ließ, so dass sie den andern Menschen nicht mehr erreichte, dass ich niemand mehr das sein konnte, was meine eigentliche Aufgabe war. Das hätte nicht so sein brauchen! Das sei meine Warnung: Im Wort, im Antworten sich selber zu geben, das ist das Höchste und Schönste, das wir begreifen müssen, und an dem wir alle unser Lebtag lernen müssen. Das ist zutiefst menschlich und christlich zugleich!«

Seine Sprache holperte und stolperte, dass es einen barmt, es fehlten sogar die Verben. »An was ich, ist der Mangel an Antwort, der meine Sprach- und Ausdrucksfähigkeit verkümmern ließ.« »Tiefenwirkung im Zerbrechen der alten Norm.« »Provokation der bürgerlichen und kirchlichen Gesellschaft« – das wollte er, aber es gelang ihm nicht. Sein Tod ging unter, sein »Zeichen« war umsonst gesetzt, der Mann im Mond war damals leichtfüßig darüber hinweggehüpft.

»Er war ein gehetzter Missionar«, hat mein ältester Bruder neulich gesagt. Das trifft es, nur dass niemand seine »Mission« verstand. »Nach meinem Empfinden ist ein Leben sinnlos und leer, das nicht für andres Leben den Wert einer wichtigen Botschaft hat«, schrieb er in diesem Brief. Und doch hat er in vierzehn Abschiedsbriefen diese »Botschaft« nicht zu formulieren vermocht.

Botschafter für was also? Mir kommt der Verdacht, dass die Mission gar keine Mission war, sondern offensiv gewendete Abwehr. Wer immer Recht hat, darf keine Zweifel zulassen. Wer alles besser weiß, braucht nichts zu hinterfragen. Wer andere bekehren will, braucht selber nicht zu bekennen. Wer alle theoretischen Fragen der Moral gelöst hat, braucht sich den praktischen nicht zu stellen. Mein Vater, im Krieg bei der Luftabwehr, hatte nie aufgehört, seine Raketen gegen einen imaginären Feind abzuschießen. Er dichtete seinen inneren Bunker ab, machte sich wasserdicht und feuerfest gegen jede Art von Zweifel. Dieser Abschiedsbrief ist das einzige Schriftstück, in dem er eigene Schwächen zugibt. Nirgendwo sonst hat er jemals Zweifel an seinen Taten, seinen Fähigkeiten, seinen Überzeugungen formuliert. Zweifel an Gott, ja, und an anderen Menschen sowieso. Aber nicht an sich. Sein »soldatischer Glaube« hielt Zweifel offenbar für Niederlagen. Aber es ist umgekehrt: Ohne selbstkritische Zweifel kann sich keine Kultur entwickeln, kein Fortschritt, keine Menschlichkeit.

Bis heute sind mir alle Menschen mit »heiligen Missionen« widerwärtig, ob sie nun Rechte oder Linke, Religiöse oder Atheisten, Krieger oder Pazifisten sind. Auch Günter Grass hat das wohl so empfunden. Eine der Figuren im »Tagebuch einer Schnecke«, mehr oder weniger der Konterpart zu meinem Vater, trägt nicht zufällig den schönen Nachnamen »Zweifel«.

Ich blättere in den Dokumenten der Nachkriegszeit. »Meine Kameraden«, schrieb mein Vater am 19. Mai 1945 in einem flammenden Aufruf, »uns alle drückt dieselbe Not, wir haben voreinander jetzt so wenig zu verbergen wie vorher im soldatischen Einsatz … Kameradschaft ist Vertrauen, Kameradschaft ist unser aller Gemeinschaft. In der Not hielten wir eine Gemeinschaft in Ordnung … Heute ist Notzeit und Gefahr für das ganze Volk … Der Großteil der männlichen Jugend gefallen, die anderen in der Fremde und gefangen … die Städte zerstört, die Geistkraft lahmgelegt, die Ernährung unzureichend, die Jugend ohne Führung, das Land ohne Hilfsmittel … Besatzungstruppen im Land, Einschränkung der Bewegungsfreiheit … und, was das Schlimmste ist, täglich Hass und Einschüchterung durch Presse und Rundfunk und keine Möglichkeit einer moralischen Hilfe …« Die Befreiung – er erlebte sie als Untergang.

Meine Mutter erzählte später, mein Vater sei nach seiner Flucht aus der US-Gefangenschaft und seinem Aufenthalt in Südtirol innerhalb von vier Wochen nach Hause gewandert. Dort aber habe man den zusätzlichen Kostgänger nicht haben wollen. Die Familie habe ihr Haus verlassen müssen, der Großvater sei als Lehrer zwei Jahre außer Dienst gestellt worden, weil er Blockwart der NSDAP gewesen war. Manfred August, inzwischen 32 Jahre alt, musste wieder bei null beginnen. Im Herbst 1945 arbeitete er als Erntehelfer bei einem Bauern, dann fand er eine Assistentenstelle in einer Apotheke in Tübingen. Er wohnte in einem Zimmerchen in Pfrondorf und fuhr jeden Morgen sieben Kilometer nach Tübingen, sein klappriges Rad musste er ständig flicken. Beruflich begann er wieder dort, wo er vor dem Krieg aufgehört hatte. Der erträumte Posten als Doktor der Rassenkunde an der Seite von Professor Günther war dahin, auch die Kirche wollte diesen verbissenen Ideologen nicht haben – für ihn eine Kränkung ohnegleichen.

Dennoch kam er damals nicht auf die Idee, sich umzubringen, die Depression entwickelte sich erst im Laufe der Jahre als Folge seiner inneren Verbunkerung. Im Juli 1945 notierte er Stichworte zum Thema »Führung«: »Soldat – innerer Kern Festigkeit, Überlegenheit. Deutsche vor allen andern. Treue zu sich selbst, zum Wort, zum Ideal. Nichts ist deprimierender für Soldat, als wenn er heimkommt und sieht Frau und Mädchen gehen mit Ami oder gar Neger und sagen: Es ist doch mal so, wir haben verloren, und mit der Zeit bleibt dies sowieso nicht aus ... Verloren wenn deutsche Frau Feind geht, deutscher Mann seine Ehre und Überzeugung nicht verteidigt. Dafür gibt es keine Entschuldigung mehr.«

Und anderswo: »Unsere Lage ist im Augenblick fast aussichtslos und unmöglich zu leben. Aber uns bleiben 2 Dinge: Das gute Gewissen und die Tat. Wir standen als Volk in einem Gesundheitsprozess. Wir haben unsere Ehre als Volk verteidigt und haben nichts getan als unsere Pflicht ... Pflege und Reinhaltung unseres Blutes ist die schönste und wichtigste irdische Aufgabe. Sich mit all dem erlittenen Unrecht abzufinden wäre ebenso unmoralisch wie die Flucht aus dieser scheinbaren Aussichtslosigkeit in den Selbstmord.« Und: »War es nicht das Anständigste, ganz Schluss zu machen? Aber es war noch etwas da ... Das war die Ahnung von einem Lebensgesetz, einem Gesetz in der Natur, das unbeeinflussbar und ›göttlich‹ war ... In diesem Gesetz liegt die Forderung, dem großen Ganzen zu dienen, und zwar nicht nur ›Deutschland‹ oder ›dem Führer‹, sondern menschlicher Gemeinschaft und dem Leben überhaupt, letzten Endes seinem göttlichen Sinn ...«

Nein, damals wollte er sich noch nicht umbringen, obwohl »deutsche Frau Feind geht«, gar »mit Ami oder gar Neger«. Damals schien die Niederlage für ihn noch eine äußerliche und keine innere gewesen zu sein. Gegen äußere Niederlagen konnte man kämpfen, ihnen einen »göttlichen Sinn« abgewinnen, und offenbar gab er den Gedanken daran auch nie völlig auf. »Ich kann nicht anders, als, sobald es welche gibt, mit Kameraden zusammen den Kampf wiederaufzunehmen auf Biegen oder Brechen«, schrieb er noch 1968, anderthalb Jahre vor seinem Freitod.

In jenen Jahren war spürbar, dass der Verlust der »Kamerad-schaft« ein tiefes Loch in seinen Seelenhaushalt gerissen hatte, das er mit keinem Flickzeug der Welt zu reparieren vermoch-te. »Bis zum letzten Tag des Krieges gab es in jeder Einheit einen Stamm von Männern, auf die man sich verlassen konn-te«, glaubte er. »In diesem ›Haufen‹ war gut sein. Man war geborgen im Einsatz und beim Trunk … Wer nie bei diesem Kernhaufen war, ist nie Soldat gewesen … Der Geist dieses Haufens gab uns damals den nötigen Halt, und dieser Geist ist überhaupt der einzige stabile Halt in jeder menschlichen Lage.« Haufen – ein passendes Wort. »Das, was jeder seit Beginn des Krieges verloren hat und was der schwerste Verlust ist, den es geben kann, lässt sich auf ein Wort bringen«, textete er unter dem Titel »Bindung«. »Wir alle sind losgelöst und losgerissen worden von Menschen und Dingen und Idealen, die uns lieb und teuer waren, die uns das Leben lebenswert machten – wir alle haben an ihnen ein Stück unseres Lebens verloren …« Anders als es Margarete und Alexander Mit-scherlich in ihrer »Unfähigkeit zu trauern« für die meisten Deutschen diagnostizierten, trauerte mein Vater durchaus. Er fühlte einen großen Verlust. Er war wieder allein. Augst fühlte Angst.

Eine Weile später schrieb er »ein Märchen vom Mummel-see«, im Vergleich zu seinen sonstigen Manuskripten ein lyri-scher Text, sein erstes und einziges Märchen, das von einer gelben Seerose handelte. »Eines Tages aber wurde das Stau-wehr geöffnet und alle Seerosen mitgerissen, sogar mitsamt der alten Eiche. Weit weit unten fand sie sich eines Tages wieder in einem trüben schlammigen Gewässer, auf dem alte Konservenbüchsen und tote Fische und Ölschlieren herumtrieben ...« Er war selbst diese Seerose, die nun keinen Halt mehr fand und in einer fäkalienähnlichen Brühe schwamm.

Wie ein Verrückter hat mein Vater damals Texte produziert. Als ob er sich im gesunkenen Schiff Nationalsozialismus hätte ab-dichten müssen gegen aufkommende moralische Zweifel. Als ob er angeschrieben hätte gegen ein sich regendes Gewissen. Die Manuskripte heißen »Radikale Anständigkeit«, »Deutsche Frömmigkeit«, »Natürliche Ordnung, Gedanken über das menschliche Zusammenleben«, »Die Pflicht«, »Unser Glaube«, und alle drehten sich um die von ihm propagierte »soldatische Glaubensform«, die Kernstücke seiner alten Überzeugung in neue Zeiten retten sollte.

»Wir haben gelernt, Befehle auszuführen, ohne zu fragen, warum ... Wir hätten ebenso desertieren können, wie viele unserer Italiener, aber wir taten es nicht. (sic!) Wir waren eben Deutsche. Es war Sache des eigenen Herzens, der ›Befehl des Gewissens‹, das Pflichtgefühl, das uns hielt. Wir glaubten an Führung und Vaterland, taten unsere Pflicht, und alles war einfach und klar. Wer fiel, fiel nicht umsonst. Es war eben Schicksal. Wir waren kleine Glieder eines großen Ganzen ...« Mein Vater, das kleine Glied eines großen Ganzen. Ich stelle mir das bildlich vor und muss lachen. Was für eine verräterisch ödipale Sprache. In seinem Wortschatz war das große Ganze gleichbedeutend mit Mutter, Nation, Germania.

Mein Vater tat so, als seien »Pflichtgefühl« und »Gewissen« identisch. Wollte er sein Gewissen beruhigen mit jenem halb bewussten Manöver, das in der Nachkriegszeit bei vielen beliebt war? Er glaubte sich mit Eid und »Pflichtgefühl« an Hitler gebunden, und dadurch erledigte sich die Frage eines Gewissens.

»Befehl war Befehl«, brachten Nazi-Täter vor Gericht zur Entschuldigung vor, und da jeder Befehl im »Führerstaat« in letzter Instanz auf Hitler selbst zurückgeführt werden konnte, war für ihre Taten letztlich auch nur Hitler verantwortlich. Der Führer war ihr ausgelagertes Gewissen, »alles war einfach und klar …« »Der kategorische Imperativ des Handelns im Dritten Reich«, schrieb Hans Frank, Reichsminister und Generalgouverneur im besetzten Polen, »lautet: Handle so, dass der Führer, wenn er von deinem Handeln Kenntnis hätte, dieses Handeln billigen würde.«

Damals überlegte mein Vater wohl eine Weile, »Heilpädagoge« zu werden, obwohl oder weil er selbst der Heilung bedurft hätte. Im Jahre 1946 arbeitete er als Praktikant in der Tübinger Sophienpflege, einer Einrichtung der evangelischen Jugendhilfe. In seiner Freizeit lieh er sich in der Universitätsbibliothek Bücher aus wie »Jesus, der Mann, der Arzt der Seele« oder die Werke von Ludwig Feuerbach. Nebenbei pflegte er seinen alten Kontakt zu Wilhelm Hauer, dem Begründer der »Deutschen Glaubensbewegung«.

Der ehemalige Professor für Religionswissenschaft, Indologie und »Arische Weltanschauung« durfte wegen seiner Nazi-Aktivitäten nach Kriegsende nicht mehr an der Tübinger Universität lehren.

Hauer hatte dort seit 1942 das »Arische Institut« geleitet, das mit seinen Unterabteilungen dem Berliner Reichssicherheitshauptamt der SS zuarbeitete und deshalb verschiedene Tarnnamen trug. Eine hieß »Forschungsstelle Orient« und wurde von einem Dr. Rößler geleitet. Die »Forschungsstelle« sollte den Kriegsgegner Großbritannien auf dem Umweg über seine Kolonien und Einflussgebiete bekämpfen. Agenten sollten ausgebildet werden, die mit dem Fallschirm über Feindgebiet abspringen sollten, um die Bewohner Palästinas, Iraks oder Ägyptens zur Revolte anzustacheln. Die Agenten in spe sollten deshalb den Koran kennen und Arabisch in Wort und Schrift beherrschen.

Und hier kommt meine Mutter ins Spiel. Sie konnte nämlich Arabisch.

Meine Mutter arbeitete in der Forschungsstelle Orient. Sie sollte zu einer Agentin des Sicherheitsdienstes gemacht werden. Meine geliebte Mutter, die so gerne lachte und sang – und leider auch nicht völlig unschuldig war.

Meine Mutter, 1922 geboren, entstammte einer gutbürgerlichen Tübinger Familie. Ihr Vater, ein Studienrat, starb, als sie erst sieben Jahre alt war. Ihre Mutter musste unter großen finanziellen Schwierigkeiten fünf Kinder alleine großziehen; die vier Töchter und der Sohn lernten früh, dass das Wohlergehen und der Zusammenhalt der Familie oberste Priorität hatten. Mein Großvater war ein Liberaler gewesen, aber die Familie sah sich als unpolitisch, auch der Horizont meiner Mutter reichte nicht über den Rand ihrer Familie hinaus. Sie war keine Nazisse, sie mochte die Nazis nicht, aber vor allem deshalb, weil ihr deren schweißtreibende Wettkämpfe ein Gräuel waren.

1941 bestand sie das Abitur und wurde zum »Reichsarbeitsdienst« eingezogen, der dann zum »Kriegshilfsdienst« verlängert wurde. Man schickte sie in die NSDAP-Kreisleitung Tübingen, damit sie dort Hilfsdienste leistete, wozu auch das Entfernen »kriegswichtiger« Büroklammern aus Akten gehörte. Die Akten von Nazis, Mitläufern und Unauffälligen waren blau, auch die meiner Großmutter, aber es gab auch so genannte Warnakten in Rot, unter anderem eine über ihre frühere Lehrerin. Hat sie die Lehrerin gewarnt? Sie konnte sich später nicht daran erinnern.

Auch sie konnte die historische Wahrheit offenbar nur schrittweise akzeptieren. Ende der Fünfzigerjahre, als ich noch ein Kleinkind war, hat mein ältester Bruder gehört, wie sie zweifelte, dass wirklich sechs Millionen Juden ermordet worden sind: »Sechs Millionen waren es nie. Vielleicht 600 000.

Das sind auch 600 000 zu viel. Aber die Juden haben Deutschland den Krieg erklärt, und wir mussten uns wehren …«

Doch im Gegensatz zu meinem Vater redete sie freimütig über die Nazi-Zeit. Nach seinem Tod machte sie keinen Bogen mehr um das Thema und berichtete, was sie selbst erlebt und getan hatte. Sie gab zu, Schuld zu empfinden, sie beteiligte sich an Kampagnen von amnesty international für Folteropfer und politische Gefangene und versuchte auf diese Weise nachzuholen, was sie damals versäumt hatte. Sie wurde zu einem politisch denkenden Menschen. Und sprach voller Wut über die Alt-Nazis, die immer noch in Amt und Würden saßen.

Von ihr weiß ich auch, dass man selbst im vergleichsweise abgelegenen Tübingen Gerüchte über Euthanasiemorde und KZs vernommen hatte. Es habe sich damals herumgesprochen, sagte sie, dass in Schloss Grafeneck auf der nahen Schwäbischen Alb behinderte Frauen, Männer und Kinder vergast wurden. In Grafeneck nahm mit der »Euthanasie«-Aktion »T 4« im Januar 1940 die industriell organisierte Vergasung von Menschen ihren Anfang, über 10 000 Menschen wurden in einer anstaltseigenen Gaskammer umgebracht. Das Tübinger Schwurgericht verurteilte später nur Täter der dritten und vierten Reihe zu kurzen Gefängnisstrafen. Der Bau einer kleinen, fast schon mickrig zu nennenden Gedenkstätte, die in Grafeneck an die Toten erinnert, konnte erst in den Achtzigerjahren gegen den Widerstand vieler Ortsansässiger durchgesetzt werden.

Auch vom Heuberg auf der Alb hätten sie gehört, sagte meine Mutter. Dort waren das erste KZ Württembergs und später das Strafbataillon 999 untergebracht, in dem mein angeheirateter Onkel, der Deserteur, geschunden wurde. »Wenn du nicht still bist, dann kommst du auf den Monte He-u«, sei damals eine gängige Parole gewesen.

1942 ging sie nach Leipzig, ließ sich in einer Privatschule zur Dolmetscherin für Englisch, Russisch und Italienisch ausbilden und lernte Maschinenschreiben und Stenografie. Als sie ihren Abschluss in der Tasche hatte, besorgte ihr eine Bekannte Arbeit in eben jener »Forschungsstelle Orient« in Tübingen. Sie sollte sich nur noch bei einer angegebenen Adresse in Berlin vorstellen. Und stand plötzlich, ganz erschrocken, vor dem Reichssicherheitshauptamt der SS. »Dabei habe ich erst gemerkt, dass das Institut zur SS gehörte, zum Amt 6, das war das Auslandsamt, die Konkurrenz zum Außenministerium«, erzählte sie mir später auf eine Tonkassette.

Zurück in Tübingen, produzierte sie für die »Forschungsstelle« Übersetzungen aus dem Englischen oder Italienischen und ein Wörterbuch für geografische Namen. Sie lernte Arabisch und besuchte Vorlesungen über den Islam, den Talmud und die Geografie des Vorderen Orients. Von ihr habe ich gelernt, wie sich das islamische Glaubensbekenntnis auf Arabisch anhört. »Im Laufe der Zeit merkten wir, dass wir eigentlich zu perfekten Agentinnen ausgebildet wurden«, berichtete sie. »Es waren auch immer wieder junge Männer da, die geschult wurden, um mittels Fallschirm über Palästina abzuspringen. Ich weiß aber nicht, ob das je gelungen ist. Ähnliches hatte man anscheinend mit uns Arabisch Sprechenden vor. Gott sei Dank wurde nichts daraus.«

Als die französische Armee Ende April 1945 vor Tübingen stand, verfielen die Chefs meiner Mutter in Panik. Sie lösten die »Forschungsstelle Orient« auf, vergruben die Akten in einem Garten und setzten sich ins Allgäu ab. Nur meine Mutter blieb, diese harmlose, abgrundtief naive Person. Der Hausmeister nannte den französischen Soldaten ihren Namen. Sie gruben die Akten wieder aus, verhafteten meine Mutter und brachten sie in ein Gefängnis in Stuttgart. Insgesamt sechs Wochen saß sie dort, bis die neue Besatzungsmacht merkte, dass sie besser die früheren Leiter verhaften sollte. Meine Mutter kam frei, nun wurde Professor Hauer interniert, und auch Doktor Rößler.

Aus Solidarität fühlte sich meine Mutter verpflichtet, Frau Rößler zu helfen, zuerst im Haushalt, dann beim Umzug in eine billigere Wohnung, da der Herr Doktor jetzt doch kein Einkommen mehr hatte. Im November 1945 schickte auch Frau Hauer einen jungen Mann als Umzugshelfer, der sich als »Schüler« ihres Mannes vorstellte. Mein Vater.

Widmen wir uns also dieser jungen Liebe. Ich bitte die Regie um Geigenmusik und niederschwebende Rosenblätter. Tiefe Blicke, ein schüchternes Lachen, ein gemeinsamer Spaziergang, vielleicht bei Vollmond.

Wo sie sich wohl zum ersten Mal geküsst haben? Im Stadtpark vielleicht? Unter den alten Kastanienbäumen oder beim Silcher-Denkmal? Uuuiiih, nein, schnell wieder das Bild löschen, die Spucke meines Vaters wegwischen, die Rosenblätter ab in den Müll. Bei mir funktioniert die ödipale Eifersucht verkehrt herum: Vater, rühr die Mutter nicht an!

Also gut. Ein nüchterner Blick. Warum ließ sich mein Vater auf meine Mutter ein? Zumal sie doch mit ihren dunklen Haaren und ihrem »dinarischen« Hinterkopf in seinen Augen »rassisch minderwertig« war? Vielleicht hat ihm gefallen, dass sie exakt das Gegenteil von ihm war, sein Ausgleich, sein Gegenpol. Fröhlich, humorvoll, unkompliziert, herzlich. Und stabil. Und unendlich gutmütig. Ein Gemütsmensch. Kam aus guter Familie. Körperlich stark wie ein Pferd, so schien es jedenfalls lange. Uns Kinder hat sie all die Jahre mit lautem Gesang geweckt, egal wie viele Sorgen sie hatte: »Steh auf, steh auf, du faules Stücke!« Musik war ihr Lebenselixier, sie spielte Flöte in allen Formen und Variationen, hörte ständig Bach und Mozart. Darin war sie der Mutter meines Vaters ähnlich, dieser verhinderten Pianistin, allerdings war sie wesentlich handfester als Großmama. Auf die Idee, manifest krank zu werden, kam sie nie. Bis sie vierzehn Jahre nach meines Vaters Tod an den Metastasen ihres Krebses starb. In den Monaten davor hatte sie mir ihre Lebenserinnerungen auf Kassette gesprochen und ich hatte sie abgetippt.

Schon im ersten Jahr, bevor sich meine Eltern zur Verlobung entschlossen, machte mein Vater dreimal Schluss mit meiner Mutter. Und kam doch immer wieder zu ihr zurück. Es war das gleiche Beziehungsmuster, das er sein Leben lang praktizieren sollte, egal ob in seinen zahlreichen Flirts, mit seinen Kollegen, in seinen Bibelkreisen oder seinen verschiedenen Gesprächsgruppen. Kaum reichte ihm jemand die Hand, schlug er sie weg. Kaum war er wieder allein, beschuldigte er den anderen, ihn verlassen zu haben.

Er inszenierte sich als Opfer, um sich nicht als Täter sehen zu müssen, und dafür hasste ich ihn. Er kam nirgendwo zur Ruhe, ein Spielball seiner selbst, hin- und hergetrieben zwischen Bindungsangst und Bindungslosigkeit, und dafür tut er mir heute Leid. Meine Wut auf ihn ist riesig, aber mein Mitgefühl ebenso. Ich will ihn nicht aus seiner Verantwortung als erwachsener Mensch entlassen, und daher rührt meine Wut. Ich sehe aber auch, dass er schon als Kind zum Gefühlskrüppel gemacht wurde und in Zeiten aufwuchs, deren Horror uns erspart blieb, und daher rührt mein Mitgefühl. Beides steht nebeneinander – unverbunden.

Mein Gefühl für ihn wechselt mit der Perspektive, aus der ich ihn betrachte. Schaue ich ihn als Familienmitglied an, als einen, der nie Liebe erfuhr, der schon als Kind die Einsamkeit lernte, möchte ich ihn am liebsten in den Arm nehmen und trösten. Schaue ich ihn als Gesellschaftsmitglied an, als einen, der den nationalsozialistischen Ideen nie abschwor, dann überkommt mich ein furchtbarer Zorn.

Was, um Himmels willen, fand meine Mutter an meinem Vater? Klüger und lebenstüchtiger als er, doch zu einer Frauengeneration gehörend, die von der Minderwertigkeit ihres Geschlechtes überzeugt war, bewunderte sie seine »intellektuellen Fähigkeiten«. Als er mit fünfundvierzig Jahren noch einmal zu studieren begann und nach sechs Semestern sein Staatsexamen abschloss, beteuerte sie ihm, das hätte sie »nie zuwege gebracht«. Er sei immer sehr hilfsbereit gewesen, lobte sie ihn. Und »gut aussehend«, während sie selbst unter ihrer Dicklichkeit litt. Er habe sie vor ihrer Heirat verführt, sagte sie später, und sie habe deshalb geglaubt, keinen anderen Mann mehr abzukriegen.

Aus dem Jahr 1946 ist ein Brief von ihm erhalten, vielleicht geschrieben nach eben jener Verführung. »Liebe Margarete, wenn Du Deinem Urteil traust, so wirst Du wissen, wie stark Du, ohne Dein Zutun, auf mich wirkst und gewirkt hast, dass ich trotz heftiger Gegenwehr Deinem Einfluss nachgegeben habe. Ich habe nur nachgegeben. Doch anders bin ich dadurch nicht geworden, als ich vorher war. Ich gebe mir etwas zu leicht nach. Aber wenn ich dann wieder den geraden Weg erkenne, gehe ich dann wieder rücksichtslos darauf zu. Diese Rücksichtslosigkeit und Härte ist aus der Schwäche meiner Nachgiebigkeit ...« Was für ein glühender Liebesbrief.

War mein Vater eigentlich damals schon so ein Seelenknöterich? In meinen Erinnerungen hatte immer irgendein Körperteil von ihm einen Krampf, ob er nun lief, arbeitete, saß, so als ob er sich schon als Säugling im mütterlichen Bauch festgekrallt hatte und niemals hatte loslassen wollen. Eigentlich hatte er schöne volle Lippen, aber auch die waren stets zusammengekniffen. Auf zwei, drei Fotos hat er den Hauch eines Lächelns oder besser gesagt Grinsens im Gesicht. Es ist kein schönes Lachen, keines, das aus Freude entsteht und aus dem Bauch in die Kehle kollert. Es ist das Lachen eines Unglücklichen. Mein Vater fühlte sich ungeborgen in der Welt. Er hasste und verachtete sich, also hasste und verachtete er auch andere. Er war immer unzufrieden, mit sich, also auch mit allen anderen. Wenn er sich nicht als Teil eines Großen Ganzen empfinden durfte, dann wurde ihm seine Unzufriedenheit, seine empfindungslose innere Leere absolut unerträglich.

Nun, da ihm der irdische Führer abhanden gekommen war, versuchte er es mit einem himmlischen. Er ließ sich von der Evangelischen Kirche anstellen, zuerst als Jugendbetreuer in Tübingen, dann als »Flüchtlingspfleger« in Biberach, in Wangen, auf dem Stettenfels, auf einem Hof nahe Cannstatt, schließlich arbeitete er mit »Zonenflüchtlingen« in einer Holzfällergilde auf dem Kniebis.

Im Sommer 1947 heirateten meine Eltern, Großvater Augst schenkte ihnen in seiner bekannten Großzügigkeit zwei Suppenteller, Hochzeitskleid und -schuhe musste sich meine Mutter leihen. In Biberach wohnten sie in einem winzigen, kaum heizbaren Zimmer evangelischer Schwestern, schliefen auf Strohsäcken, wuschen sich und kochten in ihrer einzigen Schüssel und übten sich im Hungern. Jetzt, da der Nazi-Staat aufgehört hatte, das Eigentum der Juden und der kolonialisierten Völker zu plündern, um daraus die Sozialleistungen für seine »Volksgenossen« zu finanzieren, herrschte in allen Besatzungszonen Hunger. Ein Teil der Deutschen akzeptierte ihn mehr oder weniger bewusst als Strafe für ihr Mitläufertum, auch meine Mutter. Jammern und Klagen lag ihr nicht. Meisterin der Anpassung, wie viele Frauen, kam sie mit allen Lebensumständen zurecht. Um den gröbsten Hunger zu stillen, schleppte mein naturkundiger Vater alles an, was der Wald hergab: Pilze, Beeren, Nüsse, Brennnesseln. Und Holz für den Ofen, der nicht heizen wollte.

Brennnesselspinat! Uuuuhgala! Ein fieses grünes Schleimzeug, das im Rachen hängen bleibt. Oder dieser widerlich bittere Löwenzahnsalat! Auch ich musste davon jahrelang essen, weil mein Vater immer am Haushaltsgeld sparte. Und ich traute mich nicht, das Zeug auszuspucken, denn das hatten uns die Eltern nach ihren Hungerjahren eingeprägt: »Was auf den Tisch kommt, wird gegessen!«

Aus Eiern und Spermien, Kartoffeln und Brennnesseln entstanden drei Söhne. Sie kamen 1948, 1949 und 1951 zur Welt, zwei von ihnen in Tübingen, im Haus der Mutter meiner Mutter, wo die Familie nunmehr wohnte. Mein Vater arbeitete wieder als Apothekerassistent und führte eine Wochenendehe, seine Stationen hießen Freudenstadt, Mössingen, Urach, Nagold, wo es immer wieder Ärger gab mit Vorgesetzten, und schließlich Tübingen. Nicht nur seine Chefs, ganz Nachkriegs-Deutschland ging ihm auf die Nerven, er wollte auswandern. 1954 bot er dem abgedankten Regierungschef des südafrikanischen Apartheid-Regimes brieflich eine »psychosoziologische oder religionssoziologische Bestandsaufnahme« zum Thema »Christliches Sozialbewusstsein und Rassentrennung« an, sofern dieser die Unterhaltskosten für seine Familie übernähme. Später sollte es eine »Siedlergemeinschaft« in Kolumbien sein, dann sogar die DDR. Hauptsache autoritärer Staat.

Das nächste Brennnesselprodukt war ein Mädchen. Ende 1955 wurde die Nachzüglerin geboren. Ich. Laut schwöre ich, es war nicht meine Absicht, die elterliche Eheharmonie zu zerstören, aber es war so. Sie hätten ein Abkommen getroffen, sich immer sonntags Zeit für ein Gespräch zu nehmen, berichtete meine Mutter später. Zwei Tage nach meiner Geburt, als wieder mal Sonntag war, hatte sie eine gefährliche Venenentzündung mit hohem Fieber. Sie lag wie tot im Bett, am Ende jeder Kraft. Doch glaubte sie wie alle Mütter damals, nach der Uhr stillen zu müssen, und las in einem Buch, um sich bis 22 Uhr noch wachzuhalten. Mein Vater lag daneben und sagte gar nichts. »Anscheinend wartete er immer noch darauf, dass ich ein Gespräch mit ihm führe. Natürlich wurde daraus nichts. Am nächsten Morgen verabschiedete er sich ganz kurz von mir. Und dabei sollte es für drei lange Wochen bleiben. ›Grüß Gott‹, ›Auf Wiedersehen‹, ›Guten Morgen‹, ›Gute Nacht‹, sonst nichts weiter. Schließlich konnte ich es nicht mehr aushalten und fragte ihn, was denn los sei. Ja, weil ich doch nicht mit ihm gesprochen hätte. Und ich lag die ganze Zeit im Bett mit Schmerzen!«

Schweigen als Strafe.

Sie versöhnten sich wieder, der Verstummer und seine Frau. Doch meine Mutter kam nie über diese Gefühllosigkeit hinweg, für sie war es »die Wende zum Schlechten«. »Ich war in meinem bis dahin so festen Glauben an Dich restlos erschüttert«, schrieb sie ihm Jahre später in einem langen Brief. »Ich konnte mir einfach nicht vorstellen, dass ein Mensch in einem solchen Maß nur an sich selber denken konnte. Unsere Beziehungen zueinander gestalteten sich von nun an langsam, aber laufend schwieriger … Immer wieder warfst Du mir vor, nicht mit Dir, sondern neben Dir zu leben; ja, das sollte von nun an zu Deinem ständigen Refrain werden.«

Sie nahmen ihre »Gespräche« wieder auf, in ihrer ganzen Schwurbeligkeit, die für meine praktisch denkende Mutter eine einzige Qual waren. Worüber hatte er denn eigentlich immer reden wollen?, fragte ich sie einmal. Hach ja, über Glaube, Bindung, Partnerschaft, Sittlichkeit, immer das Gleiche, und immer so abstrakt wie möglich. Und über Nazi-Zeit und Krieg? Hat er je über seine Erlebnisse geredet? Über das, was er selbst getan hat? Meine Mutter schüttelte den Kopf. Hast du danach gefragt? Nein, darüber wollte er partout nicht reden.

Der Bunker wurde größer, breiter, härter.

In den fünfziger und sechziger Jahren war das Schweigen meines Vaters das Schweigen aller. Bleideutsch lag es auf der Bundesrepublik Heuchelland, bedeckte sie mit undurchdringlichem Nebel, machte die Menschen unfreundlich und unglücklich. Erwachsene brachten ihren Kindern bei, nie zu lügen, doch ihre Kinder spürten, wie sich die Balken im Hause bogen. Erwachsene forderten ihre Kinder auf, sich für ihre schlechten Taten zu schämen, doch sie selbst blieben schamlos. »Alle logen sinnlos vor sich hin, selbst im kleinsten persönlichen Bereich«, berichtet in Gabriele von Arnims Buch »Das große Schweigen« eine Zeitzeugin, die es irgendwann nicht mehr aushielt und auswanderte. »Es war, als ob überall kleine Warnlampen blinkten: bloß nichts fühlen. So bin ich aufgewachsen: bloß nichts fühlen.«

Wo waren all die Nazis nur geblieben? In Westdeutschland duckten sich an die neun Millionen frühere NSDAP-Mitglieder weg, um nicht bestraft zu werden, die meisten blieben tatsächlich straflos. Die Alliierten verurteilten einige der schlimmsten Verbrecher vor dem Nürnberger Tribunal, dann verloren sie wegen des beginnenden Kalten Krieges jedes Interesse an Strafverfolgung und übergaben die Akten in deutsche Hände. Ein schrecklicher Fehler. Wenigstens hätten sie für eine Reform des deutschen Strafrechts sorgen sollen, um zu verhindern, dass die obersten Schreibtischtäter, wie später geschehen, nur wegen »Beihilfe zum Mord« verurteilt werden konnten. Aus insgesamt etwa 106 000 Ermittlungsverfahren folgten bis heute gerade mal rund 6500 Verurteilungen, und viele verurteilte Täter wurden durch Amnestiegesetze des Bundestags beglückt.

Genau betrachtet beruhten die Fundamente der Bundesrepublik auf einem andauernden moralischen Skandal. Eine der ersten Amtshandlungen des Bundestags in der neu gegründeten Bundesrepublik im Dezember 1949 war die Straffreiheit für Zehntausende von Nazis. Um ihr wahres Motiv zu verbergen, gewährten die Parlamentarier Amnestie für zwei grundverschiedene Dinge: für minderschwere NS-Straftaten und für Schwarzmarktdelikte der Nachkriegszeit. Ein zweites

»Straffreiheitsgesetz« von 1954 wiederholte diese obszöne Vermischung von Kohlenklau und Judenverfolgung, nur dass diesmal auch schwerere Straftaten unter die Amnestie fielen. Beide Male erfuhr die Öffentlichkeit kaum etwas davon, da keine Partei im Bundestag Klartext zu reden wagte. Ähnliches passierte im April 1951, als ein neues Gesetz unter dem unscheinbaren Namen »Regelung der Rechtsverhältnisse der unter Artikel 131 des Grundgesetzes fallenden Personen« die Wiedereingliederung von über 300 000 Beamten und Ex-Berufssoldaten in den öffentlichen Dienst erlaubte. Damit wurden Zehntausende erheblich belasteter Alt-Nazis wieder in Beamtensessel gehievt, darunter die Mehrzahl des Gestapo-Personals oder der NS-Richter.

Von den Angehörigen des Volksgerichtshofs oder den Sonderrichtern, für etwa 32 000 Todesurteile verantwortlich, wurde kein Einziger je bestraft. Kein akademischer Propagandist der Rassenhygiene, Zwangssterilisierung und »Ausmerze« wurde jemals zur Verantwortung gezogen. Die Schreibtischtäter der Mordzentrale Reichssicherheitshauptamt, die Auschwitz bauten und den Genozid an Juden, Sinti und Roma planten, blieben von der Justiz unbehelligt, von den rund 8 000 Angehörigen der SS-Wachmannschaften in Auschwitz wurden gerade mal 40 verurteilt. Kaum ein Rüstungsindustrieller, Bankier oder Wehrwirtschaftsführer wurde zur Rechenschaft gezogen. Wenn überhaupt, dann waren es vor allem die kleinen Rädchen in der Kette des industriellen Massenmords, die vor Gericht kamen. In der DDR wurden übrigens doppelt so viele NS-Täter abgeurteilt, aber auch dort durften Ex-Wehrmachtsgeneräle in höchste Ränge der Volksarmee aufsteigen.

Die von den Alliierten initiierte »Entnazifizierung« war damit endgültig gescheitert. Nach Kriegsende hatten sie so genannte Entnazifizierungsverfahren durchführen lassen, bei denen unbelastete Laienrichter in Spruchkammern die Deutschen in fünf Kategorien aufteilten: »Hauptbeschuldigte«,

»Belastete«, »Minderbelastete«, »Mitläufer« und »Entlastete«; letztlich aber stuften sie nur 0,6 Prozent der Betroffenen als Schuldige und 99,4 Prozent als »Minderbelastete«, »Mitläufer« und »Entlastete« ein. Mein Vater hatte offensichtlich Angst vor seinem Verfahren, in vielen Briefen bat er ehemalige Kameraden, ihm einen »Persilschein« auszustellen. »Auf jeden Fall brauch ich jetzt meine Entnazifizierung«, schrieb er an den Pflanzengenetiker Heinz Brücher, mit dem er in Jena studiert hatte. »Für jede Zeitspanne soll ich nun ein entlastendes Zeugnis beibringen. Kannst Du mir da helfen? Ich lege keinen Wert darauf, die Geschichte meines Spezialstudiums aufzurollen. Da ist es wohl zweckmässiger, als verkrachte Existenz zu erscheinen. Ich weiss nicht, an wen ich mich sonst wenden könnte, da ich zu unbelasteten Lehrern kaum Verbindung habe. Wenn Du irgendwie ein Urteil über das Menschliche aussprechen kannst, ist mirs recht. Ich glaube, Du weisst, dass ich kein Nutznießer war und niemand geschadet habe. Ich habe geglaubt, dass im NS die gesunden sozialen, geistigen und biologischen Kräfte des Volkes verkörpert waren. Heute weiss ich, dass vieles faul und hohl war.« »Faul und hohl« – immerhin. Aber eine wirkliche Distanzierung hört sich anders an.

Warum hat er ausgerechnet Heinz Brücher angesprochen? Aus Dummheit oder gar aus einem unbewussten Impuls, enttarnt zu werden? Denn Heinz Brücher war der Letzte, der ihm helfen konnte. Der Botaniker und Spezialist für »Rassenbastarde« bei der Gattung Weidenröschen war selbst schwer belastet: Unter seiner Leitung hatte ein botanisches Sammelkommando der Waffen-SS im Rahmen von Himmlers »Generalplan Ost« insgesamt 18 sowjetische Pflanzenzuchtstationen und Landwirtschaftsinstitute geplündert und ausgeraubt. Nach Kriegsende war er nach Argentinien ausgewandert, nunmehr lehrte er als Professor an der Universität Tucuman.

Andere »Kameraden« taten meinem Vater den Gefallen, wiesen allerdings darauf hin, sie seien selbst politisch belastet. »Heute lege ich Dir eine Erklärung bei«, schrieb ihm Kurt B. »Zur Bekräftigung – manchmal gelingt ein Bluff – lege ich noch einen Durchschlag des Umschulungskurses bei, damit meine Aussage 100 % hinhauen möge. Weißt Du, hier im Reich ist alles so dreckig, daß man sich nicht zu schämen braucht, wenn man so einen Dreckwisch vorlegt.« »Ich helfe gern«, antwortete auch sein ehemaliger Nazi-Dozent P., »bin aber ungefähr der schlechteste Entnazifizierungs- oder Persilscheinhersteller, den Sie sich denken können: a) weil mein Name bei Kennern keine Empfehlung ist, b) weil ich grundsätzlich anders denke als Sie der Vergangenheit gegenüber … Wenn Sie trotzdem etwas von mir haben wollen, bescheinige ich gern – aber was? Dass Sie ein vertrackter schwäbischer Dickkopf sind, der sich nichts leicht macht, dass Sie das Beste gewollt haben …?« Besser sei es vielleicht, sich an Professor Karl M. zu wenden. Was mein Vater auch tat, denn der Professor schrieb ihm sehr offen zurück: »Was, glauben Sie, könnte ich Ihnen in Ihren Persilschein hineinschreiben? Am besten, Sie schreiben ihn mir schon vor, nach dem, was ich von Ihnen füglicherweise wissen kann, und das ist ja leider recht wenig. Allerdings möchte ich auch darauf hinweisen, daß mein Urteil in manchen heute maßgebenden Kreisen nicht unbedingt eine Empfehlung sein dürfte.«

Der Briefwechsel charakterisiert die damalige Zeit sehr genau. Man stellte sich gegenseitig Persilscheine aus, wusch sich gegenseitig weiß, der gemeinsame Feind waren die Alliierten und die von ihnen eingesetzten Spruchkammern. Mein Vater hatte das Glück, in der französischen Besatzungszone zu wohnen, wo die »Denazifizierung« am lässigsten war. Mit Erleichterung wird er den Bescheid des »Staatskommissariats für die politische Säuberung Württemberg-Hohenzollern« vom August 1951 aufgenommen haben, wonach »die

Einleitung eines Säuberungsverfahrens« gegen ihn abgelehnt wurde, »da der Betroffene nicht in die Gruppe der Hauptschuldigen oder Belasteten einzureihen ist«. Das war die Konsequenz aus einer Bundestagsrichtlinie vom Oktober 1950, wonach in den westlichen Besatzungszonen bitteschön keine neuen Verfahren gegen »Minderbelastete« und »Mitläufer« mehr eingeleitet werden sollten, »Hauptbeschuldigte« und »Belastete« sollten faktisch amnestiert werden. In der Bundestagsdebatte hatten alle Parteien die Entnazifizierung als »modernes Hexentreiben« und, ganz im alten Jargon, als »Tumor am deutschen Volkskörper« bezeichnet, auch die Kirchen forderten die »Befreiung vom Befreiungsgesetz« und wollten nicht »ein zweites Mal« bei »Verfolgungen« wegsehen. Im Jahre 1951 war überhaupt Schluss mit jedweder Entnazifizierung, der Kalte Krieg tobte, die Nato brauchte den westdeutschen Staat als Verbündeten und der christdemokratische Bundeskanzler Konrad Adenauer benötigte die ehemals nationalsozialistische Beamtenschaft. Der »große Friede mit den Tätern«, wie es Ralph Giordano nannte, wurde zur politischen Grundlage der Bundesrepublik Deutschland.

Nun machten sich die Nazis wieder breit, in Politik, Verwaltung und Justiz, in Wirtschaft und Militär, in allen Berufen, auf allen Ebenen, bis hinein in die höchsten. Im Auswärtigen Amt betrug der Anteil ehemaliger Nationalsozialisten mehr als die Hälfte. Auch die bundesdeutsche Justiz wurde zu einer Waschanlage für Mörder und Todesurteilfäller, mancherorts bestand sie bis zu 90 Prozent aus ehemaligen »Parteigenossen«, die bereitwillig anderen wegen NS-Verbrechen angeklagten »Parteigenossen« aus der Patsche halfen.

Hans Globke war Mitverfasser eines Kommentars zu den Nürnberger Rassegesetzen gewesen, er hatte sich dafür eingesetzt, dass Juden den diskriminierenden Zwangsvornamen »Sara« und »Israel« bekamen. Bundeskanzler Adenauer machte ihn zu seinem Staatssekretär und ließ durch ihn bei den Soldatenverbänden nachfragen, ob sie mit des Kanzlers Ehrenerklärung »für alle Waffenträger unseres Volkes«, die »ehrenhaft zu Lande, auf dem Wasser und in der Luft gekämpft« hätten, »zufrieden« gewesen seien. Heinrich Lübke hatte als Mitarbeiter des Architekturbüros Schlempp in der Forschungsanstalt Peenemünde zeitweise ein KZ-Häftlingskommando dirigiert, er durfte zehn Jahre lang Bundespräsident sein, von 1959 bis 1969, und die Menschheit mit seinen unnachahmlichen Sprüchen beglücken. »Die Leute müssen ja auch mal lernen, dass sie sauber werden«, befand er beim Besuch einer Erwachsenenschule in Madagaskar. »Wenn man Ihnen sagt, wir hätten einen Hitler gehabt, müssen Sie sagen, dass Hitler gar kein Deutscher war«, forderte er US-Austauschschüler auf. Lübke war es auch, der Heinrich Bütefisch das Große Bundesverdienstkreuz umhängte, einem Ex-SS-Obersturmführer, Ex-Direktor der IG Farben, Hauptverantwortlichen für die Ausbeutung der Zwangsarbeiter von Auschwitz, nunmehr Vize-Aufsichtsratsvorsitzenden der Ruhrchemie AG.

Viele ehemalige Gestapochefs erklommen wieder leitende Stellungen. Werner Best, Stellvertreter Heydrichs bei der Gestapo, Statthalter in Dänemark, wurde Rechtsanwalt und FDP-Sprecher. Franz Six, Gestapo-Abteilungsleiter und SS-Brigadeführer, vom Nürnberger Tribunal zu zwanzig Jahren Haft verurteilt und 1952 amnestiert, begann als Werbefachmann eine neue Karriere. Werner Naumann, Staatssekretär von Goebbels, führte die so genannte Gauleiterverschwörung an, bis die britische Militärregierung ihn Anfang 1953 verhaftete. Zusammen mit Gustav Adolf Scheel, dem früheren Reichsstudentenführer und Gauleiter von Salzburg, SS-Brigadeführer Paul Zimmermann und weiteren Unverbesserlichen hatte Naumann die Unterwanderung der FDP und anderer Parteien durch Altkader der Nazis geplant. Ernst Achenbach, im besetzten Frankreich verantwortlich für die Judendeportation, Rechtsanwalt und FDP-Politiker, konnte in seiner Essener Anwaltskanzlei zusammen mit Werner Best unbehelligt eine Kampagne für eine Generalamnestie zugunsten seiner hoch belasteten Nazifreunde koordinieren.

Alle diese Leute glaubten sich von einer großen Mehrheit getragen. Zu Recht. In Umfragen lehnten 1950 fast drei Viertel aller Deutschen Prozesse gegen NS-Verbrecher ab, etwa die Hälfte war der Meinung, der Nationalsozialismus habe »mehr Gutes« als Schlechtes mit sich gebracht. Dieser Anteil stieg im Laufe der fünfziger Jahre sogar noch an.

Auch mein Vater konnte seine Kontakte zu Wilhelm Hauer und »Rasse-Günther« weiter pflegen. Hauer, nach kurzer Internierung wieder frei, gründete die »Arbeitsgemeinschaft für freie Religionsforschung und Philosophie« und die »Freie Akademie«, die Tagungen auf der Burg Ludwigstein hoch über der Werra abhielt. Die Akademie existiert immer noch, hat sich aber ideologisch geöffnet. Im August 1955 schrieb mein Vater von solch einer Tagung nach Hause: »Wie ich hörte, war auch der Bundesverfassungsschutz heute da und interessierte sich. Heute früh war ein sehr interessanter Vortrag von Rutkowski über ›meine‹ Frage.« Lothar Stengel von Rutkowski, den er womöglich noch aus Jena kannte, hatte über »Biologie, Anthropologie und Humanitas« gesprochen. Der SS-Arzt Rutkowski hatte mit seinem Buch »Grundzüge der Erbkunde und Rassenpflege« Vorarbeit für die Nürnberger Rassengesetze geschaffen und war Abteilungsleiter im »Thüringischen Amt für Rassewesen« gewesen.

Auch Günter Grass hatte über den Ludwigstein geschrieben. »›Mein Mann‹, sagte Frau Augst, ›war Mitglied in fünf oder sechs Gemeinschaften, Vereinen, Arbeitsgruppen. Ich könnte Ihnen Papiere zeigen, das meiste noch ungeordnet. Seine Versuche, sich auszudrücken. Natürlich habe ich alle Mitgliedschaf-*

ten aufkündigen müssen, schon der sonst fälligen Beiträge wegen.‹ …

Außerdem besuchte Augst Tagungen auf dem Ludwigstein. Dort fanden Veranstaltungen der Freien Akademie statt. In Augsts Papieren finde ich neben Traktaten über die Partnerschaft und den Sinn der selbstlosen Kameradschaft Hinweise in andere Richtung, Namen und Buchtitel: Dorothee Sölle – Politisches Nachtgebet; Kursbuch Numero 14; Die Sache mit Gott; Tillich, Jaspers …«

Einmal, im Sommer 1966, war ich zusammen mit meinen Eltern auf dem Ludwigstein, damals noch keine elf Jahre alt. Tagsüber war die Burg ein Abenteuerspielplatz, doch nachts hörte ich dort seltsame Gespenster schreien. Im Burghof gab es ein Lädchen, in dem sich die Kinder der Tagungsteilnehmer mit Süßigkeiten versorgten. Nur ich besaß, wie üblich, kein Taschengeld. Wenn sich die anderen mit Schokoriegeln und Lakritzstangen voll stopften, ging ich leer aus. Bis eines Tages Marie-Adelheid Prinzessin Reuß zur Lippe meine Not bemerkte. Und mir ein »Hanuta« bezahlte. »Hanuta«! Von einer Prinzessin! Bis heute bin ich »Hanuta«-süchtig.

Dabei hätte mir den Appetit verderben sollen, was ich später über die Prinzessin erfuhr. Sie war aktiv in allen möglichen Organisationen, zum Beispiel bei der »Deutschen Unitarier Religionsgemeinschaft«, einer Fortsetzung der von den Alliierten verbotenen »Deutschen Glaubensbewegung« mit anderen Mitteln. Die »Unitarier« als »Nazi-Sekte« zu bezeichnen, wie es manche tun, wäre allerdings übertrieben, denn es sind auch Unverdächtige in ihren Reihen. Dennoch: Herbert Böhme, ehemaliger Goebbels-Mitarbeiter und späterer Gründer des rechtsradikalen »Deutschen Kulturwerks Europäischen Geistes«, brüstete sich in einem Brief an meinen Vater, die »Deutschen Unitarier« schon nach Kriegsende im Internierungslager

Hohen-Asperg gegründet zu haben. Formell erfolgte die Gründung erst später. Nicht nur die Prinzessin war dort tätig, auch der Hauer-Assistent und spätere Verlagsgründer Herbert Grabert sowie der SS-Arzt Rutkowski und andere Braunsocken. Ach ja, und natürlich tummelte sich auch »Rasse-Günther« wieder in diesen Kreisen, zumindest am Rande.

Anfang 1961, als der »verehrte Professor« Günther seinen siebzigsten Geburtstag in der Nähe von Freiburg feierte, schickte mein Vater Glückwünsche: »Gerne hätte ich Ihnen von meinen Fortschritten auf die Ziele hin, die auch die Ihren sind, berichtet. Aber Sie wissen besser als jeder andere, wie sehr gerade diese Bestrebungen von den Managern des Zeitgeistes getroffen wurden und getroffen werden sollten.« Und dann beschwerte er sich über den jungen Soziologieprofessor Ralf Dahrendorf, der an der Universität Tübingen »über die Ungleichheit der Menschen« lehre, »ohne die biologischen Grundlagen überhaupt nur zu berühren«. Günther bedankte sich artig für das Schreiben und vertraute seinem Schüler an, er veröffentliche nun unter »Decknamen«. Er freue sich über dessen Kontakt mit Hauer, bedaure aber, der »Freien Akademie« nicht beitreten zu können, weil dort einige Männer seien, »die an eine ›Weltkultur‹ glauben, zu der alle Rassen, da gleich begabt, gleich viel beizutragen hätten«. Aber, so fügte er triumphierend hinzu, sein »Denazifizierungsbescheid« sage aus, »ich hätte mich immer im Rahmen internationaler Wissenschaft gehalten und sei nie in einen Hetzantisemitismus verfallen«. »Rasse-Günther« starb 1968, unbehelligt.

Die Prinzessin zur Lippe war keineswegs die einzige skurrile Person, die ich weiland auf dem Ludwigstein kennen lernte. Unvergessen ist mir auch Helga Goetze. Damals noch biedere Ehefrau und Mutter von sieben Kindern, verheiratet mit dem wahrscheinlich langweiligsten Prokuristen der Welt, vertraute sie meiner Mutter zwei Jahre später brieflich an, in dreißig

Ehejahren habe sie den Phallus ihres Mannes weder gesehen noch berührt und niemals einen Orgasmus bekommen, doch nun sei sie in Italien durch einen gewissen Giovanni zur »glühenden Venus« geworden. Sie könne nur allen Frauen raten, Ähnliches zu wagen, und auch Ihnen, liebe Frau Augst! Meine Mutter hielt den Brief in der Hand und färbte sich himbeerrot. Fünf Jahre später nahm ihr Gesicht eine klatschmohnartige Farbe an, als Helga Goetze in einer Fernsehsendung mit dem Titel »Hausfrau sucht Kontakte« ihre sexuellen Wünsche ausplauderte. Später erschien sie uneingeladen auch in anderen Shows, entblößte ihre Riesenbrüste und rief fröhlich: »Ficken! Ficken!«. Die »Bild«-Zeitung nannte sie »Supersau der Nation«, sie selbst sprach von sich als »primärer Tabubrecherin«. In ihrer Berliner Wohnung gründete sie in den neunziger Jahren eine »geni(t)ale Universität«, stickte bunte Pimmel-und-Mösen-Bilder und saß täglich ein bis zwei Stunden vor der Berliner Gedächtniskirche, um für »Ficken für den Frieden« zu demonstrieren. »Frauen sind zugestopfte Löcher!«, schrie sie Passantinnen zu. Oder: »Der Krieg ist der Vater aller Dinge – Scheiß-Väter!« Auch eine Art von Befreiung.

Seltsamerweise sah das auch mein Vater so. Natürlich nicht das mit dem Ficken, dazu war er viel zu verklemmt und verschämt, sondern das mit dem Krieg. Günter Grass beschrieb seine Wandlung zum Pazifisten:

»Nach fünfundvierzig begann Manfred Augst vieles gleichzeitig zu sein: ein Anhänger der soldatischen Kameradschaft und – ohne die Brille wechseln zu müssen – ein überzeugter und in seinem Drang, bekehren zu wollen, unermüdlicher Pazifist. (Anfangs Sozialarbeit im Hilfswerk der Evangelischen Kirche, danach Apothekerassistent.) Später organisierte er sich. Bis zur Mitte der sechziger Jahre gehörte Augst der Bewegung ›Kampf dem Atomtod‹ an. Als Kassierer und Organisator half er bei

den Vorbereitungen der alljährlichen Ostermärsche. Augst war bei jedem Wetter dabei.

Ich sehe ihn, wie er verregnet in der Spitzengruppe der Tübinger Sektion gegen den Atomtod anläuft. Als Ostermarschierer darf Augst ein Abzeichen tragen: das runenhafte Symbol. Auch wenn bei besserem Wetter mehr Atomtodgegner gekommen wären, das Häuflein reicht. Seine Windjacke reibt sich am Lodenmantel des Nachbarn. Tuchfühlung halten. So aufdringlich der Regen dazwischenredet, Augst spricht gemeinsames Wollen aus. Endlich wieder ein Ziel. Von den Straßenrändern her Spott und Ablehnung. (Vielleicht war Augst als verregneter Pazifist glücklich, weil sich Kriegskameradschaft mitten im Frieden häutete und wie neu war.)

Später gab es wohl Streit in der Tübinger Sektion, weil die Anti-Atomtod-Bewegung von politisch einander ausschließenden Gruppen getragen wurde. Das Ziel verwackelte, der Filz Gemeinschaft wärmte nicht mehr: Augst war mit sich wieder alleine. (Jetzt Apotheker. Er hatte einundsechzig, im Alter von achtundvierzig Jahren, sein Pharmaziestudium beendet.)«

Augst, der verregnete Pazifist, umgeben von wärmenden neuen Friedenskameraden. Das trifft es. Ich hatte immer das Gefühl, sein Pazifismus sei echt, sei neben seiner Naturliebe seine einzige überzeugende Überzeugung. Weil er dafür etwas tat. Er lebte das, er laberte nicht nur. Er ging demonstrieren, sammelte als Kassenwart der 1963 aufgelösten Ortsgruppe des »Kampfbundes gegen Atomschäden« Mitgliederbeiträge ein, schrieb und verteilte Flugblätter, nahm Kontakt zu den Quäkern auf, las Martin Niemöller und Dorothee Sölle. Er vertrat eine Botschaft, die auch wir Kinder übernehmen konnten: Krieg ist furchtbar. Nie wieder.

Damit hatte er ein einziges Mal sein Gefühl den Verstand besiegen lassen. Jedenfalls glaube ich, dass er aus Reue zum Pazifisten wurde. Aber er brachte es nicht über sich, diese

Reue zu formulieren. Das, was ihm sein Verstand zur Rechtfertigung diktierte, war so verschwurbelt wie alle seine Texte. »In diesen Tagen wird unter dem Namen einer christlichen Politik auf demokratischem Wege die Wiederaufrüstung in Gang gebracht«, schrieb er in einem Flugblatt des »Neuchristlichen Arbeitskreises«. »Der deutsche Soldat ist völkerrechtlich ungeschützt, das Soldatentum diffamiert … Hütet Euch, diese Politik mit zu verantworten!« Oder: »Der Kampf zwischen Menschen und Völkern ist Naturgesetz.« Oder: »Christentum ist die Religion der Liebe. Damit steht der Christ jeder bewaffneten Auseinandersetzung innerlich sehr kritisch oder ablehnend gegenüber. Aber Christus selber, und auch seine Apostel, haben viel mit Soldaten gesprochen, und von keinem wurde die Aufgabe seines Berufes verlangt. Im Alten Testament steht das Gebot: Du sollst nicht töten. Aber wir wollen uns nicht besser machen, als wir sind, und bekennen, auch dieses Gebot nicht gehalten zu haben und nicht halten zu können …«

Wir bekennen, es nicht gehalten zu haben und nicht halten zu können – wenn er sich doch einmal, wenigstens ein einziges Mal, getraut hätte zu bekennen, wann und wo *er*, Manfred Augst, dieses Gebot übertreten hatte! Ich glaube, es wäre der Anfang einer Heilung gewesen.

In einem seiner Abschiedsbriefe taucht eine ähnliche Andeutung auf. »Drei heilige Kühe« des Christentums wolle er schlachten, heißt es darin, die erste Kuh sei das Tötungsverbot. »Es gibt ein Töten aus Ehrfurcht vor dem Leben«, schrieb er, »wenn es ein Leben ermöglicht, wie es sein soll und kann, und wenn es nur einen Augenblick dauert.«

Was für eine ungeheuerliche These: Töten ist aus Ehrfurcht vor dem Leben erlaubt. Seine Begründung ist verrätselt bis zur Unkenntlichkeit – warum? Welchen Tötungsakt wollte er mit diesen Formulierungen verbergen?

»… Aber wir wollen uns nicht besser machen, als wir sind,

und bekennen, auch dieses Gebot nicht gehalten zu haben und nicht halten zu können, wir, jeder einzelne, die Kirche, das Volk, die früheren Soldaten, und alle Menschen, die den Krieg zuließen, billigten und mitmachten«, schrieb er weiter in seinem Besinnungsaufsatz über den Kriegsdienst. »Aber bei dieser Verstrickung in das Weltgesetz der Schuld können und müssen wir uns doch von der Liebe bestimmen und allmählich herauslösen lassen ...«

Weltgesetz der Schuld? Das gibt es nicht. Es gibt nur individuelle Schuld, keine kollektive.

»... Fest und eindeutig aber ist die Antwort auf die Frage eines soldatischen Einsatzes. Aus der Liebe heraus können wir weder für den Westen noch für den Osten mehr kämpfen ...«

– weil Germania seit Kriegsende keine Nation mehr ist, sondern ein Zweistaatenklumpatsch?

»... und damit verbietet uns das Gewissen jede Festlegung in dieser Auseinandersetzung. Wenn Kriegsdienst nur aus der Liebe möglich und sinnvoll ist, so darf der Hass niemals zu einem solchen Dienst bestimmend sein, so nahe liegend das für viele heute wäre ...«

Kriegsdienst ist also Liebe. Und wenn man den Staat hasst und nicht liebt, dem man dient, dann, und nur dann, darf man den Kriegsdienst verweigern? So verquer sein Denken war – mein Vater half meinen Brüdern bei der Verweigerung. Er wollte nicht, dass sie jemals in den Krieg zögen, jemals in solche Schrecken und Konflikte gerieten wie er. Allerdings vermied er jede moralische Debatte mit seinen Söhnen, ganz zu schweigen von seiner Tochter. Stattdessen fragte er sie nach ihren Motiven, stellte Fangfragen und bezweifelte ihre dargelegten Gründe – ganz, als sei er selbst jenes Gremium der Inquisition, das damals in den Kreiswehrersatzämtern alle Verweigerer intensiv überprüfte, meistens ablehnte, selten anerkannte.

»Ja, Raoul«, schrieb Günter Grass in seinem »Tagebuch« seinem eigenen Sohn, *»als Vater soll er tolerant gewesen sein: den*
beiden ältesten Söhnen, die Kriegsdienstverweigerer sind, hat er
beim Aufsetzen ihrer Begründungen geholfen: als Pazifist und
mit Sachkenntnis. – Nur richtig lachen konnte er nicht.«

Es mag merkwürdig klingen, aber mein nazistisch-pazifis-
tischer Vater war keine Ausnahme. In den Fünfzigern und
Sechzigern wollte niemand über die deutsche Vergangenheit
reden, aber es wollte auch niemand mehr schießen. Die politische Stimmung war konservativ, heuchlerisch und verpan-
zert, aber auch knochenmarkstief pazifistisch. In Umfragen
von 1949 wollten fast drei Viertel der Deutschen nie wieder
»dienen« beziehungsweise den eigenen Mann oder Sohn nie
wieder als Soldat sehen. Über vier Fünftel lehnten 1958 die
drohende Stationierung von Atomraketen ab. Die Aufrüstung
der Bundeswehr, betrieben von christdemokratischen Regie-
rungen, war ein aggressiver Akt gegen den Willen einer über-
wältigenden Mehrheit. Die Zahl der Kriegsdienstverweigerer
stieg und stieg, und seit 1960 vervielfachte sich jedes Jahr die
Menge der Ostermarschierer gegen Nato-Aufrüstung und Re-
militarisierung. Als ob die Täter von einst ihre Gefährlichkeit
und Gefährdung geahnt hätten. Als ob sie sagen wollten: Gebt
uns nie wieder Waffen in die Hand! Wir missbrauchen sie
nur …

Nebenher produzierte mein Vater Manuskripte wie ein
Schreibautomat. Oder ein Schreiautomat? Die alte Schreibmaschine, die auf dem Chaos an Zetteln und Papieren auf
seinem Schreibtisch thronte, klapperte Tag und Nacht. Die
Überschriften sprechen für sich: »Gehorsam und Liebe«,
»Vom besseren Selbst der Kriegsgeneration«, »Gewissen«, »Gemeinschaft«, »Partnerschaft mit Jesus«, »Kameradschaft aus
heutiger Sicht«, »Die neue Selbstentfremdung«, »Das Problem

der Einsamkeit und die Funktion der Kirche«, »Halt verloren?«, »Besiegt?«, »Der Mensch in Einzelhaft«.

Es ging um Glauben, Blut, Treue, Zucht, Aufgabe, Kameradschaft, Partnerschaft. Die Begriffe waren austauschbar, Blut war Glauben, Glauben war Treue, Zucht und Aufgabe, Kameradschaft war Blut. Die Nazi-Wörter hatten sein Gehirn vergiftet und verklebt, sie ließen sein Denken um sich selbst kreisen und machten es steril.

Auch das war nicht allein sein Problem. Die Lingua Tertii Imperii, sie war immer noch präsent in allen Köpfen. Auch meine Mutter sprach unbefangen davon, sie habe dies und jenes »bis zur Vergasung« getan, sie dachte sich nichts bei diesen Worten. Dass jemand eine »Strafexpedition« ausführt, »alle Geschütze auffährt«, »volles Kanonenrohr« kämpft, bis er »am Boden zerstört« war, auch das empfand damals niemand als anstößig, und viele denken sich auch heute nichts dabei. Nicht einmal »Liquidierung« oder »Ausmerzung« waren als Worte tabu, geschweige denn die »Endlösung«. Und über alldem schwebte immer noch der Deutschen »heiliger Ernst« und »fester Glaube«, nur die Glaubensinhalte hatten sich ein wenig geändert.

Zur Entwicklung von Gedankengängen und Argumentationsketten war mein Vater nicht fähig, er verwechselte ununterbrochen Sein und Sollen, Ist-Zustand und Ideal-Zustand, und reihte apodiktische Behauptungen aneinander. Die Realität sollte sich gefälligst nach seinen Wünschen richten, die Sterne und die Sonne sollten um ihn kreisen. Er erdichtete sich eine »wissenschaftlich begründete existentielle Apologie des Nationalen«. Oder einen »freien kritischen Gehorsam« als »höchste Ausprägung der Männlichkeit«. Freier kritischer Gehorsam! Ein Spaßvogel, mein Vater, nur dass er leider über seine absurden Kreationen nicht lachen konnte.

Alles, was ihn praktisch oder emotional bedrückte, handelte er auf theoretischer Ebene ab, um es damit vermeintlich loszuwerden. »Das reife Gewissen entsteht in der Selbstfindung der Pubertät ... Sonst kann es zu Unwohlsein, zu Kopfschmerzen oder Schlimmerem kommen«, schrieb er schulbubenhaft. Oder über die »Vater-Kind-Beziehung«: »Im Vatersein wie im Kindsein liegt eine natürliche und zugleich geistige, metaphysische Aufgabe des Menschseins ... Für das Kind bedeutet das Dasein des Vaters liebende Verbundenheit, Geborgenheit, Sicherheit, Vertrauen, Hilfe.« Während ich mich bei meiner Mutter ausheulte, dass der Vater mir schon wieder wegen einer »Zwei« in Mathe Taschengeld abgezogen hatte, saß er im Nachbarzimmer und hämmerte in seine Maschine: »Aber wenn Gefahr droht, wenn Unrecht geschieht, wenn es schwierig ist, dann ist der Vater da, da ist sein Dazwischentreten notwendig und erlösend. Der Vater ist der Überlegene, der alles Nötige weiß und kann, der Starke, Gerechte und Gütige, der Wünsche erfüllen kann ...«

Schreiben als Wunscherfüllung. In seiner theoretischen Welt war er ein großartiger Vater. Wahrscheinlich spürte er, dass seine Kinder den realen Vater als peinliche Figur ansahen, dass das Leben immer mehr ohne ihn ablief. Mutter und Kinder saßen im Wohnzimmer oder auf der Veranda, redeten, arbeiteten, lachten, Vater schlug in seinem Kämmerchen auf die Schreibmaschine ein: »Wer ist mein Partner? Für wen soll ich schreiben? An wen soll ich mich wenden? Die Familie identifiziert sich nicht mit meiner Auffassung ... meine Familie hat keine Ahnung von der Gültigkeit meines Anliegens. Hölderlin wurde nicht erkannt und ging vielleicht an seiner Isolierung zugrunde ...«

Armer Hölderlin.

Früher hatte er sich zumindest um seine Söhne gekümmert, war mit ihnen durch den Wald gewandert, hatte erklärt, woran man essbare und giftige Pilze unterscheiden kann, war mit ihnen auf dem Rad an den Bodensee gefahren. Nun strich er auch dieses Beiprogramm. Sein Beitrag zum Familienleben beschränkte sich mehr und mehr auf aggressive Unnahbarkeit bei den Mahlzeiten.

12.45 Uhr. Mittagessen. Jeden Tag kommt der Vater während der Mittagspause der Universitätsapotheke nach Hause. Das Essen muss pünktlich serviert werden. Alle sitzen um den runden Esstisch im Wohnzimmer. Die Mutter trägt auf.

Schon wieder Grießbrei, mäkelt einer meiner Brüder. Ständig muss die Mutter Grießbrei kochen. Nur wegen dir, Vater.

Der Vater schweigt und löffelt.

Ich mag keinen Grießbrei.

Keine Reaktion.

Mir hängt das Zeug zum Hals raus!

Der Vater springt auf, wischt dem Sohn eine an die Backe. Keine echte Ohrfeige, aber eine eindeutige Bewegung.

Was ist los mit dir?, fragt die Mutter.

Nichts, keift der Vater. Er schmeißt den Löffel in den Teller und knallt die Tür hinter sich zu.

Die Kinder schauen zu Boden. Die Mutter heult.

So ungefähr war das Szenario im Frühjahr 1966. Der Vater kam nicht zurück, redete nicht mit seinem Sohn, nicht mit seiner Frau, sondern nur mit seiner Schreibmaschine. Sie frage falsch, warf er seiner Frau schriftlich vor. Sie hätte nicht fragen dürfen: »Was ist los mit dir?«, denn das provoziere seine Antwort »nichts«. Nun diktierte er seiner Frau sogar schon ihre Fragen. Sie hätte stattdessen ihren Sohn zurechtweisen müssen, dass in diesem Haus nicht herumgemäkelt werde.

Und dann formulierte er, ohne es zu wissen, ohne es zu wollen, sein ganzes Dilemma, seine Bindungsunfähigkeit: »Wenn ich sagte, es sei meine Eigenart, einen Kontakt bald abreißen zu lassen, so ist das nicht nur selbstzerstörerisch, wie Du sagtest, sondern ich bin sicher in dem Bewusstsein, dass ich das darf und soll, im Wissen um eine bleibende Prägung und Verbundenheit durch den Kontakt. (Da bleibt ein Stück Seele dran hängen …) Wenn mir ein Kontaktspiel nicht genügt … dann ist es das einzig Anständige, abzubrechen und nicht weiter zu murksen, auch und gerade weil es einem selber weh tut … Das kann im Grenzfall selbstzerstörerisch sein, wenn man sich ganz isoliert, und ich weiß, dass es in meiner Familie dazu kommen könnte … In einer Ehe jedoch ist die Gefahr des Weitermurksens … vielleicht das Schlimmste … Vielleicht ist es richtig, wenn ich sage: nur in diesem speziellen Fall: Liebe ist nicht guter Wille, sondern Kontrolle.« Also: Der Kontakt muss abgebrochen werden, weil er weh tut, und Liebe ist Kontrolle.

»Menschen, die von Schuldgefühlen, Wertlosigkeits- und Vergeblichkeitsempfindungen geprägt oder ›unterminiert‹ sind, leben (aus Angst vor Verletzbarkeit) in Distanz zu anderen«, formulierte die Politologieprofessorin Gesine Schwan in ihrem Buch »Politik und Schuld«, als würde sie meinen Vater beschreiben. »Ihre ›persönlichen Beziehungen‹ sind unpersönlich, sie empfinden keine Wärme und können sie auch nicht ausstrahlen, haben Schwierigkeiten mit Intimität, halten alles an der Oberfläche, leben eigentlich isoliert und innerlich einsam.«

Manchmal, womöglich animiert durch Wilhelm Hauers Gedichtesammlung »Der deutsche Born«, die in unserem Bücherregal vor sich hin schwülstete, schrieb mein Vater auch Gedichte. Zum Beispiel über seine Frau: »Du standest mir für Germania, meiner Liebe, / Der ersten Liebe, seit ich lieben kann … / Beschworen hab ich dich bei toten Kameraden, / Du hörtest nicht, du merkst nicht, was das heisst … / Ein unnatürlich Weib, das Liebe wegwirft. / Wenn meine Liebe nicht Erfüllung findet, / So bleibt mir nichts mehr als ohnmächtger Hass, / Hass gegen Euch, die Gottes Namen schänden, / Hass gegen Satans Trenn- und Umerziehungskunst, / Hass gegen unsre Art, die so verführbar ist, / und – ehrlich geb ichs zu, auch wenns unchristlich ist, / Hass gegen Gott, der unerkennbar bleibt …«

Beruhigen Sie sich doch bitte, Herr Manfred Augst Freiherr von Möchtegern Goethe.

Du malst unsere Familie zu schwarz-weiß, sagt mir der jüngste meiner Brüder, als er diesen Text liest. Der Vater so böse, die Mutter so gut. Das stimmt nicht. Natürlich hat Vater viel dafür getan, um sich in der Familie zu isolieren, aber Mutter war auch nicht unschuldig, sie hat uns Kinder immer auf ihre Seite gezogen. Bewusst oder unbewusst: Wir haben eine Front gegen den Vater gebildet, wir haben ihn verachtet, ausgeschlossen, natürlich hat er das gespürt.

Gut möglich, antworte ich. Mein Hass gegen ihn, sage ich weiter, das war auch der Hass von Mutter, den sie nicht empfinden durfte, wenn sie ihre gefährdete Ehe nicht noch weiter gefährden wollte. Ich weiß inzwischen: Mein Hass war ihr Hass. Sie hat ihn unbewusst an mich delegiert.

Warum bloß haben sie sich nicht scheiden lassen?, fragt mein ältester Bruder. Es wäre uns allen besser gegangen. Und gibt sich die Antwort selbst: Mutter hat sich nicht getraut. Wir hatten kein Geld, nur mehrere tausend Mark Schulden, Kredite, die die Eltern bei Verwandten für die Zeit seines Studiums aufgenommen haben. Mutter war ja nur Hausfrau und hatte Angst, nicht mehr in einen Beruf zurückzufinden und die Kinder nicht ernähren zu können.

Das kann nicht alles gewesen sein, sage ich. Später hat sie wieder gearbeitet und die Familie durchaus ernährt, zusammen mit dem gnädigen Herrn Bafög, ihr wart ja schon Studenten.

Wahrscheinlich hatte sie Angst vor der Reaktion der Leute, antwortet mein Bruder. Sich scheiden lassen, das tat man in den sechziger Jahren nicht. Scheidung war igitt.

Ich glaube, sage ich, sie war völlig zerrissen, sie sah keine Lösung in diesem Konflikt. Er hat ihr ständig gedroht, wegzugehen, die Familie zu verlassen. Sie hatte furchtbare Angst davor, obwohl es für alle eine Erleichterung gewesen wäre.

Mein Vater schrieb weiter gegen seine Isolierung an. Doch statt in sich zu horchen, was es denn sei, was ihn von anderen Menschen schied, wählte er den aussichtslosen Weg der Theoretisierung. Seine Manuskripte über die theologischen Begriffe »Partnerschaft« und »personelle Partnerschaft« stapelten sich in neue Rekordhöhen, wobei er sich irgendwann nicht einmal mehr die Mühe machte, seine Lieblingsidee auszuschreiben, er nannte sie nur noch »Pa« oder »pe Pa«. »In und nach dem letzten Krieg«, formulierte er für einen Vortrag, vielleicht vor den »Freien Christen«, »hat es sich in unendlich vielen Fällen herausgestellt, dass der Mensch so ziemlich alle Verluste verschmerzen und verkraften konnte, solange ihm in der Familie, im Kameradenkreis eine pe Pa blieb. Pa ist keine menschliche Erfindung, sondern so was wie eine Naturtatsache. Ihre 3 wichtigsten Modelle sind Ihnen alle bekannt: 1) Das Verhältnis Mutter-Kind, 2) das zwischen Mann und Frau und 3) das der Kameradschaft. Die Mu ist die Pa des Kleinkindes ... Während das Kind einfach Pa ist, hat die Mu zugleich damit eine Va für das Kind ...«

PaPePaMuMu. Und was ist mit dem Va? Ein Vater kam erst gar nicht vor. Auf den Gedanken, dass sich Kinder auch nach einem fürsorglichen Vater sehnen, kam er nicht. Stand »Pa« vielleicht auch für seine eigene Leerstelle, seine eigene nie erfüllte Sehnsucht nach einem liebenden Papa?

»Pa« jedenfalls wurde zu seiner fixen Idee. »Voraussetzung für jede personale Partnerschaft ist die gegenseitige Verständigung, das Verstehen-lernen, d.h. das Gespräch, der Dialog«, schrieb er sich auf. Er besuchte Rhetorikkurse und Sprachschulen, aber ohne durchschlagenden Erfolg. Er wollte reden, um nicht zu platzen. Sobald er, getrennt von seiner Schreibmaschine, frei reden sollte, fing er an zu stammeln. In ihm war zu viel gebunkert, das nicht über die Lippen durfte. Beim Schreiben konnte er die verbotenen Gedanken und Gefühle kontrollieren, beim Reden nicht.

Je unfähiger er wurde, in sozialen Beziehungen zu leben, desto stärker wurde seine Sehnsucht nach Bindung, desto mehr brannte seine innere Leere. Er gab Kontaktinserate in Zeitungen auf: »Partnerschaft in existentiellem Gespräch« gesucht. Traf sich mit diversen Damen. Schrieb ihnen unbeholfene Liebesbriefe. Konnte ein »nicht ganz unwissendes Frauenwesen« nicht vergessen. Und handelte sich viele Absagen ein von sichtlich irritierten Briefeschreiberinnen. Keine Ahnung, was er mit ihnen veranstaltet hatte. Als Kind bekam ich von alledem nichts mit, erst der Fund auf dem Dachboden enthüllte alles.

Meine Mutter fand einen anderen Ausweg aus der Pein ihrer Ehe: Sie lernte Flöte spielen und flüchtete in die Musik. Kunst, Musik, ganz besonders Beethovens Symphonien, sind der Vor-Schein der Utopie einer neuen Gesellschaft, lernte ich als Siebzehnjährige bei dem in Tübingen lehrenden Philosophen Ernst Bloch; als Schülerin hatte ich mich in seine Seminare geschmuggelt, um den blumigen Vorträgen des fast Blinden zu lauschen. Vielstimmigkeit fügt sich nicht nur bei Beethoven zusammen, aus dissonanter Spannung wird Harmonie, aus Unterdrückung kann Befreiung und Aufbruch, Freudeschönergötterfunken werden. Meine Mutter hätte ihre letzten Ehejahre ohne heilendes Musizieren in ihrem Flötenquartett wohl kaum überstanden.

In den Worten von Grass:

»Man sagt, in jeder altschwäbischen Familie werde von jung an Musik gepflegt. So bei den Augsts. Da ich mir unmittelbar keine Notizen gemacht habe, kann ich nicht sicher sagen, wer von den

Söhnen Flöte spielt oder Trompete bläst, wer nur singt. Allen Augsts ist die Musik wichtig; dennoch sprach Frau August nicht von einer pünktlich trostspendenden Religion; sie sagte: ›Wir musizieren halt gern.‹

Alle außer August. Einig war sich die Familie, daß der verstorbene Manfred August unmusikalisch gewesen sei und als Vater und Ehemann die Musik geradezu gehaßt habe. ›Das war ihm fremd. Im Gegensatz zu uns gab ihm das überhaupt nichts. Von der Musik fühlte er sich ausgeschlossen. Vielleicht daher der Haß.‹ …

Nur einer der Söhne wollte den verstorbenen Vater für die Musik retten. Er erinnerte seine Brüder und (besonders) die Mutter an die Adventszeit des Vorjahres: damals habe der Vater bei einer vorweihnachtlichen Kindermusik (Leopold Mozart) im Familienkreis mitgemacht; er habe die Rätsche, ein schnarrendes Instrument, außerdem die Wasserpfeife bedient.

Endlich das Motiv gefunden: wie er sich mit dem Spielzeug Mühe gibt. Ein (kurze Zeit lang) sättigendes Gefühl. …

Frau August erinnerte sich: ›Stimmt, ein einziges Mal, vor Weihnachten war das, hat er ein bißchen Freude an der Musik gehabt.‹«

Die Freude währte kurz.

Immer öfter drohte der Vater, die Familie zu verlassen. Ich spürte die Heuchelei, wenn die Eltern taten, als ob nichts wäre, wenn der Vater morgens die Mutter zum Abschied küsste. Ich fand die Küsserei eklig, aber ich konnte nicht sagen, warum.

Mein ältester Bruder wollte unbedingt aus der Familie ausbrechen, aus der Inanspruchnahme durch den Vater, der ihn als stummes Publikum für seine Monologe missbrauchte, und aus den Umarmungen der Mutter, die keine Antwort auf seine Fragen wusste. Erst färbte er sich die Haare rot, dann ließ er sich eine Glatze schneiden – es war ein hilfloser Versuch, den unerträglichen Spannungen in der Familie etwas Eigenes entgegenzusetzen. Es musste doch ein Buch, ein Mittel, einen Zauberspruch geben gegen diesen monomanischen, überall präsenten Vater. Der Sohn las Sartre und Camus ohne Ende, das Leben im Tod, der Tod im Leben, existenzialistische Geworfenheit, die Freiheit zu leben musste man sich nehmen, sonst war es keine. Also auch die Freiheit zu sterben.

Im Frühjahr 1967, die Blumen hinterm Haus blühten um die Wette, fanden die Eltern ihren ältesten Sohn ohnmächtig in seinem Zimmer. Er hatte eine Überdosis Schlaftabletten geschluckt.

Ein Rettungswagen rast mit Blaulicht durch die Stadt, ein Magen wird ausgepumpt, ein Achtzehnjähriger liegt in der Psychiatrie. Als er außer Lebensgefahr ist, nimmt sich der Chef der Psychiatrischen Abteilung der Uniklinik Tübingen die Zeit, mit dem jungen Patienten stundenlang über Camus zu diskutieren, er habe da etwas falsch verstanden, Existenzialismus fordere nicht den Freitod, auch wenn er ihn vielleicht erlaube, sondern bewusstes Leben.

Der Besuch des Chefarztes ist eine glückliche Rettung, der Besuch der Eltern ist es nicht. Während seines zwanzigtägigen Krankenhausaufenthaltes, so erzählt er mir Jahre später, kamen Vater und Mutter abwechselnd, um sich über den jeweils anderen bitter zu beklagen. Vielleicht ihr letzter Versuch, zueinander zu finden, und gleichzeitig ihr schlimmster. Ein Abgrund liegt zwischen ihnen, tief unten in der Sohle liegt ihr Sohn, sie streiten über den Abgrund hinweg, über seinen Kopf hinweg. Ihr Sohn hat sich umzubringen versucht, sie beachten ihn nicht, sie versuchen ihn bestenfalls als Material für den Bau einer Brücke über den Abgrund zu benutzen. Ihr Erstgeborener, ihr Erstgeliebter – in dieser Situation, in der er ihre Hilfe am nötigsten gehabt hätte, ist er für sie nur ein Ding. Ich konnte nicht mehr mich wahrnehmen, sondern nur noch meine Verantwortung für diese beiden Erwachsenen, sagt mein Bruder. Sie haben das Eltern-Kind-Verhältnis umgedreht, und das in dieser Situation, das war Missbrauch, antworte ich ihm.

Selbst der Putzfrau E., die einmal in der Woche zu uns kam, war das zu viel. Herzenslieb, tief katholisch, gehörte sie seit Jahrzehnten zur Familie meiner Mutter, deshalb wurde ihr auch trotz unserer Geldprobleme nie gekündigt. Frau E. nahm sich ein Herz und setzte zwei Briefe auf. »Bevor Sie sich tatsächlich zu diesem Entschluß entscheiden, wegzulaufen«, schrieb sie meinem Vater, »möchte ich noch eine Bitte an Sie richten. Überlegen Sie sich in Ruhe, was Sie in Ihrer Familie anrichten, es ist ein großer Egoismus in Ihnen, da Sie ja in dem Augenblick nur an sich denken. Bitte beschäftigen Sie sich mit jedem Kind eine Woche lang, was aus jedem von ihm werden kann … Und was wird aus Ihrer Frau, wenn Sie glauben, sie wäre nicht die Richtige für Sie, da sind Sie aber doch viel zu spät daran, es zu merken … Ich sage Ihnen, sie ist in dem Sinne nicht die richtige Frau für Sie, weil Sie viel zu *gut* ist für Sie …« Und meiner Mutter schrieb sie: »Liebe Frau Augst, beschäftigen Sie sich jetzt nicht mehr mit Ihrem Mann, schlagen Sie sich diese Gedanken immer wieder aus dem Kopf, denn wie Sie vielleicht auch wissen, es heißt, der Teufel geht umher wie ein brüllender Löwe und sucht, wen er verschlingen kann …«
Mein Vater – der brüllende Satan.

Plötzlich kam Frau E. nicht mehr. Auf die Frage, warum nicht, bekam ich nur ausweichende Antworten.
Auch meine Mutter breitete den Mantel des Schweigens über alles. Die Dummheit des Schweigens. Ich erfuhr nichts

von der Kündigung der Putzfrau, nichts vom Suizidversuch, nichts von der Ehekrise, nichts von den Depressionen und Drohungen meines Vaters. Als mein Vater tot war, bekam ich keinen Abschiedsbrief zu lesen, bis zum Fund auf dem Dachboden wusste ich nicht einmal, dass er mehr als einen geschrieben hatte. Die Vorwürfe in diesem einen, von dem ich wusste, seien zu hart, sie wolle uns die Lektüre ersparen, sagte meine Mutter.

Sie tat es in der guten Absicht, uns Kinder zu schützen, und schuf doch bleibende Verstörungen. Ich spürte Spannungen. Heucheleien. Vielfache Versuche, der Außenwelt eine heile Familie vorzugaukeln. Ich ahnte, dass sich in unserer Familie etwas Lügenhaftes eingenistet hatte, ohne dass ich es hätte benennen können. Kinder spüren, wenn ihnen Familiengeheimnisse vorenthalten werden, und schmücken die Leerstellen so eifrig mit ihrer Fantasie aus, dass aus Eltern und Verwandten Monster werden. Die Folgen des Schweigens sind schlimmer als die Folgen der Wahrheit. Meine Mutter hätte mir mehr geholfen, wenn sie die Wahrheit wenigstens angedeutet hätte. Natürlich, man kann Kinder mit der geballten Wahrheit überfordern. Aber sie hätte ja nicht ballen müssen, sie hätte die Dinge andeuten und dann sehen können, dass ich etwas verkrafte, dass Kinder auch böse Wahrheiten verkraften können.

Unsere Haustür hatte ein Fensterchen, das zum Schutz gegen Einbrecher vergittert war, und ich begann, hinter diesem Gitter hin- und herzutigern wie eine Gefangene. Ich *fühlte* mich wie eine Gefangene. Dieses Zuhause war für mich unecht, es machte keinen Unterschied zwischen wahr und falsch, und ich brauchte diesen Unterschied doch so dringend für meine Orientierung. Ich wäre am liebsten geflohen, in eine andere Welt, die weniger verlogen war. Aber es gab keine andere. Ich war noch ein Kind, wohin hätte ich gehen sollen?

Das Gefühl, ein gefangenes Tier zu sein, das sich mit hilfloser Wut gegen das Gitter wirft. Das Haus: ein Käfig. Die Familie: Lügner. Tübingen: Fachwerkhäuser voller Leichen. Es begann mit einer Lüge, sie dehnte sich aus, über die ganze Stadt. Mein Misstrauen wuchs und wuchs, ich traute niemandem mehr richtig, ob Eltern, Verwandte, Lehrer, Beamte, Politiker, alle unglaubwürdig, alle verlogen. Und so wie mir erging es tausenden von Kindern und Jugendlichen in den sechziger Jahren. Die Rebellion von 1968 war zusammengesetzt aus dem Schweigen und den Lügen in unzähligen Familien.

Es war eine Rebellion gegen eine Welt der Bunker. Gegen die Väter mit ihren Bunkerseelen. Gegen die verbunkerte Vergangenheit. Gegen die in ihren Wiederaufbauhäuschen verbunkerten Spießer, die sich hinter Gartenzwergen und Schießschartenfenstern verbarrikadierten. Gegen den Bunker der Großen Koalition. Unter Bundeskanzler Kurt Georg Kiesinger, auch er ein Alt-Nazi, ehemals Vizeabteilungsleiter im Reichsaußenministerium, bildeten CDU und SPD seit Dezember 1966 einen monolithischen Block der Macht. Die parlamentarische Opposition hatte keine Chance mehr, es blieb nur die außerparlamentarische, die APO. Seltsam eigentlich, dass sich die Tübinger Studenten nie auf die Gleise des Hauptbahnhofs setzten, denn Kanzler Kiesinger verbrachte die Wochenenden in seinem Wohnort Tübingen und ließ sich jeden Montag, den der Herr schenkte, mit einem komfortablen Sonderzug gen Bonn verbringen.

Das Gespinst des Schweigens und der Lügen reichte weit in unserer Familie. Onkel Heinz, der Deserteur, der Mann der Schwester meines Vaters, wurde im Leichentuch eines Familiengeheimnisses verborgen. Aus welchem Grund er sich im Mai 1946 umgebracht hatte, ist ein Rätsel, von den gleichen grauen Nebeln umgeben wie sein Leben. Seine Witwe vernichtete Papiere und Briefe, fast sämtliche Spuren seiner Existenz. Ihrer Anfang 1945 geborenen Tochter verweigerte sie jede Auskunft, wer ihr Vater gewesen war. Wenn das kleine Mädchen, das bei ihrer Mutter und unserem gemeinsamen Großvater aufwuchs, nicht folgen wollte, dann wurde es geschlagen, in den Keller gesperrt und als »Verbrecherkind« beschimpft. Der Vater meiner Cousine gilt noch heute in der Familie als Unperson, es ist, als habe er nie gelebt.

In den väterlichen Hinterlassenschaften auf dem Dachboden finde ich einen Brief, den mein Vater 1968 verfasst, aber nie abgeschickt hat. Offensichtlich hatte meine Cousine in ihrer verzweifelten Suche nach der Identität ihres Vaters den meinigen gebeten, ihr Auskunft zu erteilen. »Inzwischen hab ich wenigstens wieder klarbekommen«, schrieb Manfred Augst an seine Nichte, »was ich über Deinen Vater weiss ... Deine Mutter hat Deinen Vater als Verwundeten ... im Lazarett kennengelernt, wo sie als Schwester arbeitete. Bereits der Arzt hatte ihr gesagt, sie solle vorsichtig sein – aber leider nicht genug, denn eigentlich war er ein Häftling. Er hatte als Soldat im Schreibstubendienst Wehrpässe gefälscht und war in der Tschechei, glaube ich, geschnappt worden. Er erzählte Deiner Mutter allerhand, um den Verdacht zu entkräften, und sie glaubte es – auch seinen falschen Namen. Großvater warnte, ich war in Italien, alles Reden half nichts. Dann gings ziemlich rasch mit dem Heiraten. Nach der Heirat stellte sich heraus – Grossvater hatte Nachforschungen angestellt, und irgendwann kam was vom Gericht, dass das mit seinen Verwandten geschwindelt war ... Seine Mutter soll eine Bedienung gewesen sein in Schlesien. Ich selbst lernte ihn erst 1945 nach meiner Rückkehr kennen. Da sass er im Untersuchungsgefängnis in Bruchsal wegen Amtsanmassung. Er hatte, in der Pfalz glaube ich, eine ärztliche Praxis aufgemacht, ohne Arzt zu sein oder studiert zu haben. Vorher hatte er, glaube ich, bei den Amis gearbeitet. Als Deine Mutter merkte, dass sie von ihm belogen worden war, brach sie alle Verbindungen ab, obwohl er einige Male schrieb. Sie war zu tief getroffen. Ich besuchte ihn, um zu retten, was zu retten war. Ich hatte eigentlich keinen Eindruck von ihm. Er gab alles zu, was er Deiner Mutter gegenüber falsch gemacht hatte, und mir schien, es reute ihn und er versuchte zurückzufinden. Aber bezüglich der anderen Dinge gab es keine Klarheit. Nach einiger Zeit kam dann die Mitteilung vom Gericht, dass er Selbstmord begangen habe. Er war ein mittelgroßer blonder Mann von angenehmem Äußeren, mit Brille. Sah nicht dumm aus, hatte wahrscheinlich seine Gaben, war halt wohl auf die schiefe Bahn gekommen, von der er im Krieg nicht wieder zurückfand ... Dann weiss ich noch, dass Deine Mutter Dich auf keinen Fall hergeben wollte – auch als Du noch nicht geboren warst ...«

Onkel Heinz wurde am 20. März 1946 in die Justizvollzugsanstalt Bruchsal eingeliefert. In der Gefangenenakte wurde er als Heino J., Arzt, geboren in Göteborg geführt, mit Wohnsitz in Hermeskeil in der Nähe von Baumholder, wo das Strafbataillon 999 zuletzt stationiert war. Weder der Name war korrekt, noch die Berufsbezeichnung, noch der Geburtsort. Wäre er wegen Amtsanmaßung verurteilt worden, wie mein Vater schrieb, dann wäre im Prozess erörtert worden, was sein wirklicher Beruf war, und dann wäre dieser wohl auch richtig in die Akte eingetragen worden. Außerdem: Hermeskeil war damals der französischen Besatzungszone zugeordnet worden, Bruchsal lag in der US-Zone. Wieso wird einer wegen eines Vergehens im französischen Hoheitsgebiet in der amerikanischen Zone inhaftiert? Die damals gültige Fassung der Strafprozessordnung aus dem Jahre 1902 schrieb vor, dass sich der Ort der Gerichtsverhandlung und Inhaftierung entweder nach dem Wohnort des Täters oder nach dem Ergreifungsort oder nach dem Tatort richtet. Gemeldet war mein Onkel nach Kriegsende in der Nähe der Trierer Justiz. Verhaftet wurde er ebenfalls in der Trierer Gegend, denn seine Ehefrau hatte sich jeden Kontakt mit ihm verboten. Bleibt der Tatort: Als falscher Arzt, so wie es mein Vater darstellte, wäre er ebenfalls in Trier vor Gericht gekommen. Warum also kam er nicht in ein Trierer Gefängnis? Wurde er wegen Taten festgenommen, die er im Kreise unserer lieben Familie begangen hatte? Hat also jemand bei den Behörden denunziert, dass der Freiherr bei seiner Hochzeit falsche Namensurkunden vorgelegt hat? War das der Denkzettel, den mein Vater ihm zu verpassen versprach? Oder war die Staatsanwaltschaft doch selbstständig tätig geworden?

Als mein Vater seinen Schwager Ende März 1946 im Gefängnis von Bruchsal besuchte, da lernte er ihn auch nicht kennen, wie er meiner Cousine fälschlich schrieb, sondern kannte ihn schon zwei Jahre lang. Warum log er dessen Tochter, die nach der wahren Identität ihres Vaters forschte, in diesem Punkt an? Was gab es hier zu verbergen?

Gut einen Monat später war mein Onkel tot. Selbstmord durch Vergiftung, hieß es kurz und knapp auf der Gefangenenakte über die Nacht vom 3. auf den 4. Mai 1946. Todesursache: wohl Verzweiflung.

Manfred Augst überlebte seinen Schwager um 23 Jahre. Immer mehr Energie verbrauchte er dafür, seinen Bunker in Betrieb zu halten, seine Erinnerungen klein zu halten. Energie, die ihm im Alltag fehlte. »Erst haben sie die Erinnerung unterdrückt, jetzt unterdrückt die Erinnerung sie; sie meinten, Herr ihrer Vergangenheit geworden zu sein, jetzt werden sie zu Sklaven des Verdrängten«, schreibt Gabriele von Arnim über die Generation der Täter. Mein Vater versank tiefer und tiefer in depressiven Zuständen, lag auf dem Bett oder auf dem Sofa, starrte an die Decke. Für ihn war die Familie schuld an seinem Zustand, vielleicht auch sein Glaube. »Ich weiß, dass so eine Depression nicht vorkommen dürfte«, schrieb er an seine Frau. »Eigentlich. Da sie aber trotzdem vorkommt, scheint mit dem Glauben etwas nicht in Ordnung zu sein … Es geht um ein Leben aus der Tiefe, aus dem väterlichen Urgrund. Es geht darum, das zu tun, was man von innen heraus zu tun getrieben wird, und sonst nichts anderes. Und das ist im Grund auch keine Depression. Die kommt erst, wenn man sich missverstanden fühlt, besonders im eigenen Hause …«

Wann hat er damit angefangen, seine vielen Abschiedsbriefe zu schreiben? Die meisten Briefe sind undatiert. Waren sie alle ernst gemeint? Ich weiß es nicht. So wie dieser: »Wie ein Fisch auf dem Trocknen komme ich mir vor – ein Fisch, der vergeblich nach Luft schnappt und noch ein paarmal verzweifelt wilde Luftsprünge macht. Nach Luft schnappe ich und bekomme keine, und das dauert nun schon ziemlich lang, ewig lang nach meinem Gefühl, und es erscheint mir fast als ein Wunder, dass ich nicht schon lange erstickt bin …«

Er spürte, dass er langsam an seinem Schweigen erstickte. Es drückt mir selbst die Kehle zu, das zu lesen.

»Es ist eigentlich komisch, über all die kleinen Probleme des Alltags und des Berufs kann ich mich unterhalten wie andre auch; aber sobald es an die ernsthaften Fragen des Daseins geht, merke ich, wie keines von den anderen mehr mitkommt und mich versteht. Es kommt eben nicht zur Gemeinsamkeit, wie ich sie brauche, zur ›Wirheit‹, wie ein Fachausdruck lautet, und kommt so nicht zum Handeln, zum Wirken. Und solange es nicht dazu kommt – wo es mir doch heute so dringend erscheint wie nur je –, solange ist echte Verständigung nicht da, solange bleib ich auf dem Trocknen … Nicht die ›Sünde‹, die Schuld, sondern das ›Gewissen‹, und zwar das nach bestem Wissen kontrollierte und revidierte Gewissen war es, das mich in die Einsamkeit geführt hat, in der ich mich von Gott und den Menschen verlassen fühle … Was ich will, ist aber eine richtige und verantwortete Antwort zu geben, eine Antwort, die für möglichst viele und gerade für die Zuständigen deutlich und unüberhörbar ist.«

Nicht die Schuld hat ihn in die Einsamkeit getrieben, sondern das kontrollierte und revidierte Gewissen. Ich kann nur ahnen, was er meint: Ein kontrolliertes und revidiertes ist kein gefühltes Gewissen, sondern eins, dem der kontrollierende Verstand immer wieder einflüstert: Nein, du bist nicht verantwortlich, schuld sind die anderen.

Irgendwann hatte ihn irgendjemand überredet, vielleicht meine Mutter, es doch mal mit einer Gesprächstherapie zu versuchen. Er ging zu einer Gruppentherapie unter Leitung eines Psychotherapeuten, der ihn auch in zwei Einzelstunden auf die Couch legte und eine »Neurose« diagnostizierte. Es ging aus wie üblich. Mein Vater wollte sich als Opfer fühlen, wollte anklagen. Er provozierte, machte verletzende Bemerkungen, legte es sichtlich darauf an, aus der Männergruppe geworfen zu werden. Sie warf ihn nicht hinaus. Wütend schrieb er der Gruppe, sie tauge nichts, sie drücke sich davor, einen gemeinsamen Urgrund zu finden. Sie antwortete ihm, er möge den Kontakt bitte nicht abbrechen, die Gruppe reiche ihm die Hand. Er brach den Kontakt ab.

»Dem Club, der mich als Mitglied aufnimmt, möchte ich nicht angehören«, das sei sein Lebensmotto gewesen, bringt der jüngste meiner Brüder das paradoxe Verhalten unseres Vaters auf den Punkt.

Es war nicht nur seine Schuld. Noch einmal: Unter allen bundesdeutschen Psychotherapeuten gab es Mitte der sechziger Jahre fast niemanden, der sich mit den Folgen nationalsozialistischer Verbrechen für die Opfer auseinander gesetzt hätte, und erst recht niemanden, der sich mit der Psyche der Täter ausgekannt hätte. Erst viel später, in den achtziger Jahren, kam das Wissen über die Auswirkungen kollektiver Traumata auch nach Deutschland. Es hatte lange Umwege gehen müssen, die in die USA emigrierten jüdischen Überlebenden hatten sich an Psychotherapeuten gewandt, ebenso die aus dem Vietnamkrieg heimkehrenden traumatisierten Täter. Aber der Leiter der Gesprächsgruppe, in der mein Vater saß, kannte sich damit genauso wenig aus wie alle anderen. Er hatte keine Ahnung, wie man den Seelenbunker eines Nazis knackt, wie man seine feuernde Flak-Abwehr ausschaltet, um zu dem zu gelangen, was auch er hat, wenn auch dreifach abgesichert, abgedichtet, einbetoniert: ein Gewissen. Vielleicht hätte der Therapeut aus eigener Erfahrung darauf kommen können oder aus der Erfahrung seiner anderen Patienten. Doch alle diese Männer redeten dreimal lieber über die Eifersüchteleien ihrer Frau, zur Not sogar über ihre Potenzprobleme, wenn sie bloß weiter über ihre Vergangenheit schweigen durften.

»Die Mörder schlafen gut des Nachts«, zürnte die Auschwitz-Überlebende Cordelia Edvardson in einem Buch. »Mir scheint, daß wir, die Opfer, noch heute am Giftgas von Auschwitz ersticken, aber die Täter nicht«, sagte sie Gabriele von Arnim. »Ich habe mich oft bei deutschen Psychoanalytikern erkundigt. Soweit mir bekannt ist, hat nie ein Deutscher eine Analyse gemacht, weil er mit seiner Schuld nicht mehr leben konnte. Die Kinder und Kindeskinder ja, aber nicht die Täter.«

Ich glaube schon, dass die Täter Schuld und Scham fühlten. Hätten sie sonst geschwiegen? Ich glaube nicht, dass sie gut schliefen. Der Psychoanalytiker Tilmann Moser schreibt in seinem Buch »Dämonische Figuren«, viele Täter seien an selbst verhängten Strafen erkrankt, aber: »Die psychischen und psychosomatischen ›Strafen‹ wurden oft nicht erkannt und benannt; teils aus grober Unkenntnis, wohl auch aus Angst, das Thema sei nicht zu bewältigen … Durch die Blindheit von Psychotherapie und Psychosomatik ist dieses Leiden bis vor wenigen Jahren nicht dechiffriert worden, sondern mit Psychopharmaka und einem riesigen Kurwesen zugedeckt worden. Erst heute werden wir gewahr, mit welcher Gewalt das NS-Erbe weiterhin in vielen Familien haust.«

»Jeder fünfte Deutsche leidet heute an behandlungsbedürftigen psychischen Problemen«, berichtete Jürgen Leinemann 1982 in »Die Angst der Deutschen«. Bei der Tätergeneration, also den über 65-Jährigen, sei sogar »schon fast jeder vierte seelisch so gestört, dass er ärztliche Betreuung braucht«. Und Arno Plack schrieb über den typischen Täter: »Die Qual der Vereinsamung durch die Unwahrheit oder die geheime Wut über den inneren und äußeren Zwang zur Lüge lassen ihn in die Krankheit entweichen. Wenn der Mensch nach Leib und Seele gar nicht auseinander zu halten ist, dann muss sich auch bewahrheiten, dass er an Unwahrheit erkrankt.« In Hofgeismar berichteten mehrere Psychotherapeuten von ehemaligen Nazis, die, als sie in Rente oder Pension gingen, als Beruf und Karriere sie nicht mehr in atemlosem Lauf hielten, völlig zusammenklappten.

Ich glaube, dass mein Vater Schuld fühlte, aber er sprach nicht darüber, weil niemand darüber sprach. An seinem Bücherschrank war eine langsame Veränderung ablesbar. Früher standen dort neben Pflanzen- und Pilzkundebüchern nur die Hefte der rechtsradikalen Zeitschrift »Nation Europa« und brauner Kitsch wie »Der deutsche Born«, nun kam »Die Anatomie des SS-Staates« dazu oder kritische Theologen wie Karl Jaspers und Dorothee Sölle. Allerdings hinterließ die Lektüre solcher Bücher keinerlei Spuren in seinen Aufzeichnungen. Die schillernde Gestalt eines Kurt Gerstein, der in der SS-Hierarchie aufstieg und gleichzeitig Ausländern Berichte über die Judenvernichtung zukommen ließ, faszinierte meinen Vater, über diesen Fall sprach er mehrfach. Und ein Mal, ein einziges Mal, distanzierte er sich sogar regelrecht von seiner braunen Zeit. Als wir in den Sommerferien 1963 im österreichischen Kleinwalsertal bei einer Bauernfamilie Urlaub machten, verwickelte ihn der Bauer ins Gespräch.

»Es muss doch wieder sowas geben wie den Hitler«, sagte das Bäuerlein und lauerte auf eine Antwort.

Mein Vater schüttelte den Kopf. »Noi, i mach nimmer mit.« Nüchtern und beiläufig kam das, gleichzeitig entschieden.

Was er genau meinte, den Nationalsozialismus oder den Krieg, war nicht klar.

In den sechziger Jahren schwiegen die Deutschen weiter und wurden immer unfreundlicher, immer kranker. »Die Nazi-Vergangenheit wurde derealisiert, entwirklicht«, schrieben Margarete und Alexander Mitscherlich in ihrem Buch »Die Unfähigkeit zu trauern«. In den Augen der großen Mehrheit war Hitler an allem schuld, der Führer hatte sie ver-führt. Da sie um den einstmals Geliebten nicht trauern durften, argumentierten die Mitscherlichs, wehrten sie auch jede Trauer um die Opfer ab. »Die Gefühle reichen nur noch zur Besetzung der eigenen Person, kaum zu Mitgefühlen irgendwelcher Art aus. Wenn irgendwo überhaupt ein bedauernswertes Objekt auftaucht, dann ist es meist niemand anderer als man selbst.« Eine Beschreibung, die auf Millionen zutraf. Eine exakte Beschreibung meines Vaters.

Für die Gesellschaft als Ganzes habe das üble Folgen, glaubten die Mitscherlichs und zählten sie auf: Unfreundlichkeit der Menschen. Abwehr von Erinnerungen. Politischer und sozialer Immobilismus. Provinzialismus. Anteilnahmslosigkeit. Indifferenz. Apathie. Mangel an Neugier. Blockierung der sozialen Fantasie. Mangel an sozialer Gestaltungskraft. Würde die Beschreibung des deutschen Alltags heute so viel anders ausfallen? Die Unfreundlichkeit hat sich gehalten, die Apathie, der Immobilismus.

Aber es gibt einen Unterschied zu damals: Das Schweigen ist durchbrochen. In den Fünfzigern und Sechzigern hatten die Täter den scheinbaren Vorteil, dass eine ganze Gesellschaft sich so wegduckte wie sie selbst. Niemand stellte sie zur Rede. Niemand forderte sie heraus. Niemand verlangte von ihnen, sie sollten ihre Verbrechen öffentlich bekennen. Die Opfer, die das hätten tun können, waren tot oder geflohen oder furchtsam still, wenn sie hier geblieben waren. Die Täter hatten ein ganzes Land für sich. Wenn sie überhaupt über den Krieg redeten, dann waren sie selbst »Opfer«. Opfer des Verführers Hitler, Opfer der Vertreibungen, der Bombardements, des Hungers. Sie machten es sich in dem Gefühl bequem, genug gelitten und genug gebüßt zu haben.

Als Neonazis im Winter 1959/60 Synagogen und jüdische Friedhöfe beschmierten, rührten sie sich nicht. Als 1961 in Jerusalem der Prozess gegen den Schreibtischmörder Eichmann eröffnet wurde, erschraken sie nicht. Als in Frankfurt am Main von 1961 bis 1963 der so genannte Auschwitz-Prozess verhandelt wurde, verloren sie kein Wort des Mitgefühls mit den Opfern. Als ein Hamburger Staatsanwalt 1967 das Ermittlungsverfahren gegen einen SS-Mann einstellte, der zwanzig jüdische Kinder vergiftet und an Heizungsrohren erhängt hatte, empörten sie sich nicht. »Über die Vernichtung ihres Lebens hinaus«, schrieb der Staatsanwalt in seiner Begründung, sei den Kindern »kein weiteres Übel« zugefügt worden. Als ein Berliner Schwurgericht 1968 den für zahlreiche Todesurteile verantwortlichen Nazi-Richter Hans-Joachim Rehse vom Mordvorwurf freisprach, weil er das damals gültige Recht nicht gebeugt habe, nahmen sie das hin. Klatschten sie vielleicht sogar heimlich Beifall?

Die Folgen hatten auch ihre eigenen Familien zu bezahlen. Ich kenne nicht wenige Kinder von Nazi-Tätern, die die Schuldgefühle übernahmen, wenn ihre Väter sie nicht empfunden oder besser gesagt verleugnet hatten. Schuld, sagt mein etymologisches Lexikon, hat ursprünglich mit Last zu tun, mit einer Bürde, die man gern loswürde. Schuld wie

Schulden sind Verpflichtungen zu Leistungen gegenüber anderen.

Die meisten Menschen scheinen einen Gleichgewichtssinn zu haben, der soziale Handlungen auf Gegenseitigkeit ausrichtet, im instinktiven Wissen, dass sich mitfühlendes Verhalten langfristig mehr auszahlt als Egoismus. Wenn mich meine Tante oder mein Nachbar an Weihnachten immer beschenkt, ich sie aber nicht, fühle ich mich unbehaglich und sinne auf Ausgleich. Wenn meine Eltern die Anerkennung ihrer Schuld verweigern, fühle ich mich verpflichtet, diese an ihrer Stelle zu übernehmen, so, als ob es Schulden seien, eine Art negatives symbolisches Kapitel. Nicht weil ich ein besserer Mensch bin, sondern weil es für mich erträglicher ist, mich für Taten schuldig zu fühlen, die ich nicht begangen habe, als im Gefühl des moralischen Chaos und des Ungleichgewichts zu leben. Damit die Weltgemeinschaft die Täter nicht als Monster ausstößt, übernehmen wir Täterkinder ihre Schuld – aus ganz egoistischen Motiven. Wir müssen ja mit ihnen leben, und wir wollen weder mitausgestoßen werden noch die Rache der Opfer zu spüren bekommen.

Das Schwierige ist, dass wir uns sowohl gegenüber den Opfern als auch gegenüber unseren Tätereltern schuldig fühlen. Kinder leben auf Kosten ihrer Eltern, sie werden von ihnen genährt, gekleidet, behütet, sie stehen ihr Leben lang in der Schuld ihrer Familie. Selbst wenn sich die Verhältnisse umdrehen, wenn die Kinder ihre alten Eltern pflegen, selbst dann gleicht sich diese gefühlte Lebensschuld nicht aus. Einem Vater die Wertschätzung zu verweigern, dass er ein behütender Vater und guter Mensch war, ist ein massiver Verstoß gegen diese uralten Regeln des Zusammenlebens. Habe ich deshalb jahrelang geträumt, dass mein Vater zurückkommt und ultimativ seine Anerkennung verlangt?

Geblieben ist mir eine Schuld- und Schambereitschaft. Ständig fühle ich mich für irgendetwas schuldig, und es vergeht kaum ein Tag in meinem Leben, an dem ich mich nicht für eine Kleinigkeit in Grund und Boden schäme. Ich habe die Scham gut gelernt, von der Pike auf, denn in meiner Familie ging es äußerst schamhaft zu, niemand zeigte sich nackt, niemand wollte sich eine Blöße geben. Im Laufe der Jahre ist mir die Schamhaftigkeit nach innen gewachsen. Ich kann nackt herumspazieren und mich an FKK-Stränden aalen, nunmehr klebt meine Schambereitschaft auf der Innenseite meiner Haut. Nichts fällt mir leichter, als mich mickrig und schuldig zu fühlen und mich dafür zu schämen. Nur für eins schäme ich mich nicht: für meine Wut.

Irgendwann habe ich meinem toten Vater einen »Schuldbrief« geschrieben und ihn im Beisein meines ältesten Bruders in seinem Grab in Tübingen verbuddelt. Ich schrieb ihm, dass wir dringend innerfamiliäre Entschuldungsverhandlungen gebraucht hätten. Dass ich nicht mehr bereit sei, seine Schuld zu tragen. Verantwortung für dieses Land, jawohl, aber keine Schuld. Dass die Leichen in seinem Keller nicht meine Leichen seien, sondern einzig und allein seine. »Lies das gefälligst!«, rief ich, als der Brief endlich vergraben war, und mein Bruder lachte. Es war befreiend.

Viele Nachkriegsgeborenen wurden wohl von solchen verworrenen Gefühlen geplagt, und diese Gefühle haben Familien von innen heraus zerstört. Der Nebel des Schweigens umwaberte sie, Distanz und Kälte machten sich breit. Die Großfamilie mit Opa und Oma, Tanten und Onkel hatte bis in die fünfziger Jahre überlebt, nun ging sie an sich selbst kaputt. Voll des Misstrauens und des Hasses gegeneinander, stoben ihre Mitglieder, sobald sie konnten, in alle Himmelsrichtungen auseinander.

Rebellion kann durch Kleinigkeiten entstehen. Ausgelöst durch einen Widerstand, durch eine einzige Lüge, entsteht eine winzige Welle der Empörung, trifft auf eine andere winzige Welle, sie erkennen sich, legen sich übereinander, schieben sich vorwärts, treffen eine neue Welle, wachsen, reißen sich gegenseitig vorwärts, reißen sich höher, spüren ihre Kraft, ihre Gewalt, werden zum Wellengebirge, reißen alles fort. Sie wollen die alte Welt nicht mehr, die Welt der Lügen und des Betrugs, die Welt der Massenmörder, fort damit, fort, diese Welt soll untergehen.

Ab 1966 begann ein Teil der Studenten zu rebellieren. Gegen Vietnamkrieg, Autoritarismus, Notstandsgesetze, Wiederaufrüstung. »Unter den Talaren der Muff von tausend Jahren!«, schrien sie. Sie meinten nicht nur die ungelüfteten Gedanken des herrschenden Konservatismus, sondern auch das Tausendjährige Reich, dem viele Professoren und Intellektuelle begeistert gedient hatten. Auch in der Universitätsstadt Tübingen, wo, nur ein Beispiel von vielen, der »Zigeunerexperte« Dr. Robert Ritter direkt mitverantwortlich war für die Verfolgung der Sinti und Roma und nach dem Krieg unbehelligt seine Karriere fortsetzen konnte. Ein Berliner Flugblatt von 1967 forderte »den Aufstand gegen die Nazi-Generation«: »Machen wir Schluss damit ... dass die ganze Nazi-Scheiße von gestern weiterhin ihren Gestank über unsere Generation bringt.«

Mit Macht kehrte das Verdrängte zurück, auf beiden Seiten. Sie gehörten »ins Konzentrationslager«, schimpften frühere SS-Männer über die Protestierenden, während die Studenten umgekehrt überall »Faschisten« am Werk sahen.

Am 2. Juni 1967 besuchte der Schah von Persien, dieser »nette Mann«, wie Bundespräsident Lübke befand, in Berlin eine Opernvorstellung. Draußen rannten mehrere tausend Studenten gegen die Sperrgitter an, um gegen die Repression im Iran zu protestieren. Benno Ohnesorg, zum ersten Mal in seinem Leben Teilnehmer einer Demonstration, wurde aus nächster Nähe von einem Polizisten erschossen. Die »Bild«-

Zeitung berichtete am nächsten Tag, es habe einen Toten gegeben, das Foto neben der Meldung zeigte einen blutenden Polizeibeamten und suggerierte, das Opfer sei aus den Reihen der Polizei gekommen. »Hier hören der Spaß und der Kompromiss und die demokratische Toleranz auf. Wir haben etwas gegen SA-Methoden«, schrieb »Bild«.

Panik griff um sich: »Jetzt beginnen sie schon auf uns zu schießen!« Das Gefühl, dass der Faschismus nun wieder sein Haupt erhebe, trieb in den folgenden Tagen Zehntausende auf die Straßen: Nazis, wohin sie auch schauten. Der Bundespräsident: ein KZ-Baumeister. Der Bundeskanzler: ein Alt-Nazi. Die Große Koalition: die Vorstufe zur Machtergreifung. Die Notstandsgesetze: ein zweites Ermächtigungsgesetz. »Wie der Spanienfeldzug Hitlers zur Erprobung seiner Waffen, so diente der Schahbesuch zahlreichen machtausübenden Staatsorganen der Erprobung ihrer Notstandsmaßnahmen!«, rief der Marburger Studentenführer Christoph Ehmann am Ende eines Schweigemarsches. Und das Verhalten der USA im Vietnamkrieg war für sie: »USA-SA-SS!«

Die Rebellierenden identifizierten sich mit den Opfern des Nationalsozialismus und sahen sich als Verfolgte eines neuen Faschistenstaates. Rudi Dutschke fantasierte als Jugendlicher, er sei in Wirklichkeit der Sohn eines versteckten Juden, und er glaubte, die Herrschenden wollten die Studenten »zu Juden« machen. Auch ich fühlte mich als Opfer meines Nazi-Vaters. Ich durchschaute nicht, was für eine Selbstanmaßung es war, mich mit KZ-Überlebenden in eine Reihe zu stellen.

»Stoppt Dutschke jetzt!«, riefen die Schlagzeilen der »Bild«-Zeitung, und am 11. April 1968 fand sie bei mindestens einem Gehör. Der Maler Josef Bachmann streckte den Studentenführer mit drei Schüssen nieder. Während die Ärzte um das Leben Dutschkes kämpften, marschierte ein riesiger Demonstrationszug Richtung Springer-Konzern: »Mörder! Springer – Mörder! ›Bild‹ hat mitgeschossen!«

In mehr als zwanzig Städten folgten Protestaktionen. In Frankfurt am Main attackierten die Studenten eine regionale »Bild«-Druckerei. Die Druckerei klagte vor einem Zivilgericht auf Schadensersatz, den Gerichtsvorsitz sollte Landgerichtsdirektor Hans-Werner Giesecke übernehmen. Giesecke sei Kriegsrichter gewesen, enthüllte der Sozialistische Deutsche Studentenbund, abgekürzt SDS, in einem Flugblatt. Er habe über hundert Todesurteile zu verantworten, unter anderem gegen 38 polnische Arbeiter, die, wie von Günter Grass in einer Szene der »Blechtrommel« verewigt, zu Beginn des Zweiten Weltkriegs die Postzentrale von Danzig gegen die deutschen Angreifer verteidigt hatten. Der Prozess wurde verschoben, der Blutrichter blieb. Er starb 1971, unbehelligt.

Ich sehe noch die »Notstand!«-Flugblätter vor mir, die mein ältester Bruder als Mitglied der »Unabhängigen Schülergemeinde« mitformulierte und in seinem Zimmerchen stapelte. 1968 stand er gerade im Abitur, er war SDS-Sympathisant, ich bewunderte ihn maßlos. Er war mein Ersatz-Vater, mein ideologischer Kompass. Das Studentenleben war für mich ein anderer Planet voller Verlockungen, auf dem gelacht, getanzt und geküsst werden durfte. Ich fühlte mich solidarisch mit den Studenten, auch wenn ich keine Ahnung hatte, um was es ihnen ging. Aber dass sie gegen Nazis und verknöcherte Autoritäten kämpften, das gefiel mir. Ich klaute meinem Bruder das »Kommunistische Manifest« und begann zu lesen: »Die Geschichte ist eine Geschichte von Klassenkämpfen …« Natürlich! Genau so war es! Ständig hatte meine Klasse im Gymnasium Ärger mit der Parallelklasse!

»Mein Mann«, zitierte Grass meine Mutter, *»kannte keine Kompromisse. Bei ihm war alles schwarz oder weiß, ja oder nein. Deshalb redete er manchmal nächtelang mit meinem ältesten Sohn, der damals noch beim SDS war und auch Kompromisse verabscheute. Aber ein richtiges Gespräch kam nie zustande. Immer aneinander vorbei.«*

Wie ging das zu mit Vater?, frage ich meinen Bruder. Immer von 23 bis 1 Uhr versuchten wir miteinander zu diskutieren, sagt er, über Kant und Sittlichkeit, was weiß ich, und von 1 bis 3 Uhr hielt Vater seinen Monolog über Partnerschaft. Partnerschaft, die funktionierte bei ihm nur monologisch, dass ich dazu was sagte, war nicht erwünscht. Er sei derjenige in ganz Deutschland, sagte er, der von personaler Partnerschaft am meisten verstünde, hierin sei er die größte intellektuelle Kapazität, er erwarte, endlich in dieser Rolle anerkannt zu werden. Er redete mich müde und wehrlos. Jede meiner Fragen und jeden Widerspruch nahm er nur als Stichwort auf, meine Person nahm er nicht wahr. Und weil ich so gar nicht gefragt war, ließ ich mich an der armen Tischdecke aus. Bei uns lag doch so eine geblümte Plastikdecke auf dem Esstisch, und ich kratzte die Blümchen weg, eins nach dem anderen. Und trotzdem hörte ich zu, machte mit, als ob ich mich verpflichtet gefühlt hätte.

Mein Bruder war nie eingetragenes SDS-Mitglied gewesen, aber Sympathisant, er besuchte viele Veranstaltungen des SDS. Kaum traf er dort ein, musste er zur Kenntnis nehmen, dass sein Vater auch schon da war. Wenn er demonstrierte, ging sein Vater mit. Wenn er Vorlesungen besuchte, lief er Gefahr, auf seinen Vater zu treffen. Wie im Märchen vom Hasen und vom Igel, so war der Vater immer bereits da. Als Gasthörer besuchte er Vorlesungen wie »Tiefenpsychologische Aspekte der Gesprächsführung« oder »Einführung in die Tiefenpsychologie II«. Der Sohn, der sich doch gerade von seiner Familie distanzieren wollte, fühlte sich vom Vater verfolgt, für ihn war es kaum erträglich, dass sie beide von ähnlichem Erkenntnishunger, von ähnlicher Wut »gegen das Establishment« getrieben wurden. Eine von der FDP organisierte Veranstaltung trug ausgerechnet den Titel »Väter, seid ihr noch zu retten?« Am nächsten Tag stritten sich Vater und Sohn darüber, was dort gesagt worden sei, sie hatten die Podiumsdiskussion völlig gegensätzlich in Erinnerung.

War der Vater noch zu retten?

Manfred Augst habe einen regelrechten »*Hunger nach öffentlichen Veranstaltungen*« gehabt, berichten meine Brüder, berichtet Grass: »*Deshalb ging er auf Diskussionen und versuchte mitzureden, auch wenn er nur schlecht frei sprechen konnte und Angst gehabt hat vorm Ausgelachtwerden.*«

Er schien unter Bekenntniszwang zu stehen. Etwas, das zu lange unterdrückt worden war, wollte endlich heraus. In seinen letzten Worten kam es dann ja auch heraus: »Ich grüße meine Kameraden von der SS.«

Ende 1967 fühlte meine Mutter einen Knoten in ihrer Brust. Krebs. Sofortige Operation, danach langwierige Bestrahlungen. Es ging ihr sehr schlecht. Wir Kinder hätten sie unterstützt und im Haushalt mitgeholfen, sprach sie mir später auf Kassette, aber an ihrem Mann hatte sie »überhaupt keine Hilfe« gehabt. »Er sagte, er habe es aufgegeben, auf Partnerschaft bei mir zu hoffen. Unter Partnerschaft, die er bloß noch ›Pa‹ nannte, verstand er, dass ich tun solle, was er sich dachte. Das konnte ich nun wirklich beim besten Willen nicht. Er wurde immer schwieriger, war jeden Abend fort zu Vorträgen und was weiß ich, hatte unter Studentinnen Freundinnen, die er gelegentlich mit nach Hause brachte. Und wenn sie dann sagten: ›Ich weiß gar nicht, Ihre Frau ist doch eigentlich ganz nett‹, dann ärgerte er sich ziemlich. Wenn ich mir nicht immer hätte sagen können, dass er krank ist, dann hätte ich es gar nicht ausgehalten.«

Im Sommer 1968 fuhr sie zum Kuraufenthalt ins Bayrische. Sie war am Ende ihrer Kräfte, überzeugt, nicht mehr lange zu leben. »Heute hab ich gehört: ›Krebs ist ungelebtes Leben‹«, schrieb ihr der Mann in die Kurklinik. »Da könnte was dran sein. Mir scheint, das ungelebte Leben begann nicht erst mit der Heirat, sondern viel früher – bei Dir wie bei mir.« Er warf ihr vor, ihn nie geliebt zu haben: »Noch nie fühlte ich mich ganz von Dir angenommen … Du wolltest mich ändern, umkrempeln … Ich glaube nicht, dass die Bindung zwischen uns bis jetzt ernsthaft ist. Und wenn nichts Neues kommt, wird sie es auch nicht. Und Dein Christentum halte ich für angelernt. Und Deine Ablehnung der Partnerschaft für Verdrängung. Wie ich beim Abschied sagte: Ich will mich von Dir nicht mehr weiter binden lassen, als Du mir an Bindung entgegenbringst, an Bindung, nicht an Bemühen. Ich will Dir gegenüber handeln, wie Du handeln würdest, wenn Du Mann wärest … Nach wie vor glaube ich, dass hinter Dir was steckt. Aber gefunden habe ich bis jetzt noch nichts Entscheidendes …«

Dreckskerl! Ich habe Mühe, diesen Brief nicht vor Wut zu zerreißen. Die Frau ist todkrank, sie braucht nichts als Ruhe, Trost und Zärtlichkeit. Und dann schreibt ihr der Mann nach zwanzig Ehejahren und vier Kindern, ihre Beziehung sei bisher nicht ernsthaft. Auch wenn er glaube, dass hinter ihr, hinter ihr!, etwas stecke.

Ungefähr zur selben Zeit schrieb er ein Gedicht. Es trägt den Titel »Was ein Mann ist« und war offenbar auch eine Art Selbstbild oder Selbstideal: »Er wagt es, offen zu sein, / Er redet glaubwürdig, / Er entzieht sich nicht, / Er steht unter der Macht einer grossen Sache, mit der er identisch ist, / Er ist ohne Eitelkeit, / Er hat hohen Ehrgeiz, / Er weiss, was er will, / Er steht freien Hauptes unter dem Himmel, fest auf der Erde, / Er erblickt den weitesten Horizont / Und handelt im Nächsten, Gegenwärtigen, / Seine Rede ist klar und einfach, / In ihr ist er selbst, / Er sagt immer dasselbe …« Wenigstens die letzte Zeile stimmte.

Meine Mutter dankte meinem Vater für seinen »kaltschnäuzigen« Brief in die Kurklinik: »Ungelebtes Leben?

Aber was ist denn Leben? ... Du drehst die Sache einfach rum. *Du* hast zu *mir* gesagt, du fühltest dich nicht aus Liebe geheiratet, nur aus Hoffnung ... Ich kann dich gar nicht binden, denn du hast keine Liebe für mich übrig.« Und dennoch mochte sie ihn immer noch nicht aufgeben: »Wenn du mich besuchen willst, wenn du doch noch irgendwie an mir hängst, wenn ich dir noch was bedeute, dann bist du mir herzlich willkommen, dann freue ich mich sehr.«

»Mist Gefühlskultur«, steht in der Handschrift meines Vater unter dem Brief meiner Mutter. Und auf dem Umschlag: »nicht geliebt« und »Absprung wagen«.

Im Herbst 1968, als meine Mutter wieder zu Hause war, nach wie vor sehr angestrengt, krank, erschöpft, da hätte er den Absprung fast gewagt. Bei einer Bergwanderung, die er später bedichtete:

»Einsam steig ich im Berg – bergan zwischen Fels und Geröll
Ganz allein – nur mein Leben steigt mit – fordert Antwort
    von mir wie der Berg.
Entlockt einen Ruf mir, ein Wort – erschreckt steh ich, und
    er verhallt
Einen zweiten verschluckt nun der Berg – umsonst lausch
    ich rings um mich her.
Nun horch ich, will hören, doch nur Sonne scheint –
    nackte, brennende Sonne
Sie kommt, sie geht, sie sagt mir nichts mehr
Spricht keine Sprache
Schweigen hör ich allein.
Ich horche, will hören, doch nur Regen rauscht –
    nirgendwo für mich ein Wort
Die Luft ist leer – die Erde schweigt
Bin ich der Letzte?
Ich horche, will hören, was im Nebel geht, Nebel kommt
    kalt und fahl

Schluckt den Lauf, schluckt den Strahl, schluckt das Leben
   auf
Alles ist fremd nun und kahl.
Ich horche, will hören, will hörsam sein – die Steine
   schweigen, das Gras
Hörsam, gehorsam bis zuletzt will ich sein
Soll es sein, kann es sein, muss es wohl sein
Muss warten, kann warten allein.

Kein Wort für mich da, nur das Schweigen spricht –
So muss es wohl sein – ich beklag mich nicht
Es will mich nicht – die Welt will mich nicht
Ich geh ja schon und beklag mich nicht
Und das Schweigen spricht
Und das Schweigen spricht und das Schweigen rauscht
Und das Schweigen braust und es füllt mich aus
Und es ruft und es lockt, und es saugt und es zieht
Mich schwindelt
Ist das Gott?
Es ist gleich
Alles ist gut.«

Uuuah! Der Ersatz-Tarzan auf dem Felsen schlägt sich an die
Brust, anklagend, wehklagend, wehleidig, narzisstisch. Und es
wallet der wütende Weigerich, es schwallet der schwurbelnde
Schweigerich.
   Ich bin gemein.
   Denn das Gedicht macht deutlich, in welch grässlicher Einsamkeit er feststeckte: »Die Welt will mich nicht.« Wenn ich
damals gewusst hätte, wie es um ihn stand, hätte ich auf ihn
zugehen, ihn umarmen und drücken können? Ich weiß es
nicht. Er ließ so etwas nicht zu. Zärtlichkeit war ihm zuwider,
er hielt sie nicht aus, an Erwiderung gar nicht zu denken. Die
wenigen Male, die ich ihm auf den Schoß kroch und seine sta-

cheligen Wangen zu streicheln versuchte, war alles an ihm Abwehr: Er schob mich weg.

Als ich das Gedicht mehrmals lese, fällt mir es wie Schuppen von den Augen: Das Schweigen spricht! »Und das Schweigen spricht und das Schweigen rauscht ...« So nah schien mein Vater an der Lösung seines Lebensproblems gewesen zu sein, so nahe am Sprechen über das, was er bislang beschwiegen hatte! Oder doch nicht? War das schon so etwas wie ein psychotischer Wahn? Sah er sein eigenes Schweigen nun schon um die Bergspitze kreisen?

Später erzählte meine Mutter, er habe sich damals vom Felsen stürzen wollen.

»Er konnte nicht anders. Er hat das vorgehabt«, sagte Frau Augst zu Herrn Grass. *»... ›Auch die Familie war ihm zuviel. Überall suchte er Partnerschaft. Die konnten wir ihm nicht geben, wir nicht.‹ (Frau Augst hätte auch sagen können: Zwar lief er noch, aber er lief außer Konkurrenz. Dabei muß ihm die Zeit unerträglich lang geworden sein.) ...*

Wie zum Abschied sagte Frau Augst: ›Ganz in der Nähe wohnt Professor Bloch. Wir sehen ihn manchmal, wenn er spazierengeht. Man möchte mit ihm sprechen und ihn fragen. Aber wir trauen uns nicht.‹«

Einmal hätte ich den berühmten Philosophen mit meinem Mofa beinahe über den Haufen gefahren. Er überquerte die Straße, Pfeife rauchend wie immer, im tiefen Nachdenken, ohne nach links und rechts zu schauen. Ich bremste scharf. Mit einem am Boden liegenden Professor wäre nicht so gut zu sprechen gewesen, schon gar nicht über meinen Vater.

Was, so frage ich mich heute, was wäre passiert, wenn mein Vater zu reden begonnen hätte?

Der runde Esstisch im Wohnzimmer. Sechs Stühle, alle besetzt. Das Essen ist aufgegessen, die Teller stehen noch da. Ich bitte euch, sitzen zu bleiben, sagt der Vater. Ich habe euch etwas Wichtiges mitzuteilen. Etwas, was ich all die Jahre verschwiegen habe.

Stille. Die Mutter, die Kinder spüren die Anspannung. Vater mit Schweißperlen auf der Stirn.

Ich habe Menschen umgebracht.

Die Wanduhr tickt.

Mit der Flak habe ich einige Flugzeuge vom Himmel geholt. Später die Leichen rausgezogen.

Eine Schweinerei war das.

Stille.

Man kann sagen, das habe ich als Soldat getan. Wir haben unser eigenes Leben verteidigt. Die Flugzeuge hätten uns sonst mit Bomben beworfen.

Die Uhr. Sonst hört man nichts.

Aber ich habe auch Zivilisten umgebracht. Damals, in Norditalien.

Wen?, fragt mein ältester Bruder. Seine Stimme krächzt.

Vielleicht hätte jemand von der Familie seinen Stuhl umgestoßen und wäre hinausgerannt. Vielleicht hätte jemand geschrien: Du Mörder! Nazi-Schwein! Vielleicht wären wir alle aufgestanden und hinausgegangen. Hätten unseren Vater als Verbrecher verdammt bis in alle Ewigkeit und darüber hinaus. Hätten ihm fortan Tag für Tag unsere Verachtung gezeigt, hätten nicht mehr mit ihm geredet, hätten ihn geschnitten, mit dem Finger auf ihn gezeigt. Vielleicht hätten ihn Frau und Kinder verlassen.

Aber ich glaub's nicht.

Ich glaube wohl, dass ich Zeit gebraucht hätte, vielleicht Jahre, um solch einen Schock zu verarbeiten. Dass ich verstört gewesen wäre, nicht gewusst hätte, wie ich mich verhalten soll, dass ich mich für ihn geschämt hätte, all das kann ich mir vorstellen. Aber ich glaube, ich hätte von jenem Tag an wieder begonnen, Achtung für ihn zu empfinden. Weil er den ersten Schritt Richtung Wahrhaftigkeit gegangen wäre.

Stimmt das? Wäre ich wirklich so souverän gewesen? Ich weiß es nicht.

Viel hätte auch von uns, den Kindern, abgehangen. Ob unsere Fragen inquisitorisch gewesen wären oder ihm ermöglicht hätten, seine Würde zu bewahren. Wir hätten, ohne moralische Vorwürfe zu formulieren, nachfragen müssen, und ich weiß nicht, ob es uns gelungen wäre.

Und was, wenn er uns dann gesagt hätte, er habe Häuser voller Zivilisten in die Luft gesprengt? Kinder erschossen? Und die Mütter, die sich über sie warfen, gleich mit dazu? So genannte Spione oder Wehrkraftzersetzer am nächsten Baum aufgehängt? Italienische Juden ausgeliefert? Die von Deutschen begangenen Grausamkeiten in Norditalien und erst recht in den Ostgebieten haben alles überboten, was die menschliche Fantasie sich ausdenken kann.

Ich glaube, mit einem Kriegsverbrecher an einem Tisch zu sitzen und gemeinsam die Suppe auszulöffeln, das wäre für uns alle schwer erträglich gewesen.

Aber war sein Schweigen wirklich eine Alternative? Am Ende hat es ihn getötet, dieses Schweigen. Am Ende war es schlimmer als jede Haftstrafe, es war die Todesstrafe. Es stieg in ihm auf wie Nebel, füllte sein Inneres aus, verschloss ihm den Mund und alle Sinne, nahm ihm die Fähigkeit zum Sprechen, zum Lachen, zum Leben, und von jedem Redefluss abgeschieden, vertrocknete er.

Im Jahre 1966 fragte ihn der jüngste meiner Brüder einmal, warum die Nationalsozialisten die Juden umgebracht hätten. »Weil sie Deutschland verraten haben«, lautete seine kurze Antwort.

Vor einem Gefängnisinsassen, der Reue zeigt, hätte ich

wahrscheinlich mehr Achtung empfunden als vor diesem Vater. Meine größte Wut auf ihn galt nicht dem Umstand, dass er womöglich Verbrechen begangen hatte und auf jeden Fall ein Nazi und Egomane, ein miserabler Vater und Ehemann war. Meine größte Wut galt seinem Schweigen gegenüber den Opfern. Niemals in seinem ganzen Nachkriegsleben fand er auch nur ein einziges Wort des Mitgefühls. Für niemanden außer für sich selbst.

Doch auch hier war er nicht allein. Es gab in den Nachkriegsjahren so gut wie niemanden, der den Mut besessen hätte, sich öffentlich zu seinen Taten zu bekennen. Der Worte des Bedauerns für das Leiden seiner Opfer gefunden hätte. Er hätte ja auch dagestanden wie ein Verräter, denn das Schweigen war ein gewollter kollektiver Akt. Die meisten Opfer, sagt meine Freundin Bosiljka, die sich um bosnische Kriegsflüchtlinge kümmert, verlangen ja gar nicht nach hohen Strafen für die Täter. Was ihnen angetan wurde, kann sowieso keine Strafe je wieder gutmachen. Die Opfer wollen etwas anderes. Sie sehnen sich danach, dass die Täter sich zu ihrer Schuld bekennen. Öffentlich. Das, nur das, bringt ihnen Erleichterung. Bringt ihnen viel mehr Erleichterung als eine Gefängnisstrafe nach einem Indizienprozess, bei dem die Täter hartnäckig weiter schweigen.

Die Kirchen hätten nach Kriegsende vormachen können, was das heißt: Beichte, Reue, Umkehr. Es wäre ihre ureigene Aufgabe gewesen. Aber, schreibt der Psychoanalytiker Tilmann Moser, »die Kirche bot eher Fluchthilfe nach Südamerika an oder verwahrte sich gegen Unrecht bei der Entnazifizierung, statt Handreichungen für Seelsorge und Beichte zu erarbeiten«.

Ich schaue mir das so genannte Stuttgarter Schuldbekenntnis von Oktober 1945 an, mit dem die Evangelische Kirche zum ersten Mal ihre Mitverantwortung für die Verbrechen der Nazi-Zeit zu formulieren versuchte: »… Wir klagen uns an, dass wir nicht mutiger bekannt, nicht treuer gebetet, nicht fröhlicher geglaubt und nicht brennender geliebt haben.« Schon das waren eher blumige Umschreibungen als klare Worte, und selbst diese dimmte der Stuttgarter Prälat Karl Hartenstein wenig später bei seiner Eröffnungsansprache auf dem Treffen der internationalen Ökumene noch einmal herunter: »Das ist die Kraft der Einheit der Kirche, daß keines über den anderen richtet und anklagt, weil wir alle miteinander Mitschuldige sind vor diesem Kreuz und Mitbegnadete von dem, der die Welt geliebt hat.« Aha. Wir sind alle schuldig, wir sind alle unschuldig, egal, was wir gemacht haben. Genau so fühlte sich mein Vater, der Christ und Nazi: schuldig schuldlos, schuldlos schuldig.

Warum hätte er reden sollen? In diesem Land voller schuldlos Schuldiger?

Opfersucht und Opfertod

Die U-Bahn kraucht den kurvenreichen Weg zum Stuttgarter Killesberg hinan. Ruckelt, stockelt, quietscht, bremst sich in die Haltestelle Messehallen hinein. Grauer Beton, Rolltreppen, noch mehr Beton. War es schon so steril, als mein Vater hier im Sommer 1969 zum Kirchentag einrollte? 35 Jahre lang habe ich seinen Sterbeort gemieden, jetzt, Anfang 2005, will ich ihn mir anschauen.

Wer hat diese hässlichen Messehallen gebaut? Links und rechts des Weges, der sich zum »Höhenpark« mit Rasen, Bäumen und Springbrunnen erweitert, erstrecken sich Betonbauten, außen härtegrau, innen eisgefroren weiß. Vergeblich suchen meine Augen Halt an einem schönen Detail. Finden nur Sprödnis, wenden sich beleidigt ab, um sich im nahen Park zu erholen.

Messe, fällt mir ein, was für ein doppeldeutiger Begriff, Gottesdienst und Verkaufsveranstaltung zugleich. Ich versuche mir vorzustellen: Bibeln im Rabatt. Talare und Kerzen aller Größen und Formen. Jesus heute im Sonderangebot. Sind Messehallen für einen Kirchentag ein passender Ort? Wie wird Gott verkauft? Gesänge in Menge, heute mit Geläute, Litaneien und Schalmeien. Schalen und Tüten voll müder Mythen. Frömmigkeit frisch aus dem Fass. Und wie könnte das Speiseangebot aussehen? Strophen, gebacken im Ofen. Satansbraten, knusprig aus dem Fegefeuer, dazu Paradiesäpfel. Engelszungen, sehr gelungen. Die Nächstenliebe ist heute besonders lecker geraten, wollen Sie ein Eckchen probieren? Oder doch lieber ein Pfund Ekstase?

Nein, damals, in jenem schwülheißen Juli 1969, wurden eher Marx- und Engelsbände als Engelszungen verkauft und eher Maobibeln als Kirchenbibeln. Das weiß ich aus den Artikeln, die ich im Evangelischen Zentralarchiv in Berlin gefunden habe. Wie mein Vater diese Atmosphäre wohl fand? Flugblätter flogen in Massen durch die Luft, das Biafra-Komitee verteilte welche, die Gruppe »Kritischer Katholizismus«, die Kirchliche Bruderschaft, Letztere fragte: »Mit der Bombe leben?« Die Evangelische Studentengemeinde bot ihre Zeitung »Pro Test« an. Nie zuvor und nie wieder danach prallten die Generationen so heftig zusammen wie auf diesem Kirchentag. Die Rebellion der Studenten setzte sich in der Kirche fort. Die Hälfte der rund 20 000 Kirchentagsbesucher bestand aus antiautoritär gesinnten Studenten und Jugendlichen, in Jeans oder Miniröcken und Jesuslatschen, die mit wilden Tagesordnungsdebatten die Veranstaltungen durcheinander brachten; die andere Hälfte trug wadenlange Röcke und Bügelfaltenhosen, hatte die Nazi-Zeit miterlebt und empörte sich über »Gammler« und »Protestler«. Oder auch über die »Kritische Jugend«, die sich im »Aktionszentrum« in der Halle 10 traf, über ihren Köpfen das Spruchband: »Die Theologen haben den Glauben immer nur interpretiert, es kommt aber darauf an, ihn abzuschaffen.« Plakate mit dem offiziellen Motto des Kirchentags, »Hungern nach Gerechtigkeit«, wurden überklebt mit »Durst nach Revolution«. Oder, in Anspielung auf die Hungersnot in der Republik Biafra, die sich 1967 von Nigeria abgespalten hatte: »Biafra hungert nach Gerechtigkeit«. »Gott wird rot«, verkündete eine Parole auf einem Mietlastwagen, mit dem die Kirchentags-APO auf dem Messegelände herumfuhr; der Laster sollte beschlagnahmt werden, was das Verwaltungsgericht mit einer Anordnung verhinderte. Auf dem Hauptbahnhof begrüßte eine Fotomontage die Kirchentagsbesucher, Kiesinger, Franco und Hitler in trauter Eintracht, darunter die Persiflage des Vaterunsers: »Kapital unser ...«; das Plakat wurde später bei einer Hausdurchsuchung im »Club Voltaire« von der Polizei gekidnappt.

Nicht mal des Nachts herrschte christliche Ruhe. Junge Leute, die vom »Kaleidoskop der Vergnügen« heimkehrten, versuchten mit den im »Höhenpark« hängenden Glocken die Revolution einzuläuten. Polizisten marschierten auf, beeilten sich, die Glöckner von Notre Dome zu umstellen. »Ding« ertönte es von links, die Polizei marschierte nach links, »dong« schlug es von rechts, die Polizei marschierte nach rechts, und immer weiter so mit dem lustigen Spielchen. Demonstrationen gab es natürlich auch: Rund 600 Teilnehmende der Arbeitsgruppe »Demokratie« marschierten den Killesberg herunter zum Stuttgarter Landtag, um gegen ein neues, vom baden-württembergischen Kultusminister Wilhelm Hahn initiiertes Ordnungsrecht an den Hochschulen zu protestieren. Sie hielten Spruchbänder hoch wie »Kirche gegen Ordnungsrecht« oder »Gegen das faschistische Gesetz des Herrn Hahn«. Unbekannte hissten eine geklaute Kirchentagsfahne vor dem Landtagsgebäude, worauf die Abgeordneten erst das Gesetz und dann sich selbst fluchtartig in die Sommerferien verabschiedeten. Die Protestler zogen zum Hauptbahnhof weiter, blockierten mit einem Sit-in zwei Verkehrskreuzungen in der Hoffnung, die flüchtenden Landtagsvertreter in ihren Daimlern doch noch aufhalten zu können.

Gefiel meinem Vater die Rebellion gegen »das Establishment«, zu dem er ja auch die Kirche zählte? »In einem hat der SDS recht: es gibt gesellschaftliche und psychische Zwänge, denen der Mensch sich nicht entziehen kann, eine fast unaufhebbare Selbstentfremdung«, hatte er in einem seiner Abschiedsbriefe geschrieben. Nahm er den Protest aber überhaupt noch wahr? Oder interessierte ihn schon nichts mehr um ihn herum? Für Letzteres spricht, dass er eher zufällig auf den Kirchentag geriet.

Anfang 2005 ist es so still auf dem Killesberg, dass man die Ameisen spazieren gehen hört. Keine Messe, keine Veranstaltung, nur ein paar Kinder tollen im »Höhenpark« herum. Ich versuche mir vorzustellen, wie sich damals die Massen durch die Messehallen walzten, mein Vater mittendrin, schwitzend, aufgeregt, bei 30 Grad im Schatten und 40 Grad in den Hallen in hitzigste Diskussionen verwickelt, wie sie sich nach den Veranstaltungen erschöpft unter den Bäumen lagerten oder ihr Mütchen in den Wasserbecken des Parks kühlten.

»Das war der unruhigste deutsche Kirchentag seit seinem Bestehen«, kommentierte in jenen Tagen der Berichterstatter der »Iserlohner Zeitung«. »Die Jugend beteiligte sich mit Leidenschaft«, stellte der Gesandte der »Hannoverschen Presse« fest. »Kein Kirchentag zuvor hat so unmittelbar politisch gewirkt«, hieß es im Berliner »Abend«. »Die Kirche wird von den jungen Teilnehmern … auf den langen Marsch in die überfällige Reform gedrängt«, meinte der »Evangelische Pressedienst«. »Der Kirchentag ist in die Sturmzone geraten«, meldete der Korrespondent der »Frankfurter Allgemeinen Zeitung«, noch niemals seit dem ersten Nachkriegs-Kirchentag 1949 in Hannover habe es »so viele Zwischenfälle, Störungen, öffentliche Streitereien gegeben wie in Stuttgart«. Der Reporter der »Frankfurter Rundschau« hatte sogar eine »Revolution von Stuttgart« gesichtet, er deutete das dort neu formierte »hoffnungsvolle Bündnis von Liberalen und Sozialisten« als »Menetekel« für die CDU. Zu Recht, wie sich bei den Bundestagswahlen im Herbst 1969 zeigen sollte: Die Koalition von CDU und SPD unter Kanzler Kiesinger sollte abgewählt werden und eine von Kanzler Willy Brandt geführte sozialliberale Koalition an die Regierung kommen.

Im Juli 1969 diskutierten die Besucher unter der Regie von Kirchentagspräsident Richard von Weizsäcker in mehrtägigen Arbeitsgruppen, bis die Schweißperlen flogen. Die größte Neuerung auf dem Kirchentag, ein Zugeständnis an die rebellierende Jugend und ein Symbol für die Demokratisierung der Kirche, waren die Saalmikrofone, vor denen sich stets Schlangen von Mitdiskutanten bildeten. »Das war etwas Neues: Hallen-Mikrophone für jedermann«, freute sich die »Junge Stimme« und änderte einen Goethe-Vers ab: »Zum Mikrophon drängt, am Mikrophon hängt nunmal alles.« Auch mein Vater. Für ihn wurde die Revolutionierung der Diskussionskultur zum Verhängnis. Aber wer weiß – vielleicht hätte er sich sonst statt vor einem Mikrofon direkt auf dem Podium das Leben genommen.

Den meisten Zulauf, das ist den Dokumenten im Evangelischen Zentralarchiv zu entnehmen, fand ausgerechnet die Arbeitsgruppe mit dem theologischsten Thema, der »Streit um Jesus«, in Halle 6. Vor rund 8000 Teilnehmenden zankten sich Exponenten der bibeltreuen Bekenntnisbewegung mit denen der modernen Theologie. Trüppchen von Studenten hielten Plakate hoch wie »Marx lebt« oder rannten mit roten Fahnen durch die Reihen und ließen Seifenblasen steigen. »Seit den Zeiten Luthers und Zwinglis hat man solche heißen Auseinandersetzungen um diffizile Probleme der Theologie nicht erlebt«, zitierte die »Hannoversche Presse« einen Teilnehmer.

Die beiden Arbeitsgruppen »Demokratie« und »Gerechtigkeit in einer revolutionären Welt« mit jeweils über 2000 Zuhörern hatte das listige Kirchentagspräsidium wohl extra deshalb gründen lassen, um der Unzufriedenheit der jungen Leute ein Forum zu bieten und ihren Protest zu kanalisieren. Prompt forderten diese »mehr Gerechtigkeit«, kritisierten den anwesenden Bundesentwicklungsminister Erhard Eppler

(SPD) und forderten ihn ultimativ auf, ihre gesammelten Unterschriften für die Erhöhung der Biafra-Hilfe an Kanzler Kiesinger weiterzugeben. Dabei dürfte ihnen Eppler gar nicht so fern gestanden haben. »Pietkong« nannte ihn sein Parteigenosse Herbert Wehner, in Anspielung auf die pietistisch-frömmelnde Grundhaltung des Ministers, auf seine asketisch strenge Lebensführung, seine moralinsaure Redlichkeit. Pietisten halten das Leben für ein Jammertal voller Sünden, und schwäbische Pietisten, so wurde in Tübingen gespottet, »gehet zum Lacha in de Keller«. In seiner Unfähigkeit, dem Leben Genuss abzugewinnen und öffentlich eine gute Figur zu machen, erinnerte Erhard »Pietkong« Eppler ein wenig an meinen Vater.

Die »Arbeitsgruppe Demokratie« beschäftigte sich sehr praktisch mit ihrem Thema und übte direkte Demokratie ein. Der Veranstaltungsleiter wurde abgewählt, eine Resolution nach der anderen abgestimmt. Eine forderte Amnestie für angeklagte APO-Mitglieder; Bundesjustizminister Horst Ehmke, zeitweise anwesend, sprach sich dagegen aus; Bundespräsident Gustav Heinemann, zeitweise anwesend, meinte, die Zeit dafür sei noch nicht reif, eine Amnestie sei erst nach einem Schlussstrich sinnvoll. Mit Unmut quittierten die Teilnehmenden die Nachricht, dass SPD-Bundestagsfraktionsführer Helmut Schmidt und CDU-Bundestagsfraktionsführer Rainer Barzel nicht zum Rapport vor dem Kirchentag erschienen waren. Eine mit großer Mehrheit angenommene Resolution verlangte, die Parteien CDU und CSU sollten dem »langjährigen Missbrauch des christlichen Namens ein Ende machen« und das »C« in ihrem Titel gefälligst tilgen. Der Antrag einer Studentin, am Ende gemeinsam die Zeile anzustimmen, »So legt euch denn, ihr Brüder, in Gottes Namen nieder«, wurde mit einfacher Mehrheit abgelehnt.

Die originellste Veranstaltung hatte sich eine Gruppe evangelischer Publizisten und Pfarrer ausgedacht. Vor einem »Tribunal zur Ermittlung des Glücks« unter Vorsitz des Bundesrichters Helmut Simon sollten diverse Sachverständige ihre Meinung vortragen zu Fragen wie: Was ist eigentlich Liebe? Wie stiftet man Frieden? Wie halten wir es mit der Gewalt? Das sei die »beste politische Veranstaltung« gewesen, die er je erlebt habe, schwärmte ein Teilnehmer. Auch der Reporter des Deutschlandfunks berichtete begeistert von der Anhörung: »Daß das Glück nicht in einer ständigen Vermehrung von Reichtum liegt, sondern in der Möglichkeit, Entscheidungen selbständig zu treffen, das zeigten Rede und Widerrede dieses Tribunals. Der Kirchentag hat mit diesem Tribunal einen neuen Versuch unternommen, Wahrheiten zu ermitteln.«

Auf dem Killesberg des Jahres 2005 sind die Wahrheiten von 1969 längst im Wind verflogen. Ich stehe im »Höhenpark« und versuche mir vorzustellen, wie die überhitzten Diskutanten von damals ihre Füße in die Wasserbecken hielten, während sich über ihren Köpfen, wie so oft in diesen Tagen, Gewitterwolken zusammenklumpten. Mein Kollege Andreas Zumach, mit dem ich lange Zeit in derselben Zeitung gearbeitet habe, in der »taz«, saß als knapp Fünfzehnjähriger auch auf diesem Rasen. Er war mit seinen Eltern gekommen, die in kirchlichen Ehrenämtern aktiv waren. Sein erster Kirchentag. Und sein heißester.

Und wahrscheinlich der streitbarste aller Zeiten. »Zwei Weltbilder, zwei Sprachwelten, zwei Weisen, über Gott zu reden, prallten ... unvermittelt aufeinander«, hieß es in einem Zeitungskommentar. Der Reporter des »Hamburger Abendblattes« schrieb, trotz seiner »geradezu mitreißenden Lebendigkeit« habe der Kirchentag »die Masse seiner Teilnehmer ratloser wieder entlassen, als sie hinkamen«. Diese Masse »nahm das Bild einer Kirche mit nach Hause, die in fortschreitender Sprachverwirrung begriffen ist ... Unversöhnlich standen sich die Fronten gegenüber. Einer schien den anderen kaum noch zu verstehen, so unterschiedlich war die Sprache.«

»Der einzelne und die anderen«, hieß die Arbeitsgruppe, an der auch Andreas Zumach zeitweise teilnahm. Über 2500 Teilnehmer strömten zu ihr in die Halle 1, sie musste wegen Überfüllung geschlossen werden. Am Donnerstag hielten dort Margarete und Alexander Mitscherlich einen Vortrag über die menschliche Aggression, am Freitag redete Christa Meves über Erziehung, am Samstag las Grass aus seinem noch unveröffentlichten Buch »Örtlich betäubt«.

Ob auch mein Vater den Vortrag der Mitscherlichs gehört hat? Er war insgesamt drei Tage lang auf dem Kirchentag, ich weiß nicht, in welchen Veranstaltungen. In seiner hinterlassenen Zettelwirtschaft taucht der Name Mitscherlich mehrfach auf, wahrscheinlich hat er von ihrem 1967 erschienenen Buch »Die Unfähigkeit zu trauern« gehört, in dem sie die kollektive Verweigerung von Mitgefühl der Deutschen gegenüber den Opfern des Nationalsozialismus thematisierten. Margarete Mitscherlich gab in einem Interview später offen zu, das Buch sei auch ein Stück Selbstanklage gewesen. Sie habe große Schuldgefühle gehabt, weil sie unter Hitler nicht in den aktiven Widerstand gegangen sei. Und dann sagte sie etwas, von dem ich mir wünschte, mein Vater hätte es gehört: »Fähigkeit zu trauern heißt ja nicht, das eigene Glück und die eigene Lebensfreude dafür aufzugeben und zu glauben, ein Christus der Selbstaufopferung werden zu sollen. Totale Selbstaufopferung macht aggressiv. Falsche Opfer sind unsinnig.« Ihr persönliches Credo sei ein Satz von Jean-Paul Sartre: Jeder sei dafür verantwortlich, was er aus dem mache, was die Gesellschaft aus ihm gemacht habe. Gefällt mir sehr, der Satz. Könnte auch mein Credo sein.

Ich passiere den Haupteingang der Messehallen, gehe hinunter in die Halle 1. Ein riesiger Raum in Kellerhöhe, weiß, steril, nüchtern, eher eine Tiefgarage als ein Versammlungsplatz für Gläubige. Nur wenige Fenster, eine niedrige Decke. Ein Raum wie ein Bunker. Ein passender Todesort für einen, der den Ausgang aus seinem eigenen Seelenbunker nicht mehr gefunden hat. Mir ist unbehaglich zu Mute.

Hier drängten sich tausende von Zuhörern, darunter möglicherweise auch mein Vater, als die Mitscherlichs am Donnerstag ihrem Publikum erklärten, Aggression könne ebenso dem Guten wie dem Bösen dienen. Sie sei eine Quelle der Selbsterhaltung, gehe aber manchmal »weit über die Erfordernisse der Selbsterhaltung hinaus«. Als Beispiel nannten sie den Zweiten Weltkrieg. Eine Abschrift ihrer Rede ist im Evangelischen Zentralarchiv erhalten: »Da stößt man doch auf eine große Zahl von Menschen, die keineswegs aggressiv gespannt sind, die vielmehr eher den Eindruck des Geschobenen machen, die aber gehorsam das tun, was man ihnen überträgt«, sagten sie über deutsche Soldaten und Bürokraten. »Es ist so, als könnten wir von diesen Fakten her keinen Weg zurückgehen, der uns auf die innere Verfassung der Menschen hinführen würde, die damals gehorsam waren, gehorsam gehandelt haben, gehorsam den Feind getötet haben, ohne sich kritisch z. B. darüber Rechenschaft geben zu können, ob in der Tat die Juden an allem schuld waren. Und dies alles von Menschen getan, die, wie gesagt, vorher und nachher im bürgerlichen Leben besinnlich, ›angepasst‹, durchaus unauffällige Bürger waren.«

Das Paradoxe sei, sagten sie auch, dass sogar das Gewissen ein Produkt der Aggression sei. Indem eine Kultur bestimmte aggressive Verhaltensformen verbiete, lernten die Heranwachsenden, ihre Aggression nach innen umzubiegen und zu verinnerlichen. Die Aggression werde »dorthin zurückgeschickt, woher sie gekommen ist, also gegen das eigene Ich gewendet. Dort wird sie von einem Anteil des Ichs übernommen, das sich als Über-Ich dem übrigen entgegenstellt und nun als ›Gewissen‹ gegen das Ich dieselbe strenge Aggressionsbereitschaft ausübt, die das Ich gerne an anderen fremden Individuen befriedigt hätte. Die Spannung zwischen dem gestrengen Über-Ich und dem ihm unterworfenen Ich heißen wir Schuldbewußtsein; sie äußert sich als Strafbedürfnis.«

Aber wahrscheinlich hätte mein Vater, wenn er denn unter den Zuhörenden war, das alles nur noch missverstanden. Ich glaube nicht, dass er eingesehen hätte, dass auch seine Suizidabsicht einem Strafbedürfnis entsprach. Er hätte sich von der These, Aggression könne auch dem Guten dienen, wahrscheinlich nur bestätigt gefühlt. »Ich bin voll Aggression«, schrieb er in einem seiner Abschiedsbriefe, »und ich sage ja dazu, weil und wenn ich sie nicht zum Schaden, sondern zugunsten von Mitmenschen, zugunsten des Guten ausleben kann. Auch zugunsten meiner Familie, soweit sie aufzuwecken ist. Die Familie hat nicht das Recht, meine Verantwortung mehr zu beanspruchen als die Notwendigkeiten meines Selbst. Jawohl, ich bin dankbar und stolz auf meine Aggressivität und will allen unterdrückten Aggressionen, alle meine Kameraden darin lehren, dass dies auch von Gott und notwendig ist.«

Er will allen unterdrückten Aggressionen lehren – was lehren? Dass sie heraus müssen? Notwendig sind? Von Gott persönlich geschickt? Was für schreckliche Sätze.

Nach der Veranstaltung befragte ein Reporter des »Deutschlandfunks« Alexander Mitscherlich, welchen Dienst die Kirche »zur Bewältigung gesellschaftlicher Aggression leisten« könne. »Ja, ich würde sagen, dass ohne die Entwicklung eines Schuldgefühls eine Kultur sehr primitiv ist«, antwortete der Professor. »Wenn ich also nicht in der Lage bin, zu fühlen, nachzufühlen, was ich dem anderen antue, sondern wenn der andere für mich gleichsam ein Beuteobjekt wird, ein Objekt, das ich einfach nur zerstöre, weil es meinen Bedürfnissen dient, dann entdifferenziert Kultur enorm. Infolgedessen sind

Schuldgefühle unerlässlich. Bisher hat die Kirche die Schuldgefühle christlich verwaltet, wenn ich mal so sagen darf.«

Die Schuldgefühle christlich verwaltet – ein passender Ausdruck für die kirchliche Ignoranz gegenüber der NS-Vergangenheit und den eigenen antisemitischen Traditionen. Die Juden hätten Jesus getötet, seien deshalb »aller Menschen Feind« und hätten »den Teufel zum Vater«, predigten die Kirchen jahrhundertelang unter Berufung auf Bibelverse von Paulus und Johannes. Besonders die Evangelische Kirche hatte gegen den Nationalsozialismus wenig einzuwenden, hatte doch schon Martin Luther in seiner Schrift »Von den Juden und ihren Lügen« vorgeschlagen, man solle die jüdischen »Synagogen oder Schulen mit Feuer anstecke(n)« und »ihre Häuser desgleichen verbrenne(n)«. Der größte Teil der Pfarrer begrüßte Hitlers Machtübernahme mit Überschwang, es waren nur Einzelne, die sich später dem Widerstand anschlossen. Kein Bischof und kein Papst protestierte jemals öffentlich gegen die Ermordung der Juden oder der Sinti und Roma, die einzige Sorge der Kirchenleitung bestand darin, dass die getauften KZ-Häftlinge kein Bußsakrament erhielten.

Ohne die tätige Mithilfe der Kirche hätten die deutschen Juden niemals von den deutschen »Ariern« getrennt und der Vernichtung preisgegeben werden können. Alle Deutschen mussten die Religionszugehörigkeit ihrer Eltern und Großeltern nachweisen, wer in die NSDAP oder SS eintreten wollte, hatte seine »rein arische Abstammung« sogar ab dem Jahre 1800 zu beweisen. Viele Pastoren rückten die nötigen Heirats-, Geburts- und Taufurkunden freudig heraus. »Millionen von Arierscheinen, die aus alten Kirchenbüchern herausgezogen wurden, verbürgen die Reinheit der Abstammung und bieten die Gewähr für die Durchsetzung der notwendigen bevölkerungspolitischen Aufgaben«, so begründete die Evangelische Landeskirche von Schleswig-Holstein 1939 ihre Mithilfe bei der Aussonderung der Juden. »Die Kirche hat in der Erkenntnis der großen Bedeutung dieser Dinge für das Volk und seine Zukunft sich freudig in den Dienst der Sache gestellt.«

Die Kirche habe versagt, schrieb mein Vater in einem seiner Abschiedsbriefe. Sie hat tatsächlich versagt, doch in einem anderen Sinne, als er dachte. »Ich glaube«, schrieb Konrad Adenauer 1946 einen wenig bekannten Brief an den Bonner Pastor Bernhard Custodis, »wenn die Bischöfe alle miteinander an einem bestimmten Tag öffentlich von den Kanzeln aus dagegen [gegen die Verbrechen der Nazis] Stellung genommen hätten, sie hätten vieles verhüten können. Das ist nicht geschehen und dafür gibt es keine Entschuldigung. Wenn die Bischöfe dadurch ins Gefängnis und ins Konzentrationslager gekommen wären, so wäre das kein Schaden, im Gegenteil. Alles das ist nicht geschehen und darum schweigt man am besten.« Zum Vergleich: Auch im nazi-besetzten Frankreich hielt die katholische Kirche erst still, dann aber rief sie dazu auf, die Juden zu schützen. Ihr Protest war wirksam, die Zahl der Deportierten verringerte sich.

Die Kirchenleitung, die sich doch als wichtigste moralische Instanz der Gesellschaft sieht, hat für all das nie in klaren Worten um Vergebung gebeten, nicht in einer Form, die ihre aktive Beihilfe zum Völkermord und ihre unterbliebene Hilfeleistung gegenüber den Verfolgten klar benannt hätte. Eine der wenigen Konsequenzen, zu denen sich die Evangelische Kirche durchringen konnte, war die Einsetzung einer »Arbeitsgruppe Juden und Christen« im Jahre 1961 zwecks Aufnahme eines christlich-jüdischen Dialoges. Die Arbeitsgruppe traf sich auch auf dem Stuttgarter Kirchentag, unter Vorsitz des Politologieprofessors Kurt Sontheimer, doch bezeichnenderweise ist sie die Einzige, über deren Diskussionen die Zeitungen nicht berichteten. Auch die Reporter mochten dieses Thema nicht.

Am Samstagnachmittag, den 19. Juli 1969, sollte die Lesung von Günter Grass stattfinden. In der Luft hing schon wieder ein Gewitter, erneut war der Großbunker der Halle 1 überfüllt, Ordner vertrieben nachdrängende Menschen, die sich schimpfend verzogen oder auf den Rasen setzten. Andreas Zumach war allein in diese Veranstaltung gekommen, ohne seine Eltern, neugierig auf den berühmten Dichter und seinen neuen Roman.

Ich weiß das, weil wir kurz vor dem Ökumenischen Kirchentag im Jahre 2003 in Berlin in einem Café plauderten. »Ich will eigentlich nicht hingehen, Kirchentage sind mir unheimlich«, sagte ich und erzählte warum. Er sah mich erschrocken an. »Ich weiß genau, was damals geschah«, sagte er mir. »Ich saß neben deinem Vater.«

»Was?« Nun war ich erschrocken. Mein Herz raste, als sei mein Vater erst gestern gestorben.

Ausgerechnet mein Kollege hatte direkt neben meinem Vater gesessen! Außer Günter Grass habe ich noch nie einen Augenzeugen getroffen, der meines Vaters Tod direkt miterlebt hatte.

Nun wollte ich alles wissen, jedes Detail, an das er sich nach 34 Jahren noch erinnern konnte.

»Worum es in Grass' Buch gehen sollte«, berichtete er weiter, »das hatte ich schon gehört, der Roman hatte schon vor seiner Veröffentlichung Wellen der Empörung geschlagen: ein Student, der aus Protest gegen den Vietnamkrieg und gegen die brennenden Opfer von Napalmbomben seinen Dackel verbrennen will.«

Pfui! Ein unschuldiges Tier! Dabei war der Dichter ganz und gar nicht der Meinung, dass man solche Zeichen setzen solle, ganz im Gegenteil, und deshalb kommt auch der Dackel am Ende seines Romans mit dem Leben davon.

»Hat auch dein Vater gewusst«, fragte Andreas Zumach, »um was es in der Lesung gehen sollte? Hatte er sich diese

Debatte um das Setzen öffentlicher Zeichen gezielt ausgesucht, um öffentlich ein Zeichen zu setzen?«»Vielleicht«, meinte ich. Seine Tat war lange geplant, den ersten seiner vierzehn Abschiedsbriefe hatte er schon vor Jahren verfasst, aber der Ort dafür war wohl eher zufällig. Bereits im Januar 1969, das geht aus einem seiner Briefe hervor, hatte er sich in der Tübinger Stiftskirche das Leben nehmen wollen. Er verschob die Aktion, vielleicht, weil meine Mutter so krank war. Auf jeden Fall sollte ein kirchlicher Rahmen seinen Freitod umgeben. Aber die Idee, sich auf dem Kirchentag umzubringen, kam ihm wohl erst kurz vorher. Ursprünglich hatte er an seinem Todestag mit dem Frühzug zu einer Tagung auf dem Ludwigstein reisen wollen, aber seine Frau hatte vergessen, ihn zu wecken. »Dann fahr doch wieder auf den Kirchentag«, schlug sie ihm vor. Er willigte ein, vielleicht hatte er es am Vorabend schon selbst überlegt. Jedenfalls: Bevor er sich in den Zug nach Stuttgart setzte, ließ er sich mit dem Auto an seiner Universitätsapotheke vorbeifahren. Er müsse dort noch etwas holen, sagte er dem Chauffeur, dem mittleren meiner Brüder. Was das war, sagte er nicht: eine Flasche Zyankali.

»Auf dem Podium saßen Günter Grass, der Pädagoge Hartmut von Hentig und einige andere«, berichtete mir Andreas Zumach. »Grass las eine Stelle vor, in der die Verbrennung des Dackels auf dem Trottoir vor dem Café Kanzler geplant wird, zur großen Empörung der Damen, die dort Kuchen essen. Der ältere Herr neben mir wurde schon während der Lesung sichtlich unruhig, machte ständig Zwischenbemerkungen. Die Menschen um ihn herum drehten sich um und versuchten ihn zu beruhigen. Aber es nützte alles nichts.

Irgendwann stand er vor dem Saalmikrofon und hielt eine erregte, wirre Rede. Ich kann mich nicht mehr an ganze Sätze erinnern, aber es fielen Worte wie ›Schuld‹, ›Nazis‹ und ›SS‹. Das war kein normaler Redebeitrag, das spürte ich sehr deutlich. Manche Leute versuchten ihm ins Wort zu fallen, sie riefen ›aufhören!‹, ich glaube, auch der Moderator auf dem Podium bat ihn, nun endlich zu Ende zu kommen. Er tat das aber nicht, er redete bestimmt vier, fünf Minuten lang und erregte sich immer mehr.

Und dann nahm er irgendetwas in den Mund …«

»*Ich hatte die Einladung, auf dem Evangelischen Kirchentag in Stuttgart zu lesen und zu diskutieren, schon im April angenommen. (Professor von Hentig bat eindringlich und schriftlich.)*«, schrieb Günter Grass im »Tagebuch einer Schnecke« über diesen Tag in Stuttgart. »*Wer dabei gewesen ist, wird sich erinnern, wie hochsommerlich heiß die Gerechtigkeit (und der Hunger nach ihr) auf dem Killesberg lastete. Zehntausend waren gekommen: gutverpackte Seelen, Suchende mit Quartierschein. Alle schwitzten beteiligt, schwitzten das Glück und Jesus, die kaputte Kirche und Ökumenisches, schwitzten die engagierte Partnerschaft aus. Das neue Theologiebedürfnis weitete alle Poren. Frühchristlich lief viel ziellose Jugend barfuß. Die Sprüche der kleinen und großen Propheten trugen sich auf und ab. (Zwar fehlten Säulen und Säulenbewohner, doch waren sie denkbar.) Wegweiser zeigten an, in welcher Halle über die Anträge der Hoffnung abgestimmt werden sollte. (Resolutionen zur Ermittlung des Glücks.) Vier Tage lang blieb der Streit um Jesus (geboren von der Jungfrau) auf der Tagesordnung. Silbenstechende Exegeten: jeder hatte seine Bibel und jeweils eine andere Bibel, manche hatten Marx und jeweils einen anderen Marx gelesen. Als sich die Kirche öffnete, lief sie aus. Alles (nicht nur das Glück und das Kreuz) wurde diskutiert. Das Unterbewußte fand in Sprechchören Ausdruck. Gemeinsam wurde Gemeinschaft gesucht: evangelischer Mief.*
Ich las in der Halle 1 vor der Arbeitsgruppe: Der Einzelne und die anderen. 2000 Einzelne waren gekommen. Wie der Schüler Scherbaum seinen Dackel verbrennen will, las ich vor.

Weil alles diskutiert wurde, wurde auch der ritualisierte Protest diskutiert. Viel barfüßige und jetzt, da es zu spät ist, frühchristliche Jugend hungert nach neuem Mythos, will irgendwas glauben können, hat schon den paradiesischen Blick und wird die Schranke Vernunft überhüpfen ...

Ihr werdet verstehen, Kinder: das Wort Paradies ängstigt meine Schnecke. Sie fürchtet sich geradezu vor den Wegbereitern paradiesischer Zustände und macht sich klein bis zur Schrumpfgröße. Denn allzu genau erinnert sie die strengen Einreisebestimmungen und die erkenntnisfeindliche Hausordnung. Sie weiß, wie total nach unparadiesischem Verhalten die Austreibung ist.

Ich muß gestehen, daß ich neugierig war und meine Schnecke auf Kundschaft schickte. Während ich in der Halle 1 bei gerecht verteilter Hitze gegen den ritualisierten Protest ansprach (und auch die Selbstverbrennung des Prager Studenten Jan Palach kein aufklärendes Beispiel nennen wollte), besuchte sie andere Arbeitsgruppen: so teilten wir uns, sind überall dabei gewesen ... (Auch bei der fleißigen Arbeitsgemeinschaft ›Juden und Christen‹.)

›Und dann? Und dann?‹ – Dann kam August.

Lange bevor er sich in jener Diskussion zu Wort meldete, von der ich euch berichten werde, sprach August, der jedes Mal anders hieß, in anderen Diskussionen.
    Ich kannte ihn schon lange. Wir hätten uns in Delmenhorst, Mainz oder Ulm wie zwei alte Bekannte zuzwinkern können. Wenn er nicht auftritt, vermisse ich ihn: ohne August fehlt was.

Als er auf dem Kirchentag wirklich sprach (und auch handelte) überraschte mich seine Tat nicht: die Einlösung vieler Ankündigungen. Ich kannte die Aufgeregtheit fünfzigjähriger Männer, *die alles, aber auch alles in einem einzigen, randvollen Bekenntnis los werden, quitt machen wollen. Ich kannte ihre leeren, Werte beschwörenden Gesten, ihren Kriegsbilderbuchtraum, als Einzelkämpfer (wie damals bei Monte Cassino oder am Kuban-Brückenkopf) auf verlorenem Posten zu stehen, ihren haltsuchenden Griff in die Luft, ihre flatternde ›Ein einziges ewiges Deutschland!‹ suchende Stimme und jene aufsteigende Hitze, die ihre Gesichter fleckig werden läßt.*

Auch kannte ich, da beide alterslos sind, den jungen Augst, bevor der ältere zu sprechen begann. Beide sind Zeugen des Absoluten. Beide sind süchtig nach Untergang und Erlösung. Beide wollen die Wahrheit und nichts als die Wahrheit dringlich durch Hervorpressen zum Ausdruck bringen: ein mühevoller, ein ausbleibender Stuhlgang. Es fehlt ihnen die gleichmäßig zirkulierende Wärme verschworener Gemeinschaften, die der ältere Augst bei Kriegsende verloren hatte, die der jüngere Augst im Sog einer, wie er meint, bevorstehenden Revolution zu finden hofft. Zweistimmig hörte ich sie vom Endziel und vom Aufgehen in der gemeinsamen Sache singen; lange bevor Augst sprach …

Als ich auf dem Kirchentag gegenan redete, war das Ritual schon vorbereitet. Zu spät reihte ich vernünftige Wörtchen, nicht ahnungslos, vielmehr besorgt aus Gewohntheit. Als Augst sich zu Wort meldete, erkannte ich ihn an seiner übereilten, den Satzbau verwerfenden Sprache. Auch wie er seine Zettel knüllte, zu lange wirr sprach und peinlich berührte, war nicht neu. Die zunehmende Unruhe bei der barfüßigen Jugend, ein mir alltägliches Geräusch: Gelächter und Zwischenrufe. (Folgerichtig ermahnte der Pädagoge Hartmut von Hentig die jungen Leute; folgerichtig fand sein Wunsch ›nach ein bißchen mehr Toleranz‹ bei der Jugend Gehör.) Alles lief ab wie bei einem Passionsspiel, wo Kenntnis der Handlung vorausgesetzt wird.

Augst stand hinter dem Mikrofon Nummer 2 im Mittelgang. Wenn ich alles Beiwerk weglasse, klagte er zuallererst die Kirche an, weil sie ihm Partnerschaft verweigert hatte. Beengt von seinem Wortschutt, sprach er von verlorengegangener Kriegskameradschaft. Er vermißte Werte. Er bedauerte, daß niemand ihn und seine Generation (die Kriegsgeneration) gelehrt habe, flüssig zu sprechen, wie es die Jugend heute könne: freisprechen. Er sagte noch mehr und wiederholte sich. Es läßt sich nicht nachschreiben, was er sagte, weil er verheddert im Unterholz und traurig wirr sprach. Ich reihe: Lebenseinsatz, im Stich gelassen, ein Zeichen setzen, durch unbedingte Treue, das selbstlose Opfer, wie der Protest der Jugend, nämlich ganz, damit ich gehört werde ...

Nur zum Schluß fand sein gestammelter Ausverkauf Gleise. Er hatte sich vorbereitet und beeilte sich springend auf den letzten Satz zu. Ohne in seinen Zetteln zu suchen, sagte er: ›Ich werde jetzt provokativ und grüße meine Kameraden von der SS!‹

Vom Podium aus schrieb ich mit. Ein Wort, das wie eingeübt seine Entsprechung fand; denn auch das Zischen der barfüßigen Jugend war Teil des Rituals, der Passion. Er hatte die Stelle getroffen. Zischen als gehorsamer Reflex. Und auch mein Versuch, dem programmierten Vorgang die üblichen Argumente, meine glanzlosen Schneckenerfahrungen in den Weg zu stellen, wurde Teil seiner Passion als Ritual.

Danach meldeten sich andere zu Wort in ihrem Hunger nach Gerechtigkeit. Glatthäutig wurde der ›Neue Mensch‹ gefordert. Auf dem Podium gab man zu, verlegen zu sein. Professor von Hentig litt öffentlich. Professor Becker vermittelte. Auch ich sprang nicht auf, um ihn einzuholen. Bleigüsse oder Versäumnisse oder Haftschäden. (Später hieß es im Feuilleton: ›Das war direkte Demokratie der Basis, nicht mehr nur Konsumentenrolle ohne Teilhabe.‹)

Ich sagte schon, Kinder, es war sehr heiß auf dem evangelischen Kirchentag. Das Unterbewußte wurde als Schweißtüchlein reihum gereicht. Aus der Mitte der Halle rief jemand: ›Schnell! Sanitäter!‹

Als der peinliche Zwischenfall vom Podium bekannt gemacht wurde und die Veranstaltung als geschlossen galt, verzichteten die jugendlichen Frühchristen – bei allem Hunger nach Gerechtigkeit – diesmal auf Autogramme.

Noch zu Lebzeiten ausgezischt. Eine Erklärung abgeben, die kurz ist, nicht mißzuverstehen. Nicht einmal Trauer kann ihre Kleidung retten: Kichern trennt Nähte, stellt Fleisch vor. Wohin geht das vergehende Lachen?

Es war nicht die Hitze. Kein Schwächeanfall. Später wollten viele gesehen haben, daß Augst, während er sprach, ein Fläschchen hielt. Jemand hatte konkav geschliffene Facetten bemerkt. Einer Studentin war der schwarze Schraubverschluß aufgefallen. – Vielleicht jemand noch mehr oder anderes. Irgendwo sollen Reste lagern, doch niemand erinnert sich: Reste wovon?

Der Apotheker Manfred Augst hinterließ Frau und vier Kinder. Das Morddezernat im Polizeipräsidium Stuttgart sprach von zwei kleinen Flaschen. Das nicht benützte Fläschchen habe Mandelsäure enthalten.

Der Tod trat auf dem Weg zum Robert-Bosch-Krankenhaus ein. Zeitungsüberschriften hießen: ›Das letzte Argument: Selbstmord‹ – ›Ein Einsamer griff nach Zyankali‹ – ›Keiner nahm den Tod wahr‹ – ›Ein Selbstmord überschattete den Kirchentag‹ – in der Wochenzeitung ›Christ und Welt‹ schrieb die Journalistin Maria Stein unter der Überschrift: ›Ritualisierter Protest‹.«

Auf dem Dachboden habe ich keine Abschiedsrede von Manfred Augst gefunden, auch keine Zettel und Notizen, mit denen er sie vielleicht vorbereitet hätte.

Aber es ist nicht allzu schwer, aus den Kirchentagsartikeln im Evangelischen Zentralarchiv die letzten Minuten im Leben meines Vaters zu rekonstruieren.

Der Bericht von Maria Stein ist der nachdenklichste und vielleicht auch hellsichtigste, deshalb möchte ich ihn ausführlich zitieren. »Das Publikum hielt ihn für ein Opfer der Hitze, doch der Mann war tot«, beginnt ihr Text. »Die mehr als zweitausend Menschen in der überfüllten Halle 1 auf dem Killesberg hatten den 56jährigen Tübinger Apotheker ohne nachzudenken ausgezischt. Er hatte mit teils stockender, teils flatternder Stimme zu sagen versucht, daß er die Kirche in erster Linie auch als ›Kameradschaft‹ verstehe, doch die habe er stets vergeblich gesucht. Deshalb müsse er ein Mal setzen, deshalb müsse er provozieren. …

Selbstmord bleibt letzten Endes ein Privatissimum, auch dann, wenn er mitten unter Tausenden begangen wird. Dieser Mann freilich wollte nach allem, was wir wissen können, ein Zeichen des Protests setzen. Er wollte öffentlich demonstrieren gegen das, was er in seiner Sprache die ›Unkameradschaftlichkeit‹ innerhalb der Kirche und zwischen den Kirchen nannte, einer Kirche, der er sich angeboten habe, die aber nur seine Arbeitskraft verlangt hätte, nicht seine Gedanken. Die Tragik dieses Selbstmords liegt darin, daß er, mit voller Absicht coram publico inszeniert – des Sterbenden im Todeskampf zuckende Hände und Füße berührten fast die Umstehenden –, vom Publikum als Hitzekollaps oder epileptischer Anfall verstanden wurde. Der Ruf nach dem Roten Kreuz signalisierte nichts Tragisches, er war in den glutheißen Hallen auf dem Stuttgarter Killesberg während des Kirchentags zu etwas Alltäglichem geworden. Manche hatten die in konkaven Facetten geschliffene Flasche mit dem schwarzen Schraubverschluß in seiner Hand gesehen, als er sich ob der ungewohnten Anstrengung, vor mehr als zweitausend Menschen ins Mikrofon zu sprechen, den Schweiß von der Stirn wischte. Man dachte, sie enthielte Eau de Cologne.

Ein Selbstmord also, der spektakulär geplant war wie die Selbstverbrennung in Prag, der aber dennoch zu einem Tod wurde, der ganz einsam gestorben werden mußte. Erst Stunden später konnte der Versammlung mitgeteilt werden, daß hier ein Mann gestorben war, der nicht nur aus Verzweiflung den Tod gesucht hatte, sondern der seinen Tod als Zeichen des Protestes geplant hatte.«

Ein Selbstmord, spektakulär geplant, der ganz einsam gestorben werden musste. Genau so war es.

»Natürlich wird der Tod auf dem Killesberg nachwirken«, fuhr Maria Stein fort. »Er wurde nicht zum Fanal, nicht zur Sensation, die der Tübinger Apotheker in Kauf nehmen wollte, ja, die er anstrebte, weil er glaubte, sich nur so verständlich machen zu können. Doch er muß, er wird zum Nachdenken zwingen. Es mag vielen allzu vordergründig erscheinen, in diesem Zusammenhang von der Sprache zu sprechen. Doch sie ist das Thema dieses Todes, der seinen Sinn in dem Augenblick, als er gestorben wurde, verfehlte.

Wir haben im Laufe der Zeit gelernt, das Vokabular der Linken zu verstehen. Dort werden zwar ständig neue Vokabeln geboren, doch der Jargon als solcher ist in der Bundesrepublik gängig. Linke Modeworte wie etwa ›Frustration‹, wie ›Teach-in‹ verstehen wir mittlerweile alle. Man mag etwas gegen diesen Jargon haben – wenn wir seine Wortbildungen hören, wissen alle ›irgendwie‹, was gemeint ist.

Das Gegenteil gilt für den Jargon, für die Sprache der Rechten. Aus der Sicht der Philologen ist er weitaus scheußlicher als die Sprache der Linken ... Dennoch sollte man nicht vergessen, daß viele Menschen, die in den entscheidenden Jahren ihrer Jugend Hitlers Sprache lernten, sie im Stadium der Erregung als ihre Sprache gebrauchen, obwohl sie sie politisch längst überwunden haben. Wir wissen es nicht, aber wir sollten darüber nachdenken, ob der Apotheker, als er von ›Kameradschaft‹ sprach, nicht Mitarbeit und Mitbestimmung meinte. Wir sollten darüber nachdenken, weil es uns nicht ansteht, vom Jargon auf den Inhalt zu schließen.

Deshalb ist der Tod auf dem Kirchentag eine Sensation. Wir müssen ihn jedenfalls als eine tragische Sensation werten, denn es ist der Tod eines Mannes, den wir pauschal als einen Mann der Rechten bezeichnen, der ihr überholtes Vokabular noch immer benutzte, obwohl er über die sprachlichen Verführungskünste der SS offensichtlich nachgedacht hatte. Wenn sich ein langmähniger Protagonist des studentischen Protestes den Tod gegeben hätte, hätten wir diesen Tod todsicher verstanden, todsicher mitbekommen. Der Tote war ein Mann, der trotz extrem konservativer, trotz fast nationalsozialistischer Ausdrucksweise in manchen Punkten dieselbe Reform verlangte wie der SDS. Doch wer kennt sich so in den deutschen Sprachen aus?«

Ich empfinde Bewunderung für meine Berufskollegin. Sie kannte meinen Vater nicht, aber sie beschrieb ihn, als ob sie ihn gekannt hätte. Seine missglückten Versuche, den Jargon der Rechten zu reflektieren. Seine Sprachverwirrung im Angesicht des Todes. Sein wirres Verlangen nach Veränderung.

»Viele mögen es deshalb als Trost und als Hoffnung empfinden«, fuhr sie fort, »daß es ausgerechnet Günter Grass war, der im Arbeitskreis ›Der einzelne und die anderen‹ unmißverständlich aufbegehrte, als der Versammlungsleiter das ›Rote Kreuz für den SS-Mann‹ forderte. Im Saal wurde gezischt. Günter Grass brachte die Zischer zum Schweigen. Ihm, der in der Romanfassung die Episode von Philip Scherbaum, der glaubte, aus Protest seinen Hund töten zu müssen, vorgelesen hatte, war stets daran gelegen, vor dem ritualisierten Protest zu warnen. Strafte der Mann aus Tübingen, der nach dem Bekenntnis seines Sohnes den berühmtesten Dichter der Bundesrepublik immer abgelehnt hatte, den Autor von ›Davor‹ Lügen? ...« »Davor«, so hieß ein Theaterstück von Grass.

Es gab noch viel mehr Artikel. »Ein Selbstmord überschattete den Kirchentag«, titelte die »Neue Württembergische Zeitung« und ergänzte: »Noch sichtlich unter dem Eindruck des Geschehens stand Günter Grass nach Beendigung der Veranstaltung. Doch nicht nur aus diesem Grund ›verweigerte‹ er die Autogrammstunde. ›Es würde dem Kirchentag nicht entsprechen, wenn wir das Übliche tun‹, sagte er, ›und das Ganze in eine Autogrammstunde verwandeln.‹« »Es ist unmöglich, so zu tun, als wäre nichts geschehen«, kommentierte die »Tat« den Suizid von Manfred Augst. »Seine bittere, seine verzweifelte Tat macht fast alles, was an diesem Tag über das Tun, das provozierende Zeichen, über erstrebenswerte Rationalität und den irrationalen Kurzschluß gesagt wurde, zum Geplänkel um Worte. Als er am Nachmittag gegen halb fünf Uhr seinen stockenden Beitrag zur Diskussion gab, als er seinen Protest gegen die verbeamtete Kirche und den Elfenbeinturm der reinen Lehre vorbrachte, als er resigniert über das Christentum sprach, das nicht zur guten Tat komme, als er beklagte, daß die Kriegsgeneration in ihrem besseren Teil nicht mehr ihr Recht finde, als er von seiner kirchlichen Arbeit sprach, wo nur seine Arbeitskraft, aber nicht sein Denken willkommen gewesen sei, konnte niemand im Auditorium ahnen, was er vorhatte. Eine Stunde später wurde sein freiwilliger Tod bekannt. Davor versagte die Sprache. Eine Welle der Erschütterung ging durch die Halle 1. Wollte er ein Zeichen setzen? Sollte seine Tat aufrütteln? Wollte er stellvertretend einen Teil Schuld abtragen? Seine rätselhaften letzten Grüße an die ›Kameraden von der SS‹ lassen das ahnen ... Kann die Tat etwas bewirken? Günter Grass wandte sich den ganzen

Nachmittag gegen den irrationalen Protest. Er habe keine aufklärende Wirkung. Nur mit Rationalität könne man der Welt beikommen. Die ritualisierte Form des Protestes bringe nur neue Irrationalismen hervor. Es war die Rede davon, daß Christus, wenn er heute auf dem Kurfürstendamm gekreuzigt würde, höchstens die Fotoapparate der Passanten in Bewegung bringen würde. Manfred August hat durch seine Tat erschüttert. Er machte auf die Not in unserer Zeit aufmerksam. Und die Stille, die nach seinem Tod eintrat, muß zum Nachdenken genützt werden.«

Ja, er machte auf seine Not aufmerksam. Aber leider so, dass kaum jemand diese Not verstand.

»Der Selbstmord eines Zuhörers gegen Ende der Diskussion überschattete nachträglich die gesamte Veranstaltung«, schrieb das »Allgemeine Deutsche Sonntagsblatt«. »Alles im Laufe der drei Tage Gesagte erhielt damit einen neuen Stellenwert. Mit den eigenen Aggressionen und denen seiner Mitmenschen umgehen zu lernen ist nicht nur ein Spiel für Psychoanalytiker, sondern Notwendigkeit für jeden.«

Erhielt tatsächlich alles Gesagte einen neuen Stellenwert? Wohl kaum. Die Erschütterung des Berichterstatters ist zu spüren, aber auch seine Ratlosigkeit. So ratlos wie er damals bin ich noch heute.

Auch die »Evangelischen Kommentare« widmeten sich ausführlich dem Vorfall: »Ein ›einzelner‹ stand in der Halle 1 klein und unscheinbar am Mikrophon, sprach stockend und wirr, ein ›einzelner‹, den die ›anderen‹ offenbar sein Leben lang und auch jetzt nicht verstanden. Er grüßte ›seine Kameraden von der SS‹ und wollte ›provokativ‹ werden, schluckte Zyankali und starb auf dem Weg ins Krankenhaus. Dieser ›einzelne‹ wurde vom Diskussionsleiter, Prof. Hellmut Becker, in Schutz genommen, als die ›anderen‹ zischten. Hier durfte er reden, und sein Selbstmord war gerade hier ein bitteres und sinnloses Mißverständnis. Diese Tat war allerdings auch eine Mahnung, unter dem Thema ›Der einzelne und die anderen‹ nicht nur über Aggression akademische Vorlesungen zu halten (Mitscherlich und andere) und eine Dichterlesung zu veranstalten (Günter Grass), über Rationalität und Irrationalismus zu diskutieren (als Irrationalismus prangerte Günter Grass die Rede des Selbstmörders an) – sondern ganz schlicht für den anderen, und gerade für den einzelnen anderen, dazusein.«

Für den einzelnen anderen da sein – ja, aber wie? Ein hilfloser moralischer Appell an alle. So diffus wie die Begründung meines Vaters für seinen Suizid.

Ähnlich kommentierte der Deutschlandfunk: »Ein privates Schicksal, zweifellos, aber es liegt nahe zu fragen, ob hier nicht die anderen einem einzelnen gegenüber versagt haben, wohl nicht die anderen der Arbeitsgruppe, in der der Teilnehmer sich aufhielt, aber die, die ihn in seiner Umwelt umgaben. Man wird darüber nachdenken müssen.«

Seine Umwelt – damit sind wir gemeint. Seine Familie. Ich. Habe ich versagt?

Die rechtsradikale »Deutsche Wochen-Zeitung« nützte den Vorfall, um gegen Grass zu hetzen: »… Den gröbsten Mangel an Fingerspitzengefühl aber wies die Leitung des Kirchentags dadurch auf, daß sie ausgerechnet einem Günter Grass, der bekanntlich durch sein ›Werk‹ – ›Die Blechtrommel‹ – Christus in Person angriff, die Leitung einer Podiumsdiskussion anvertraute. Der im Verlauf dieser Diskussion erfolgte Selbstmord des Tübinger Apothekers mag gar manchem als überspitzt erscheinen. Trotzdem aber wirft er einen Schatten auf den Kirchentag als solchen, da hier ein überzeugter Christ durch seinen Freitod ein Fanal gegen die Manipulierung der

Kirche und des christlichen Glaubens durch die Politik setzen wollte.« Für die NPD, diese Verteidigerin der Christenheit, war Grass ein politischer Feind, weil er sich, selbst aus Danzig vertrieben, nicht etwa für die deutschen Vertriebenen, sondern für die Versöhnung zwischen Polen und Deutschen einsetzte.

Der Berliner Bischof Kurt Scharf ging in einem Kommentar für das »Berliner Sonntagsblatt« ebenfalls auf den Suizid ein, wenn auch nur indirekt: »Gott will nicht, daß Menschen sich innerlich abquälen und dabei allein gelassen werden. Jeder psychisch Kranke ist eine Anklage an die Gesellschaft, in der er lebt. Jeder, der freiwillig aus dem Leben scheidet, vermehrt das Konto der Schuld unserer Gesellschaft, in der dies geschehen konnte.« Scharf, später ein leidenschaftlicher Kritiker der politischen Rechten, grenzte sich damals ähnlich wie Grass von linken und rechten »Extremisten« ab, aber: »Die Fanatiker, die Neurotiker, die Stammler und die Gammler und auch die, die immer dasselbe Steckenpferd reiten, haben an irgendeiner Stelle ihres Wesens eine Wunde empfangen, die nicht vernarben will. Sie sind Symptomträger einer Krankheit unserer ganzen Gemeinschaft.«

Mein Vater, der Symptomträger. Mein Vater, der Versager, der sogar im Sterben noch versagt hat und das ersehnte Fanal nicht setzen konnte. Mein Vater, der sich opfern wollte wie Jesus. Oder wie Jan Palach Anfang 1969 in Prag. Oder wie die vietnamesischen Nonnen und Mönche, die sich aus Protest gegen den Napalm-Krieg der USA öffentlich verbrannten. Ich stehe in der leeren weißen Halle 1. Versuche mir vorzustellen, wie er hier starb. Seine letzten Zuckungen – nein, entsetzlich, ich will nicht daran denken. Ich empfinde ein Gefühl der Lähmung, so wie damals, als ich von seinem Tod erfuhr.

Ich muss raus aus dieser Halle. Ganz schnell. Sonst werde

ich hier eingeschlossen. Kann mich nicht mehr bewegen. Ersticke. So wie mein Vater. Raus hier. Raus.

Draußen atme ich tief durch. Genieße die Stille, die Luft, das Grau-in-Grau von Himmel und Messehallen. Ich lebe.

Grass hatte Recht. Es war ein Passionsspiel, die Jesus-Passion, die mein Vater nachzuspielen versucht hat. Es war ein Opfertod. Zumindest ein versuchter.

»Wie Jesus fühle ich mich als in der Welt ohnmächtiger Mensch«, hatte er in einem seiner Abschiedsbriefe geschrieben, »der nun durch seinen Einsatz, sein Ja-Sagen zur Entscheidung zu der Macht und dem Verständnis kommt, das ihm zusteht.« Was für eine Anmaßung. Mein Vater wollte selbst Jesus spielen.

Für was wollte er sich opfern? Um seine SS-Kameraden von ihrer Schuld zu erlösen? Oder von ihrer Verurteilung durch die Gesellschaft? Wollte er sich selbst erlösen? Wollte er die Kirche bestrafen? Oder sich selbst? Oder alle zusammen? Er blieb doppeldeutig, unklar, schizoid bis zur letzten Sekunde seines Lebens.

Oder wollte er Hitler nachahmen? Im Bewusstsein der Nazis, schrieb Hannah Arendt, habe ihr Führer »die totale Verantwortung für jede Aktion, Tat oder Untat«, die einer in seiner Eigenschaft als Nationalsozialist verübt hat, persönlich auf sich genommen. Im Bewusstsein der großen Mehrheit der Deutschen, ergänze ich in Gedanken, geht damit jeder Befehl und jedes Verbrechen auf Hitler selbst zurück. Der Führer hat in ihren Augen wie Jesus alle Sünden auf sich genommen, am Ende opferte er sich, damit sie weiterleben konnten.

Ich stehe in der frischen Luft und atme durch. Gehe ein paar Schritte. Muss nachdenken. Beschließe, im »Höhenpark« spazieren zu gehen.

Opfer. Ich empfinde Abscheu vor diesem Wort. Ich kann es nicht ausstehen. Ich kann Menschen nicht ausstehen, die zu »Opfern« aufrufen. Nicht nur, weil sie meistens davon ausgehen, andere, nicht sie selbst, sollten sich oder etwas opfern. Sondern auch, weil dieses Wort die denkbar fürchterlichste Geschichte in sich trägt: die von Millionen Menschenopfern. Kein totalitäres System kommt ohne den Opfergedanken aus, ob Nationalsozialismus, Stalinismus oder der moderne Islamismus, der Selbstmordattentäter losschickt. Politische Führer und Ideologen, die heute Opfer fordern, damit morgen eine strahlende Zukunft anbricht, wissen genau, dass sie lügen und manipulieren, denn noch keine Gesellschaft der Welt hat das Lebensglück durch Menschenopfer herbeiführen können. Ganz im Gegenteil: Opfer schaffen Schuld, Traumata, neue Gewalt. Wir leben nur ein Leben, das der Gegenwart, und wenn politische Führer nicht dafür sorgen, dass es schon heute lebenswert auf der Erde zugeht, sollte man sie aus dem Amt jagen.

Ich reagiere auch deshalb so allergisch auf das Wort, weil es für die Überzeugung meines Vaters zentral war. »Liebe beweist sich im Opfer« schrieb er 1946, »Heilig hängt zusammen mit Opfer« formulierte er 1948, von der »Bereitschaft zu einem als sinnvoll erkannten Selbstopfer« schwärmte er 1964. Seine Texte kreisten ständig um »Glaube« und »Opfer«, man müsse sich für eine Aufgabe opfern, sich für Höheres hingeben, einer Mission folgen, man sei nur dann ein Gläubiger, wenn man zum Selbstopfer bereit sei.

Wuuurghxx! Ich möchte am liebsten laut kreischen. Eine Krähe flattert vor mir in die Höhe, vielleicht habe ich sie mit meinen heftigen Bewegungen erschreckt.

Er hat ja gar nicht sich selbst geopfert, denn sein Tod hatte keinen höheren Sinn für irgendwen. Er hat nur so getan, als ob. Vor sich selbst. Um eine rein egoistische Tat zu einer altruistischen umzulügen. Seine Familie hat er in gewisser

Weise mitgeopfert. Er hat gewusst oder hätte wissen können, dass er eine Wunde reißt, die nie ganz heilen wird.

Sein Tod wirkt auf mich so, als ob irgendeine Instanz vor langer Zeit ihm den Auftrag gegeben hätte, sich zu opfern, sonst tauge er nichts und habe kein Lebensrecht. Sein Vater? Sein Gottvater? Sein Führer? Oder seine toten Kameraden von der Front, deren Opfer nicht umsonst gewesen sein durften? Oder alle zusammen? Was ist es gewesen, was viele Nationalsozialisten so opfersüchtig machte?

»Der bedingungslose Einsatz der Person bis zur Opferung des Lebens ist für uns der Inbegriff aller menschlichen Religiosität und Frömmigkeit«, schrieb mein Vater im Juli 1945. »Darin liegt auch der enge Zusammenhang zwischen echtem Glauben und echtem Soldatentum begründet.« Die »soldatische Glaubensform«, da haben wir sie wieder. Das Opfer ist ihr zentraler Begriff. »Volk will zu Volk, ein Opferstrom soll alle Herzen einen! Hoch über einen deutschen Dom soll Gottes Sonne scheinen!«, hieß es in einem Lied der Hitler-Jugend. »Vom Blut der Helden schlägt das Herz der Welt«, so lautete ein anderer Sinnspruch. »Du bist nichts, dein Volk ist alles«, hatten Hitlers Partei-Soldaten und Hitlers Wehrmachts-Soldaten gelernt. Und: »Deutschland muss leben, auch wenn wir sterben müssen.« Also: »Du bist zum Sterben für Deutschland geboren.« Folglich trugen diejenigen, die den Krieg überlebten, schwer an ihrer »Überlebensschuld«. Fühlte sich mein Vater deshalb verpflichtet, seinen toten Kameraden nachzufolgen? »Ich grüße meine Kameraden von der SS ...«

Da drüben, in dieser Eishalle 1, hat er diesen Satz gesprochen. Ich kicke ein paar Erdbrocken zur Seite.

Beim Abendmahl nehmen die Christen den Opferleib und das Blut Jesu in sich auf und werden dadurch zu einer Gemeinde der Gläubigen. Die Soldaten Hitlerdeutschlands opferten Leib und Blut, damit der Volkskörper weiterlebe und darüber eine neue Gemeinschaft entstehe.

Schlagartig geht mir auf, was mein Vater mit diesem furiosen finalen Akt bezweckte: Auch er wollte durch seinen Opfertod Gemeinschaft stiften. Über ihn, den Toten, sollten Christen und seine SS-Kameraden zur einer neuen Gemeinschaft zusammenfinden, endlich wieder vereint im Glauben.

Das lateinische Wort »religio«, das der »Religion« zugrunde liegt, bedeutet wörtlich übersetzt »Rückbindung«. Da ist sie wieder, die Nabelschnur zum Großen Ganzen. Mein Vater konnte ohne Rückbindung zu GottFührerVaterlandMuttererde nicht leben. Er fühlte sich nur lebendig, wenn er Teil des Volkskörpers war. Wenn der Volkskörper starb, alias große Mutter, Germania, Nation, Kirche, Heimat, Großes Ganzes, dann glaubte auch er, nicht mehr weiterleben zu dürfen. »Du bist nichts, dein Volk ist alles.« Er ist nie erwachsen geworden.

Jetzt war auch er wieder Erde. Wie diese Erde hier. Ich bin wütend auf sie. Kicke noch mehr Erdbrocken durch die Gegend. Hoffentlich sieht mich niemand.

Mein Vater hat einen archaischen Akt vollbracht. Der Kern aller Religionen sei das Opfer, sagen manche Wissenschaftler, sie seien aus Opferkulten entstanden. Lange bevor die Hominiden Jäger wurden, schrieb die US-Publizistin Barbara Ehrenreich in ihrem Buch »Blutrituale«, waren sie selbst Beute. Auf der Flucht vor Bären oder Säbelzahntigern musste einer geopfert werden, um den Clan zu retten. Dieses »Urtrauma« war womöglich der Ursprung der menschlichen Gewohnheit, Gewalt zu sakralisieren. Ob bei den alten Ägyptern, Persern, Griechen, Römern oder Mayas, überall wurden Menschen rituell geopfert. Und der französische Soziologe Emile Durkheim vertrat schon 1912 die Theorie, der Totemismus sei die

Urform aller Religionen. Das Schlachten und Aufessen des Wappentieres sei eine Art gemeinsame Kommunion, die Tod und Wiederauferstehung des ganzen Clans symbolisierte, um Aggressionen untereinander zu zähmen; im christlichen Abendmahl seien Spuren jenes Aktes zu erkennen. Diese Rituale, glaubte Durkheim, hätten die Menschen erst befähigt, Urformen von Moral zu entwickeln.

Armes Opfer, denke ich. Es ist Mittel zum Zweck, dient der menschlichen Fortentwicklung, dient der Verhinderung von Gewalt und Rache, aber es heiligt die Gewalt auch und sorgt für ihre Fortsetzung. Das Opfer bleibt Opfer und schafft immer weiter Opfer.

Ein Eichhörnchen huscht über meinen Weg. Wieselt herum, macht Männchen, sieht mich mit blanken Augen an, flüchtet.

Krieg sei fast immer und überall reine Männersache, schrieb Ehrenreich. Weiblichkeit definiere sich durch Kinderkriegen, Männlichkeit aber müsse sich sozial beweisen: mit Waffen und Kriegführung. Im Krieg hat ein Mann die Chance, sich zum »unsterblichen Helden« zu machen, eine männliche Ahnenreihe der Helden zu schaffen, die sich quasi gegenseitig gebären. Die Frauen sind in der Fantasie der Krieger nicht mehr nötig zur Fortpflanzung. »Der Krieg ist unser Vater«, schrieb Ernst Jünger 1926. »Er hat uns gezeugt im glühenden Schoße der Kampfgräben als ein neues Geschlecht, und wir erkennen mit Stolz unsere Herkunft an.« Auch die deutschen Soldaten lernten, sie seien »Helden«, wenn sie sich der Nation opferten. Der Hüter des Altars, der oberste Raubtiergott war im Ersten Weltkrieg der Kaiser, im Zweiten Hitler. »Öfter als einmal haben sich Tausende und Tausende junge Deutsche gefunden mit dem opferbereiten Entschluss, jugendliche Leben so wie 1914 wieder freiwillig und freudig auf dem Altar des geliebten Vaterlandes zum Opfer zu bringen«, schrieb der

Führer in »Mein Kampf«. »Wahres Opfer adelt«, sprach er. »Wer nichts wagt, wer nichts opfert, ist ein Feigling, ist des Lebens nicht wert. Wer Großes opfert, wird auch Großes empfangen.«

Fehlt da nicht noch was?, denke ich und drehe noch eine weitere Runde. Im Gebüsch weitab zieht der Wuschelschwanz des Eichhörnchens eine rotbraune Spur durch die Luft. Ja, da fehlt noch viel.

Unter anderem, dass es nicht nur die eigenen Soldaten waren, die die Nazi-Elite opferte, sondern an erster Stelle die europäischen Juden. Der Nationalsozialismus sei eine »politische Religion« gewesen, vertritt der Historiker Michael Ley in seinem Buch »Erlösung durch Vernichtung«. Die Ermordung von nahezu sechs Millionen Juden sei nicht nur der größte Zivilisationsbruch in der Geschichte der Menschheit gewesen, sondern auch das größte Menschenopfer aller Zeiten.

Hitler wurde von seinen Anhängern vergöttert und sah sich selbst von Gott oder der Vorsehung gesandt: »Christus war der größte Pionier im Kampf gegen den jüdischen Weltfeind. Christus war die größte Kämpfernatur, die es je auf Erden gegeben hat … Die Aufgabe, mit der Jesus begann, die er aber nicht zu Ende führte, werde ich vollenden«, versprach er 1926 auf einer Weihnachtsfeier der Münchner NSDAP. »Ich muß nach Berlin wie Jesus in den Tempel von Jerusalem und die Wucherer hinauspeitschen«, verkündete er kurz vor seiner Machtübernahme. »Die Vorsehung« habe ihn »zur Führung des Reiches« berufen, brüllte er nach dem »Anschluss« Österreichs 1938 in Linz, nachdem er unter Glockengeläut die Grenze überschritten hatte.

Um mit der Kirche nicht in Konflikt zu geraten, hütete sich Hitler, sich selbst Gott zu nennen, aber er nahm für sich »Unfehlbarkeit« in Anspruch, forderte von seinen Anhängern »blinden Glauben« und hatte nichts dagegen, wenn seine

Gläubigen ihn als den neuen Gott sahen. »Christus ist zu uns gekommen durch Adolf Hitler«, freute sich der thüringische Kirchenrat nach der Machtübernahme der NSDAP. In Richard Euringers Theaterstück »Deutsche Passion«, im Sommer 1933 uraufgeführt, tritt der Führer mit Dornenkrone aus Stacheldraht auf dem Haupte auf. Als ihn eine wütende Menge ans Kreuz zu schlagen versucht, vollbringt er schnell mal ein Wunder und versöhnt die Lebenden mit den Kriegsgefallenen, bis er mit den Worten »Es ist vollbracht« in den Himmel fährt.

Warum »Versöhnung« mit den Toten? Millionen Deutsche sollten im Ersten Weltkrieg nicht umsonst gefallen sein, ihr sinnloser Tod sollte nachträglich zu einem sinnvollen Opfer umgelogen werden, sie sollten »weiterleben« im Schoße der Heimat, der Muttererde, der Nation. Auch deshalb versuchte Hitler die deutsche »Schmach« im Ersten Weltkrieg wettzumachen durch einen Sieg im Zweiten.

Hitler sah das deutsche als das auserwählte Volk, das die Juden niederringen müsse, um die Menschheit zu erlösen. Er ersetzte das Kreuz durch das Hakenkreuz, das Blutopfer des Abendmahls durch Menschenopfer, die biblische Apokalypse durch den apokalyptischen totalen Krieg. Er ersetzte Gott durch »Volk« und »Rasse«, die »Arier« wurden vergottet und vergöttert. Die Nationalsozialisten ließen die Säle für ihre Parteiveranstaltungen vielfach wie Kirchenräume anordnen: links und rechts Bänke, vorne ein Altarraum, durch Stufen erhöht, mit Hakenkreuz an der Stelle des Christuskreuzes und blumengeschmücktem Bild des Führers anstelle von Ikonen. Wilhelm Frick, 1930 in Thüringen der erste Nazi-Minister überhaupt, führte nationalsozialistische »Gebete« an den Schulen ein. Im »Bund deutscher Mädel« wurde das Vaterunser umgedichtet: »Adolf Hitler, Du bist unser großer Führer, Dein Name macht die Feinde erzittern, Dein Drittes Reich komme, Dein Wille sei allein Gesetz auf Erden ...«

Das Perfideste aber war die Verdrehung der Zehn Gebote in

ihr Gegenteil. Du sollst töten und du sollst getötet werden, verlangte Hitler von seiner Gefolgschaft. Du sollst dich für Deutschland opfern, denn der Tod ist die Geheimessenz unserer Bewegung. Das Evangelium der Nazis war ein Evangelium der Gewalt, Härte und Rücksichtslosigkeit waren seine obersten Gebote. Umso erstaunlicher, umso unglaublicher, dass die christliche Kirche in Deutschland in ihrer übergroßen Mehrheit an dieser gotteslästerlichen Bewegung nichts auszusetzen hatte, ja ihr sogar Beifall zollte.

Abrupt bleibe ich vor einem Mülleimer im Park stehen. Die schwäbischen Pietisten! Warum fallen sie mir jetzt erst ein? Sie glaubten schon lange an ein Drittes Reich. Mein Vater war zweifellos von ihnen beeinflusst, seine »personale Partnerschaft zu Jesus« stand in ihrer Tradition des subjektiven Gotteserlebens. Hat er auch die Schriften des Johann Albrecht Bengel gelesen? Bengel, der in Tübingen Theologie studierte, war der wichtigste württembergische Frömmler und Bibel-Neuübersetzer. Im Jahre 1740 erschien seine »Erklärte Offenbarung Johannis«, in der er aus Zahlen in der biblischen »Apokalypse« den Beginn eines »Tausendjährigen Reiches« errechnete. Es beginne am 18. Juni 1836 als tausendjährige Friedenszeit mit allgemeiner Juden- und Heidenbekehrung, danach werde Gott »alles in allem« sein. Die religiöse Spielart der Verschmelzung zum Großen Ganzen, aus der später die säkulare von Volk, Reich und Führer wurde.

Die Nationalsozialisten inszenierten ihre Nürnberger Parteitage wie Gottesdienste unter freiem Himmel, mit Märtyrerkult und Opferschalen, Blutfahnen und Blutzeugen, Schwall und Schwulst, und heiligen Wahn und tragisches Lebensgefühl gab es gratis dazu. Das nationalsozialistische Jahr war voll von Weihestunden, Prozessionen, Feiertagen, Gedenkstunden. Albert Speer und andere Nazi-Architekten bauten Tempel und Dome voller Pfeiler, Säulen, Treppen,

Kanzeln, Altare, Kandelaber. Lichtdome aus Scheinwerfern schufen eine magische Welt, innen voll strahlenden Lichts, die Außenwelt finster und feindlich. »Zwei Welten stehen einander gegenüber!«, schrie Hitler. »Der Gottesmensch und der Satansmensch! Der Jude ist der Gegenmensch, der Antimensch!«

Wie gut, sage ich dem Mülleimer, dass ich das nicht mehr erleben muss. Für nichts in meinem Leben bin ich so dankbar wie dafür.

Nicht zufällig war es just der Opfergedanke, der Judentum und Christentum ursprünglich auseinander trieb. Auch die alten Hebräer praktizierten das Menschenopfer. Der Gott des Alten Testaments fordert Abraham dazu auf, Isaak zu opfern, doch als er gehorsam das Messer am Hals seines geliebten Sohnes ansetzt, schiebt ihm Gott einen Widder unter: der historische Beginn des Tieropfers, das auch ein in die Wüste gejagter »Sündenbock« sein durfte. Im babylonischen Exil schließen die Juden einen Bund mit Gott, in dem sie endgültig auf das Opfer verzichten und stattdessen die Befolgung des Gesetzes geloben, der Zehn Gebote. »Denn ich habe Lust an der Liebe und nicht am Opfer und an der Erkenntnis Gottes und nicht am Brandopfer«, heißt es in Hosea 6,6.

Das Christentum aber setzte das Menschenopfer wieder neu in Szene, indem Jesus am Kreuz sterben musste. Der Sündenbock kehrte als Lamm Gottes wieder, das alle menschlichen Sünden auf sich nahm, und wer von seinem Leib aß und seinem Blut trank, war von allen Sünden erlöst, auch wenn er sämtliche Zehn Gebote gebrochen hat. »Mit der Abschaffung des Tieropfers gab die jüdische Religion die letzten Überreste der Totemfeiern der Primitiven auf und beraubte damit die Juden (und damit letztlich die Menschheit) der Möglichkeit, ihre aufgestauten destruktiven Kräfte abzuführen«, schrieb der Psychoanalytiker Ernst Simmel ein Jahr nach Ende des Zweiten Weltkrieges. »Das war der wichtigste jüdische Beitrag zur Zivilisation und zugleich ihr Verbrechen, denn das von ihnen geforderte Opfer übersteigt die menschlichen Möglichkeiten. Das Christentum führte symbolisch die Totemfeste der Urzeit wieder ein … Der antisemitische Christ braucht noch eine Reinkarnation des archaischen Totemtieres. Er muß es auf Erden finden, um seine aufgestauten destruktiven Aggressionen an ihm auszulassen. Deshalb hat er sich den Juden in Teufelsgestalt geschaffen …«

Holocaust bedeutet wörtlich übersetzt Ganzbrand. Die Nazi-Priesterschaft brachte ihrem Raubtiergott Hitler die europäischen Juden als Ganzbrandopfer dar. Je mehr »deutsches Blut« geopfert wurde, darauf macht Gerhard Vinnai in seinem Buch »Hitler – Scheitern und Vernichtungswut« aufmerksam, je näher die deutsche Niederlage im Zweiten Weltkrieg rückte, je deutlicher sich abzeichnete, dass sich die sinnlosen Opfer des Ersten Weltkriegs wiederholten, desto unerbittlicher arbeiteten die industriellen Menschenvernichtungsfabriken in Auschwitz-Birkenau und anderswo. Sie sollten der Sinnlosigkeit einen »Sinn« entgegenstellen.

Aber auch deutsche Soldaten und Zivilisten wurden zu Millionen geopfert oder opferten sich selbst. Hitler umjubelte schon in »Mein Kampf« jenes »deutsche Märtyrertum« und »edles Menschentum«: »Dieser Aufopferungswille zum Einsatz der persönlichen Arbeit und, wenn nötig, des eigenen Lebens für andere, ist am stärksten beim Arier ausgebildet … Der Selbsterhaltungstrieb hat bei ihm die edelste Form erreicht, indem er das eigene Ich dem Leben der Gesamtheit willig unterordnet und, wenn es die Stunde erfordert, zum Opfer bringt.«

Und die Stunde war gekommen an jenem Nachmittag auf dem Kirchentag.

Denn wer sich opfert, der erringt nach einem der nationalsozialistischen »Morgensprüche« Unsterblichkeit und ewiges

Leben: »Weil wir alles selbstlos hingaben, wuchs aus unserem Tode das Vaterland. Das Reich ist unser verklärter Leib. Möge es ewig dauern!«

Aha, denke ich und kicke große und kleine Steine aus dem Weg, auch deshalb macht uns der »Heilige Krieg« der Islamisten so viel Angst. In fremder Gestalt ist er eine Wiederkehr des Heiligen Krieges, den die Nazis geführt haben. Auch Hitler pries die »Märtyrer« und ihr »heiliges Blut«, das sie vergossen.

Mein Vater, der Selbstmordattentäter.

Pfui, wie kannst du so etwas denken, schreie ich mich innerlich an. Er hat keine Bombe gelegt und niemand anderen in den Tod gerissen.

Aber die eigene Familie wollte er eine Weile lang auch mitnehmen, wendet meine unversöhnliche innere Stimme gegen meine versöhnliche ein.

Das kannst du doch nicht vergleichen!, schimpft die innere Versöhnlerin.

Warum nicht?, geifert die Unversöhnliche.

Er hat es ja nicht wirklich getan, sagt die Versöhnlerin. Er hat letztlich nur sich selbst geopfert. Zeit seines Lebens ist er das Kind geblieben, das keine eigenen Gefühle entwickeln durfte, das nichts für sich war. Der Vater fühlte Verachtung für »unwertes Leben«, weil er sich selbst als »unwertes Leben« empfand. Er tut mir furchtbar Leid.

Er war ein Privat-Jesus, wütet die Unversöhnliche weiter. Er fühlte sich schuldig und wollte seine Sünden durch seinen Tod tilgen. Vielleicht hat er sogar die Todesstrafe über sich ausgesprochen.

Er war innerlich leer, weil seine Gefühle abgetötet waren, wendet die Versöhnliche ein. Er entwickelte eine fast körperliche Sucht, diese Leere mit Sinn und Opfersinn zu füllen, mit einer »Mission« und »Aufgabe« für die »Gemeinschaft«. Fühl-Sucht und Sehn-Sucht. Es war ihm unmöglich, sich als Individuum glücklich zu fühlen. Er hatte sich immer nur als Teil des Volkskörpers fühlen dürfen und wollte sich mit diesem Großen Ganzen wiedervereinigen. Lass ihn doch. Er war einfach nur ein tragischer Mensch. Ein zutiefst unglücklicher Mensch.

Das letzte Wort hat die Versöhnliche. Lass ihn doch in Frieden ruhen, sagt sie.

Nachwort

Fünfunddreißig Jahre habe ich gebraucht, bis ich mich mit meinem toten Vater befassen konnte. Nur dreizehn Jahre lang erlebte ich ihn, und nach seinem Tod musste eine fast dreimal so lange Zeitspanne vergehen, bis ich den Mut fand, mich ihm anzunähern. Inzwischen hatte ich selbst eine Familie gegründet, und die späte Erfahrung, Mutter zu sein, hat mir vielleicht geholfen, meinen Hass auf ihn langsam abzubauen und gewisse mütterliche Gefühle für ihn zu entwickeln. Nicht für den unverbesserlichen Nazi, aber für das einsame Kind in dem einsamen Mann. Vater, rede ich manchmal in Gedanken mit ihm, mein PePa-Papa, mein gescheitertster GröVAZ, Größter Vater aller Zeiten.

Wenn ich von »Hass«-Abbau schreibe, merke ich, dass das ein zu vager Begriff für einen komplizierten Gefühlszustand ist. Hass ist eher ein Plakat als ein Wort. Genauso wie »Liebe«. Die Inuit haben angeblich sechzig verschiedene Begriffe für Schnee, so schreiben es fantasielose Feuilletonisten jedenfalls immer wieder voneinander ab, warum haben wir dann nicht mindestens hundert für die verschiedenen Arten und Sorten, Hybride und Züchtungen, Aggregat- und Mischzustände für »Hass« und »Liebe«? Das Wort »Hass« ist wie ein schwarzes Loch, es verschluckt all die Nebengefühle, die darin auch stecken: Angst zuallererst. Scham. Abwehr. Und mit der Abwehr auch die Bindung an denjenigen, den man hasst. Ich habe den mir peinlichen und mich peinigenden Vater loswerden wollen, indem ich ihn hasste. Aber Eltern wird man niemals los. Meine Bindung an diesen Vater anzuerkennen hat meinen Hass gemindert.

Es war ein langer Weg. Als Jugendliche war ich die Negativform meines Vaters, ich lehnte alles ab, was von ihm kam. Noch Jahrzehnte später tat ich das Gegenteil dessen, was er getan hatte. Ich wollte die Normen brechen. Seine Normen. Ich wollte den deutschen Spießern zeigen, dass ich ihre Regeln nicht mehr befolge, denn ihr Gehorsam gegenüber den staatlichen Befehlen hatte direkt in die Shoah geführt. Als Schülerin zog ich mit den rebellierenden Studenten durch die Straßen, las Marx und Freud und Simone de Beauvoir, tanzte nach »Negermusik«, die die Erwachsenen »eklig« fanden, schwänzte die Schule, bevorzugt die Handarbeitsstunden. Ich wollte es den Clochards nachmachen und spielte in peinlich-theatralischer Weise die Heimatlose. Tagelang saß ich auf der Tübinger Stadtmauer am Ufer des Neckars herum, dem Treffpunkt der Gammler und Langhaarigen, um Haschisch zu rauchen und den Passanten ein paar Groschen für eine Flasche Lambrusco abzubetteln. Meine Mutter machte sich Sorgen um mich, und ich wollte, dass sie sich Sorgen machte. Es erfüllte mich mit grimmiger Befriedigung, dass ich nicht mehr das brave, angepasste Mädchen war, stets der Menschheit zu Diensten, mit einem Lächeln, mit guter Laune, immer vergnügt, und hinter dieser Fassade verängstigt und verschüchtert. Mit einigen Ladendiebstählen bewies ich der Weltgeschichte, was für eine unglaublich mutige Heldin ich war. Ich Einfaltspinsel klaute Wasserfarbenpinsel, bis mich eine Verkäuferin erwischte. Meine Mutter erfuhr zum Glück nichts davon, und da sich meine Rebellion nicht in den Schulnoten niederschlug, entknitterten sich langsam wieder die Sorgenfalten auf ihrer Stirn.

Glück, pures, helles Glück war das Abitur. Nie mehr in

diese Quälanstalt! Nach beendeter Prüfung drehte ich mich auf den Eingangsstufen um und zeigte dem Tübinger Wildermuth-Gymnasium die längste Zunge der Welt. Die Abitursfeier boykottierte ich, wiewohl die Schulleitung mir feierlich den »Scheffelpreis« für die besten Deutschleistungen eines Jahrgangs überreichen wollte. Mehrfach wurde mein Name aufgerufen – niemand da. Am nächsten Tag holte ich mein Abiturszeugnis im Rektorat ab. Der Schulleiter, ein verstockter Mann, warf mir voller Wut die Preisbücher vor die Füße. Den Anblick seines Kopfes werde ich nie vergessen: eine saftrote, erntereife Tomate, kurz vor dem Platzen. Er konnte mir nichts mehr antun. Ich genoss die Szene in vollen Zügen.

Aber auch das war nur ein Mini-Ersatz für die wahre Auseinandersetzung meines Lebens. Für die mit meinem Vater, die ich nicht mehr hatte führen können.

Als ich achtzehn war, stieß ich auf die Milgram-Experimente. Unter dem Vorwand, die menschliche Gedächtnisleistung testen zu wollen, hatte der US-Sozialpsychologe Stanley Milgram in den sechziger Jahren Versuchsteilnehmer aufgefordert, einem im Nebenzimmer auf einem »elektrischen Stuhl« sitzenden Menschen Stromschläge zu verabreichen, wenn dieser eine Frage falsch beantwortete. Nicht wissend, dass die Elektroschläge und die Schreie des Opfers nur simuliert waren, schraubten die meisten Teilnehmenden im Fortgang des Experimentes die Voltstärke höher und höher. Nur wenige protestierten, noch weniger weigerten sich. Und das, obwohl die Schreie immer gellender wurden. »Weitermachen«, forderte ein begleitender Wissenschaftler in weißem Kittel, »bitte, machen Sie weiter, die Schocks verursachen keine bleibenden Schädigungen des Gewebes.« Und die Mehrheit drehte die Schraube weiter, bis zu einer Voltzahl, die mit »xxx« ziemlich deutlich als tödlich gekennzeichnet war.

Mir wurde heiß und kalt, als ich diese Beschreibungen las.

Mit der Schnelligkeit eines Stromschlags erkannte ich, dass wohl auch ich den Stromregler höher gestellt hätte. Dass der Autoritarismus tief in mir hockte. Und die Anpassung, mein Überlebensrezept Numero eins, ebenso. All meine Rebellionen und Rebelliönchen waren nur ein Versuch, diesen Charakterzug in mir klein zu halten. Mir war von Kindesbeinen an beigebracht worden, zu gehorchen, mich wegzuducken, nicht aufzufallen, Autoritäten nicht in Frage zu stellen. Ja, erkannte die Jugendliche, auch ich hätte den Schalter hochgedreht bis zum Anschlag. Was war der Unterschied zwischen einem, der auf Befehl seines militärischen Vorgesetzten Menschen ermordet, und mir? Ich sah keinen mehr, ich empfand mich als genauso peinlich wie meinen Vater. Ich schämte mich entsetzlich, schämte mich in die Hölle hinab.

Also floh ich erneut. Ich wollte anderswo eine neue Welt erfinden, denn die alte war für mich kontaminiert, durchtränkt vom Gift meines Vaters. Ich wollte alles hinter mir lassen, meine Vergangenheit, mein Schwabentum, meine Familie. Es war eine Horrorvorstellung für mich, den gleichen Lebensweg einzuschlagen wie meine Eltern, zu heiraten und Kinder zu kriegen, den Vorgarten zu harken und die schwäbische Kehrwoche einzuhalten. Bloß weg hier, weg aus Tübingen, dieser verlogenen Puppenstubenstadt, diesem harmoniesüchtigen Heuchlernest, wo alles so »lieb« ist. Ich wollte in einer Großstadt leben und studieren, in der man gegen verlogene Normen offen rebellieren konnte – und in der die Rebellion nichts kostete, weil jeder jedem wurscht war. Ich wollte nach Berlin. Westberlin, meine Traumstadt, hatte zudem den unermesslichen Vorteil, von einer hohen Mauer umgeben zu sein, scheinbar unüberwindbar für Mütter und Väter und Nazis aller Art. Auf jeden Fall wunderbar weit weg und bewohnt von jungen Leuten, die dasselbe Bedürfnis hatten, eine Mauer zwischen sich und ihre Nazi-Familien zu setzen, die wie ich von Familie die Nase voll hatten und massenhaft in den Kinderkriegstreik getreten waren. Meine Mutter weinte, als ich im Frühherbst 1974 in den Zug Richtung Berlin stieg. Ich weinte nicht. Obwohl sie mir Leid tat.

Berlin war grau und hässlich und voller Hundekacke, und ich trat in die Häufchen und war glücklich. Eine Stadt wie eine offene Wunde, mit Trümmern aus der Nazi-Vergangenheit, aus vielen Jahrhunderten, die sich an den Wundrändern ablagerten wie dreckiger Schorf. Hier konnte die Vergangenheit nicht geleugnet werden, wir Neuberliner lebten in ihr und mit ihr und über sie hinaus in einem Laboratorium der Zukunft. So bildeten wir es uns zumindest ein. Wir gründeten Wohngemeinschaften und linke »Sponti«-Studentengruppen, fuhren schwarz und machten uns unmöglich. Ich begann Politikwissenschaften an der Freien Universität zu studieren, daneben Philosophie, Germanistik, Soziologie, Lateinamerikanistik, Geschichte – ein Studium Generale, mit dem ich meinen ungeheuren Wissensdurst befriedigen wollte. Ich wollte endlich wissen, wie Macht entsteht und wie man Herrschaft bekämpfen kann. An den Vorlesungstagen aber bitte erst ab elf Uhr – denn außerdem wollte ich ausschlafen.

Irgendwann führte uns ein jüdischer Dozent Filme vor, die die Alliierten in Bergen-Belsen und anderen Konzentrationslagern im Moment der Befreiung gedreht hatten. Menschen mit leeren Blicken. Menschen wie Gerippe. Berge von Leichen, die von der Ladekippe der Laster rutschten. Mir war kotzübel. Viele Tage lang. Ich wollte mit dem Thema nichts mehr zu tun haben. Erst sehr viel später verstand ich, dass meine Abwehrreaktion der vieler Mitläufer ähnlich gewesen sein musste, denen die Alliierten diese Filme nach Kriegsende ohne jede psychologische Vorbereitung vorgeführt hatten. Schock ist nicht immer eine Therapie.

Ich weiß nicht, ob es eher eine Flucht war vor diesen Bildern oder vor meinem toten Vater, jedenfalls setzte ich mich in meinem Studium nicht sehr intensiv mit dem Nationalsozialismus auseinander. Das kam erst später, in der Zeit, als ich Redakteurin der »taz« und danach freie Journalistin wurde. Heute glaube ich, dass mich jahrelang eine unbewusste Angst abgehalten hat, womöglich Verbrechen meines Vaters entdecken zu müssen. Der Psychoanalytiker Tilmann Moser meint, für Täterkinder sei die Angst auslösende Urszene eine andere als der klassische Ödipuskomplex. Die schlimmste Angst sei für sie nicht, »die Tür zum Elternschlafzimmer zu öffnen«, sondern »die Tür zu den Gaskammern zu öffnen«.

Wohl deshalb habe ich nicht schon eher damit begonnen, dem Leben meines Vater nachzugehen. Recherchiert, bei verschiedenen Archiven angefragt, Dokumente zusammengetragen habe ich seit Jahren, in immer neuen Anläufen, aber dann habe ich die Papiere doch wieder beiseite gelegt. Für das Niederschreiben brauchte ich die konstante Ermutigung durch Freundinnen. Und literarische Vorbilder, die die Verstrickung ihrer Eltern oder Großeltern in den Nationalsozialismus zu ihrem Thema gemacht hatten.

Jetzt, da die meisten Täter tot sind, fällt der Tabubruch leichter, Familiengeheimnisse preiszugeben. Auch wenn damit der Vorwurf, Verräter zu sein, keineswegs vom Tisch ist. Wir alle, die wir solches tun, verstoßen gegen das Tabu der innerfamiliären Loyalität: »Das tut man nicht!« »Das gehört sich nicht!« »Das hättest du niemals öffentlich machen dürfen!« »Eine Schweinerei, deinen Vater so an den Pranger zu stellen!«

Aber meine Loyalitäten haben sich erweitert. Ich fühle mich nicht nur meiner Familie, sondern vielen anderen Menschen verpflichtet, vor allem meinen jüdischen Freundinnen und Bekannten in Deutschland und anderswo. Ihre Mütter und Väter, Tanten und Onkel wurden ermordet oder haben nur deshalb unter dramatischen Umständen überlebt, weil sie sich versteckten oder ins Ausland flüchten konnten. Ihre Bürde ist viel schwerer als meine.

Das Leben wäre wohl leichter, wenn wir uns gegenseitig unsere Familiengeheimnisse erzählen würden. Wir alle haben welche, ob politischer oder anderer Natur, wir brauchen uns voreinander nicht zu schämen. Vom Schweigen profitieren immer nur die Falschen: die Täter. Aber auch sie werden darin nicht glücklich. Jetzt, da die letzten, über 80-jährigen Nazi-Täter ans Ende ihres Lebens gelangen, bekommen Pfarrer und Seelsorger viel zu tun. Viele dieser Leute, so ist immer wieder zu hören, brechen in ihren letzten Monaten unter der Last ihrer Lügen regelrecht zusammen. Sie sterben meist qualvoll, vielleicht, weil sie Angst haben, in die Hölle zu kommen. Oder sie beichten in letzter Minute.

Und ist nicht auch die berühmte »German angst«, die als Fremdwort ins Englische übernommen wurde, ein Produkt dieser unverarbeiteten Vergangenheiten, die immer noch in den deutschen Familien herumspuken? Unsere hysterische Ängstlichkeit, unser Sicherheitswahn, unser Hang zu Melancholie, unser Bleideutschtum, das ganze nationale Katastrophengequatsche, all das sind Überbleibsel unbewältigter Geschichtserfahrungen, und der deutsche Spielfilm, der wie unter Wiederholungszwang immer neue vibrato-unterlegte Untergangsbilder inszeniert, ist im Ausland zu Recht verschrien.

Die Vergangenheit steckt uns immer noch in den Knochen. Der Dachauer Psychotherapeut Jürgen Müller-Hohagen, Autor des Buches »Verleugnet verdrängt verschwiegen«, hat in einem Interview mit dem »Tagesspiegel« geschätzt, »dass nach 1945 etwa zwei Drittel der Deutschen als traumatisiert anzusehen waren. Der Anteil hat sich dann wahrscheinlich von Generation zu Generation verringert. 1988 kam ich bei einer entsprechenden Statistik unter meinen Klientenfamilien auf 43 Prozent, und für heute möchte ich davon ausgehen, dass noch mindestens 25 Prozent betroffen sind. Auch Nachkommen.« Viele von ihnen, sagt er an anderer Stelle, lebten nach unbewussten Programmen: »Ich bin der, der seinen Eltern Leben gibt«, oder »Ich bin der, der nichts wissen darf«. Oder: »Ich bin der, der seinen Eltern über einen tiefen Verlust hinweghelfen muss.« Die israelische Psychoanalytikerin Yolanda Gampel schreibt über Kinder von Holocaust-Überlebenden, »dass alle Kinder nach einem Drehbuch agieren, das sie selbst nicht kennen«.

Vielleicht hat jeder von uns ein solches Skript, das ihm seine Vorfahren und Familienmitglieder geschrieben haben. Wir können es nicht ausradieren, aber wenn wir es uns bewusst machen, gewinnen wir die Freiheit zurück, die Szenen, die uns missfallen, zu verändern. Nichts ist schöner, als Regisseur des eigenen Lebens zu werden. Die Rollen, die Kostüme und Masken zu wechseln, in den Dialogen herumzupfuschen – das macht Spaß. Und am schönsten ist es, sich einzubilden, man habe die alte Besetzung wegen schlechten Benehmens hinausgeschmissen und ein komplett neues Ensemble eingestellt.

Auf eines legt Müller-Hohagen in seinem Buch allerdings den größten Wert: Die Traumatisierung von Tätern und Opfern darf keinesfalls gleichgesetzt werden. Ihre Peiniger haben den Juden, Sinti und Roma das Recht abgesprochen, zur Menschheit zu gehören, damit waren diese schon vor ihrer Ermordung lebende Leichen. Das ist die extremste menschenmögliche Erfahrung. »Auschwitz«, so formulierte es Friedensnobelpreisträger Elie Wiesel, »das ist der Tod, der totale, absolute Tod des Menschen, aller Menschen, der Sprache und der Vorstellungskraft, der Zeit und des Geistes.« Die Überlebenden dieser Extremtraumatisierung wurden in dieser Welt oftmals nicht mehr heimisch. Ihr Urvertrauen in andere Menschen war vernichtet, die Todesangst verfolgt sie bis heute. Auch sie schwiegen oft in der irrationalen Hoffnung, die peinigenden Erinnerungen loszuwerden. Ihre eingesargten Lebensgefühle gaben sie an ihre Kinder und Kindeskinder weiter. »Im eingestürzten Weltvertrauen, in der Erfahrung des Mitmenschen als Gegenmenschen, liegt der Hauptunterschied zu anderen Traumatisierungen. Das ist fundamental«, schreibt Müller-Hohagen.

Diese Erfahrung blieb den »arischen« Deutschen, bei allem Kriegshorror, erspart. Auch sie wurden Opfer, zweifellos. Über sechs Millionen deutsche Soldaten und Zivilisten starben in Hitlers Krieg, unzählige wurden ausgebombt, vertrieben, beraubt, vergewaltigt, nicht wenige erlebten mehrere dieser traumatisierenden Situationen hintereinander. Auch sie und ihre Nachkommen haben ein Recht auf Erinnerung und Trauer, auf Anerkennung als Opfer. Aber sie haben kein Recht, ihr Leiden als absolutes zu setzen und das der anderen herabzusetzen oder gar zu verleugnen. Die Nazis haben den Krieg begonnen. Ohne die deutsche Zerstörung von Coventry und Rotterdam hätte es die von Hamburg oder Dresden nicht gegeben, ohne die Vertreibung der Polen durch die Deutschen nicht die Vertreibung der Deutschen durch die Polen.

Nicht nur unsere Städte sind »auf dem Schutt vorhergegangener Zerstörungen aufgebaut«, schreibt Müller-Hohagen, »sondern offensichtlich in weiten Teilen auch wir selbst«. Trümmer sind hart, und als harte Brocken beweisen sich viele derjenigen, die als Kinder die Kriegsschrecken erlebt haben und nunmehr an den politischen Schaltstellen unserer Republik sitzen. Ihre Härte ist die Kehrseite ihrer Angst. Um an ihre eigenen Gefühle nicht rühren zu müssen, zeigen sie sich Kriegsflüchtlingen und Asylsuchenden gegenüber gefühl- und mitleidlos. Nach dem Motto: Die sollen es nicht besser haben, als wir es hatten. Oder, wie es der damalige Berliner Innensenator Jörg Schönbohm (CDU) formulierte, als die Opfer der Kriege in Ex-Jugoslawien Schutz bei uns suchten:

»Sie sollen lieber in der Heimat Hand anlegen statt bei uns die Hand aufzuhalten.«

Aber es gibt auch umgekehrte Entwicklungen. Ein 67 Jahre alter Mann aus Nürnberg, dem ich bei einer Tagung über »Männer und Krieg« begegnete, hat mich tief beeindruckt. Er gab öffentlich zu, er habe sechzig Jahre seines Lebens damit zugebracht, Gefühle totaler Ohnmacht und Hilflosigkeit in sich abzukapseln, weil er diese als »unmännlich« empfunden habe. Als Sechsjähriger hatte er die Bombenangriffe der Alliierten auf Nürnberg erlebt und fast täglich Todesangst verspürt, später litt er an allen möglichen psychosomatischen Krankheiten. Bis er merkte, dass Verdrängen kein Weg ist. Coram publico begann er seine Geschichte zu erzählen. Dieser Mann hat mir beigebracht, wie schwer es gerade für sein Geschlecht und seine Generation ist, die eigenen Gefühle überhaupt wahrzunehmen, geschweige denn sie anderen mitzuteilen. Ein Mann musste Härte zeigen, gegen andere und gegen sich selbst, das lernten unter Hitler schon die kleinsten »Pimpfe«. Wie man mit Schweigen und Härte gegen sich selbst vorgeht, das zeigte auch die Nachkriegsgeneration: Ärmel hochkrempeln. Zähne zusammenbeißen. Wegdrängen. Runterschlucken. Aufbauen. Niedermachen. Härte und Kälte sind der beste Weg, um die eigenen Traumata wie in einem inneren Kühlschrank zu konservieren und sie dann den Nachgeborenen zu servieren. Und die kauen und kauen an der unverdaulichen Kost, die nach Brennnesselspinat schmeckt.

Die einen beginnen nun endlich zu reden, die anderen zu schreiben. Die Geschichte der eigenen Familie zu recherchieren und aufzuschreiben, das bedeutete für mich, so viele Albträume zu haben wie noch nie in meinem Leben. Ich träumte von Gaskammern und Kriegsgräueln. Von Giftkapseln, die bei Berührung tödlich wirkten. Von Nazi-Opfern oder Verwandten, die sich an mir rächen wollten. Oder, immer wieder, von Orten voller brauner Scheiße. Aber irgendwann, als das Kapitel über den »Opfertod« meines Vaters beendet war, träumte ich auch, nun wäre ich mit allem »durch«. Ich wachte auf, erfrischt, lebenslustig, voll mit prickelndem Sauerstoff. Schlagartig wusste ich: Das Gefühl, bedroht zu werden, hatte aufgehört. Mein Vater hatte aufgehört, mir Angst zu machen. Das blausaure Gespenst hatte aufgehört, herumzugiften.

Vielleicht fühlen sich andere Menschen durch dieses Buch ermutigt, ihre eigenen Familiengeheimnisse aufzudecken. Meine Familie ist eine Durchschnitts-Familie, mein Vater war ein Durchschnitts-Nazi, ein Prototyp für die Unfähigkeit seiner Generation, das Schweigen zu brechen. Das einzig Besondere an ihm war seine charakterliche und ideologische Erstarrung, seine Unfähigkeit, nach Kriegsende den geläuterten Demokraten zu spielen.

Habe ich mich mit meinem Vater versöhnt? Was ist überhaupt Versöhnung? Ist das nicht ein Begriff aus der christlichen Mottenkiste, wie Heinrich Blücher, der Mann Hannah Arendts, einmal sarkastisch anmerkte? Ein Begriff, der das, auf was es ankommt, nämlich die Übernahme von Verantwortung, in Schwaden von Weihrauch unsichtbar zu machen droht? Das Wort entstammt dem althochdeutschen »firsuonen« und dem mittelhochdeutschen »versüenen«, sühnen, ausgleichen, gutmachen, stillen. Diese Nebenbedeutungen schwingen immer noch mit, und sie gefallen mir. Verzeihung, auch das ist interessant, bedeutete ursprünglich dasselbe wie Verzicht: einen Anspruch aufgeben. »Nachsicht und Verzeihung«, schreibt Gesine Schwan in »Politik und Schuld«, »bekunden die Bereitschaft, die moralischen Anforderungen zu erhalten, die Niedrigkeit der Tat nicht zu vergessen, aber einen Unterschied zwischen Tat und Täter zu machen und die Umkehr zu honorieren ... Wir sind immer mehr als unsere Taten, im Guten wie im Schlechten. Nur deshalb können wir überhaupt schuldig werden: weil wir auch andere Potentiale in uns haben.«

Ja, ich habe mich mit meinem Vater versöhnt, ich habe ihm verziehen, was er mir angetan hat. Das war leichter und schwerer, als es klingt. Es war leicht, weil es nur mich betraf. Ich bin ihm geradezu dankbar, mir einen produktiven Stachel eingepflanzt zu haben. Ich weiß meine innere Unruhe zu schätzen, durch sie war ich nie in der Gefahr, mein Leben zu Füßen eines Ohrensessels zuzubringen, der Fußballzeitung nebst Ehemann enthielt. Aber das Verzeihen war auch schwer, denn dazu war es nötig, mich den Aggressionen meines Vaters zu stellen und aufzudecken, dass er zeitweise seine eigene Familie mit in den Tod reißen wollte. Erst als mir das klar wurde, verschwand meine Angst vor ihm und damit auch mein Hass.

Doch eines kann ich meinem Vater nicht verzeihen: das, was er als aktiver Propagandist des Rassenwahns den Opfern angetan hat, direkt oder indirekt. Hier verläuft die absolute Grenze jeder familiären Aufarbeitung, auch jeder Art von Psychotherapie oder Familienaufstellung, hier beginnt die Sphäre des Politischen. Wer auch immer zu meines Vaters Opfern zählte, ob »nur« die von ihm abgeschossenen britischen Piloten oder möglicherweise auch jüdische, polnische, belgische und italienische Zivilisten: Es wäre absolut vermessen, wenn ich an ihrer Stelle eine Versöhnung simulieren und meinen Vater entschuldigen wollte. Das können nur die Opfer selbst, falls sie überlebt haben.

Eine ausschließlich innerfamiliäre Versöhnung trägt zwar zum Seelenfrieden der Individuen bei, aber nicht zum Frieden zwischen Gruppen und Nationen. Wie können gesellschaftliche und politische Versöhnungsprozesse aussehen? Wie kann aus einem Zustand des Ungleichgewichts, verursacht durch die Schuld der Täter und das Leiden der Opfer, ein Zustand des Gleichgewichts, des Ausgleichs, des Verzichts auf Ansprüche entstehen?

Ich glaube, es gibt nur einen Weg: den der Anerkennung. Wenn die Täter dazu stehen, was sie den Opfern angetan haben. Wenn sie Reue formulieren und Konsequenzen für ihr weiteres Leben ziehen, damit nie wieder geschehe, was geschehen ist. Ob in der medialen Öffentlichkeit, in Form von symbolischen Gesten oder vor Gericht, ob in Ex-Jugoslawien oder Ruanda oder eben auch in Deutschland, obwohl es dazu, zeitlich gesehen, fast zu spät ist. Indem sie das tun, verweigern sie den Opfern nicht länger das Antlitz, den Blick *in* ihre Augen, den einfühlenden Blick aus ihren Augen heraus. Das Wissen der Opfer, dass sie in den Gedanken der Täter präsent sind, ist eine wichtige Form des Ausgleichs. Ich glaube, viele Opfer wünschen sich nicht die größtmögliche Strafe für die Täter, sondern deren Geständnis. Also die Anerkennung der Leiden der Opfer.

Der Bauer Juma Sibomana aus Ruanda ist ein Täter, der das gewagt hat. Er, ein Hutu, brachte während des Völkermords von 1994 seinen Tutsi-Nachbarn um, weil ihn Soldaten dazu aufgefordert hatten. Er flüchtete ins Nachbarland Tansania, wurde zurückgeschickt, saß sechs Jahre in ruandischer Untersuchungshaft, bis sein Fall vor einem Dorfgericht verhandelt wurde, in Anwesenheit von Donatica Mukandahiro, der Witwe des Getöteten. »Ich zitterte, als ich ihr in die Augen sah«, berichtete er dem deutschen Magazin »Chrismon«. »Ich sagte: Ich habe deinen Mann umgebracht. Ich habe es getan, um mein eigenes Leben zu retten. Dafür schäme ich mich. Bitte verzeih mir.« Donatica selbst hatte während des Genozids ihren Mann, ihre Eltern und Geschwister verloren. »Ich war umgeben von Tod«, sagte sie dem deutschen Reporter. »Ich hatte keine Ahnung, wer der Mörder meines Mannes war. Es war mir auch egal. Das Leben als Witwe war so schwer für mich, dass ich erst mal nicht darüber nachdachte. Erst

Jahre später, als die ersten Hutu-Flüchtlinge nach Ruanda zu-
rückkamen, erfuhr ich, wer es war: Juma, mein Nachbar. Vom
Gedanken, ihm eines Tages wieder zu begegnen, wurde mir
schlecht. Nie mehr wollte ich ihn sehen ... Dann wurde sein
Fall im Dorfgericht verhandelt. Ich ging hin. Er sah mitgenommen aus, so dünn. Mit seinen Augen suchte er mich in
der Menschenmenge, und als er mich sah, erzählte er seine
Geschichte. Mit zittriger Stimme bat er mich um Verzeihung.
Ich war sprachlos. Ich fühlte mich überrumpelt. Ich sagte
zwar: ›Ja, ich verzeihe dir‹, aber im Herzen spürte ich, dass
es nicht wahr ist. Der Schmerz war noch zu groß. Ich
brauchte Zeit ... Doch die letzten Zweifel habe ich erst verloren, als ich merkte, dass Juma es ernst meinte. Wenn die
Schuhe meiner Kinder kaputt sind, ist er sofort da und repa-
riert sie. Er hilft mir, wenn ich Hilfe brauche. Heute kann ich
sagen, dass nicht nur mein Kopf, sondern auch mein Herz
Juma verziehen hat. Aber trotzdem muss ich noch oft an meinen Mann denken. Das Leben wäre einfacher, wenn er noch
da wäre.«

Die wenigsten Täter sind so mutig wie Juma, die meisten wei-
chen den Blicken der Opfer und ihrer Angehörigen aus. Aus
Angst vor Schamgefühlen, auch aus Angst vor den bösen Blicken des Täterkollektivs. Damit aber zeigen sie, dass ihnen die
Loyalität zu ihren »Kameraden« wichtiger ist als ihr Gewissen,
und damit konstituieren sie das Täterkollektiv immer wieder
aufs Neue. Ein verstocktes, an die Vergangenheit gefesseltes
Kollektiv, vor dessen eingefrorener Gewalt die Opfer oder
auch die Nachfahren der Täter zu Recht Angst haben.
Auch mein Vater hat sich für das Täterkollektiv entschieden. Indem er jedes Mitgefühl für die Opfer verweigerte, indem er ihnen in über zwanzig Jahren manischer Manuskript-
produktion nicht eine einzige Zeile widmete, nicht einen
Lidschlag Aufmerksamkeit, nicht eine Sekunde Anerken-

nung, nicht eine einzige Bitte um Verzeihung. Das ist und bleibt für mich das Schlimmste an ihm. »Dieses Gefühl, dass die Opfer in den Tätern anscheinend keine Stimme und keine Präsenz haben, vergiftet und lähmt jedes Anknüpfen einer Beziehung zu ihnen«, sagt die Psychoanalytikerin Gertrud Hardtmann und beschreibt damit exakt mein Problem.

Mein Vater hat sich selbst als Opfer inszeniert und damit seine eigene Geschichte zu vergessen versucht. »Vergessen verlängert das Exil. Das Geheimnis der Erlösung ist Erinnerung«, heißt es im Talmud. Ob er, der Erlösungssüchtige, diesen Spruch kannte? Wahrscheinlich nicht. War ja »jüdisches Zeug«.

»Weshalb ich mich schäme und schuldig fühle«, gestand Carola Stern im März 1986 im Gespräch mit Klaus Bresser in der ZDF-Sendung »Sonntagsgespräch«, »ist, dass wir angesichts der Verbrechen, von denen wir wussten, einmal, weil sie in der Zeitung standen, zum anderen, weil wir erlebt haben, wie Juden abgeholt worden sind, weil wir erlebt haben, wie die Synagogen gebrannt haben, und weil ich schließlich erlebt habe, gehört habe, wie Menschen gefoltert wurden, dass wir so gar kein Mitleid mit den Gepeinigten empfanden, dass wir so empfindungslos und gefühllos gegenüber diesem Unrecht und diesem Verbrechen gewesen sind.«

Ich wünschte mir, mein Vater hätte jemals Ähnliches formuliert. Meine Mutter brachte es doch auch über die Lippen. Im Mikrokosmos meiner Familie habe ich beide Arten von Vergangenheitsbearbeitung erlebt, die es in Deutschland gab, die Schuldverweigerung und die Schuldannahme.

Sicher, auch meine Mutter brauchte etliche Jahre, um die monströse Dimension der deutschen Verbrechen anzuerkennen. Es wäre illusorisch gewesen zu erwarten, dass das Kollektiv der ehemaligen »Arier« sofort nach Kriegsende in die Knie gesunken wäre und die Menschheit um Verzeihung gebeten hätte. Die Übernahme moralischer Verantwortung benötigt Zeit, mindestens zehn, wenn nicht zwanzig Jahre oder mehr, schon allein, weil zuvor das Ausmaß der Verbrechen festgestellt, dokumentiert und einer breiten Öffentlichkeit vermittelt werden muss. Aber es hätte diese Alternativen zum kollektiven Schweigen gegeben.

Leider war es nur eine kleine, radikale Minderheit, die die Schuldfrage in den fünfziger Jahren thematisierte. Wären es einflussreichere Kreise gewesen, allen voran die Kirchenführung, die selbst ernannte moralische Anstalt der Nation, dann hätte es nicht so leicht gelingen können, die große Mehrheit der NS-Täter laufen zu lassen. Dann hätte es neben der juristischen auch Formen der moralischen Aufarbeitung gegeben. Vielleicht in Form von öffentlichen und nichtöffentlichen Gesprächsforen, in denen sich viele tausend Einzelne zu ihren Taten und ihrer Verantwortung hätten bekennen können, ohne dafür diskriminiert zu werden. Vielleicht hätte es auch, ähnlich wie das Bekenntnis von hunderten Frauen in der *Stern*-Titelgeschichte »Ich habe abgetrieben«, eine Bekenntnisbewegung zum Thema »Ich habe weggesehen« gegeben. Vielleicht hätte die Mitläufer-Generation bereits früher begonnen, ihre Lebensgeschichten und Romane zu schreiben. Vielleicht hätten schon vor Willy Brandts Kniefall in Warschau andere Politiker ähnliche Gesten gewagt. Vielleicht hätte bereits viel früher eine Entspannungspolitik gegenüber dem Ostblock beginnen können, denn die Nichtanerkennung der deutschen Grenze im Osten in den fünfziger und sechziger Jahren stand in innerem Zusammenhang mit der Nichtanerkennung der deutschen Kriegsschuld. Vielleicht hätten Nachbarinnen und Hausärzte, Schauspielerinnen und Bürgermeister Spendenkampagnen zugunsten von KZ-Überlebenden initiiert, an denen sich womöglich Millionen beteiligt hätten, um nicht als schlechte Menschen dazustehen. Man denke nur an die Spendenbereitschaft für die Opfer der Überschwemmungen in Deutschland oder Südostasien: Jeder wollte dabei sein, und zwar unbedingt. Wir menschlichen Herdentiere folgen dem Weg, den unsere Leithammel einschlagen.

Das klingt banaler, als es ist. Die Beziehung zwischen Führern und Gefolgschaften steckt voller Lustangst, ist spannungsreich und hoch aufgeladen. Seit Beginn der Zivilisation scheint es für Menschen existenziell wichtig gewesen zu sein, sich in Massen zu versammeln, um den Naturgewalten den Bizeps zu zeigen. Die Erfahrung, dass alle zusammen ihre Kräfte vervielfältigen können, erfüllte sie mit einem Strom von Energie, der je nach Situation die schönsten oder grausligsten Taten zeitigen konnte. Die einen ergingen sich in lieblicher Chormusik, die anderen zogen los und ermordeten das Nachbarvolk.

Immer aber stand zuvor einer vor dem großen Haufen, in den glücklichen Fällen ein Vorsänger, in den unglücklichen ein Heerführer oder Hetzredner, der das Wollen der vielen vereinheitlichte. Diese vielen sind verschieden, weil sie arm sind und sich von den Reichen ausgebeutet fühlen, oder weil sie weiblich sind und sich von den Männern unterdrückt fühlen, oder weil sie zu einem Stand gehören, der sich benachteiligt sieht. Sie alle wollen ihre Situation ändern. Aber die Energien, die sie dafür einsetzen, blockieren sich gegenseitig. Der Anführer ändert das, zumindest für einen Moment, und zumindest scheinbar hebt er die Blockade auf und führt das Begehren der vielen zu einem einheitlichen Willen zusammen. In solchen aufrührerischen Versammlungen wird gestöhnt und geschrien und um Erlösung gerungen, es geht um Ekstase, die Quintessenz von Religion und Kopulation. Energie wird frei, sehr viel Energie, und manche Psychologen behaupten auch: Massenaggressionen seien die notwendige Folge.

Ist das so? Muss die Demokratie, muss unser Ethos des Zusammenlebens also so nüchtern wie möglich sein? Die von Helmut Schelsky so benannte »skeptische Generation«, die die Nazi-Zeit im Jugendalter erlebte und nach Kriegsende die Nase von allen Ideologien voll hatte, pries die »heilige Nüchternheit«, wiewohl schon dieser Begriff im Kampf mit sich selber steht. Oder gibt es auch Massenerlebnisse, die man genießen darf, ohne unsere Ärzte nach Risiken und Nebenwirkungen fragen zu müssen?

Warum sonst sollte die Rockmusik oder der Fußball erfunden worden sein? Als wir im August 1969 am Bodensee den Selbstmord unseres Vaters zu begreifen versuchten, feierten andere ihr Lebensgefühl im amerikanischen Woodstock. Jahre später sah ich in Berlin zusammen mit meinen Sponti-Freunden die Filmdokumentation und freute mich. Als es in Woodstock zu regnen begann, da schlidderten die Leute im Schlamm um die Wette und kreischten und lachten, über und über bekleckert mit Erde. Den Matsch als Rutschbahn nutzen, auf den braunen Traditionen Pirouetten drehen! Das waren wir! Unsere Generation! Wir sind stark! Wir sind viele! Wir machen's besser!

Was für naive Hoffnungen hatte ich damals. Woodstock blieb ein einmaliges Schauspiel der 68er. Die einen versumpften später in Drogenabhängigkeit, die anderen bewaffneten sich in terroristischen Gruppen, und die große Mehrheit wechselte kalt lächelnd ins Establishment. Und dennoch bleibt Woodstock ein Symbol für konkrete Utopie.

Die spannungsreiche Inszenierung zwischen Bühne und Massenpublikum war diametral entgegengesetzt zu der der Nürnberger Reichsparteitage, und doch gab es Vergleichbares: Hier wie da hoben Scheinwerfer und Lichtkegel die Anführer hervor, Farben rauschten, Rhythmen dröhnten, das Publikum stöhnte sich in Ekstase. Aber Woodstock war die friedlichste Menschenansammlung, die die Welt je gesehen hatte, trotz Stress und Enge und nasser Zelte und drangvoller Bedürfnisse vor überfüllten Toiletten. Die Friedfertigkeit der Generation Woodstock, möchte ich behaupten, lag an der Ablehnung jedes Opferkults. Keine Opfer! Nicht im Vietnamkrieg, nirgendwo! Selber leben! Das Festival stand unter dem Peace-Zeichen. Macht das Zeichen!, forderte Sly and the Family Stone. Und Country Joe sang seinen sarkastischen Vietnam-Song, den keine Radiostation abspielen wollte, dennoch kannten ihn alle und sangen mit: »And it's one, two, three, What are we fighting for? Don't ask me, I don't give a damn, Next stop is Vietnam. And it's five, six, seven, Open up the pearly gates, Well there ain't no time to wonder why. Whoopee! We're all gonna die.«

Am liebsten wäre mir, wir würden das Opfer symbolisch für alle Zeiten dem Orkus der Geschichte opfern. Wann sonst als im »postheroischen Zeitalter«, wie manche Kriegstheoretiker unsere Zeit nennen, bietet die Geschichte solch eine Chance? In der Weimarer Republik haben Erwerbslose gehungert, ihre Kinder sind an Unterernährung gestorben. Heute müssen zumindest wir Bewohner der industrialisierten Länder nicht mehr auf eine Zukunft des Überflusses hoffen. Das ist die historische Gelegenheit, Schluss zu machen mit dem Opfer, das immer neue Opfer fordert. So, wie es die jüdische Religion schon vor mehr als 2000 Jahren versuchte.

Ich danke dem Himmel, der Hölle und allen Kreaturen, dass ich nicht ins Dritte Reich hineingeboren worden bin und in einer langen Friedensperiode leben darf. Hätte ich mich andernfalls dem Opferkult wirklich entziehen können? Meine Verwandtschaft bestand aus Anpassern, Mitläufern und aktiven Nazis, woher hätte ich die moralischen Vorbilder nehmen sollen, die mir geholfen hätten zu widerstehen? Und wo waren die Vorbilder für meine Eltern und Großeltern, die ihnen geholfen hätten, »nein« zu sagen?

Ich möchte nicht in den Chor der Überheblichen einstimmen, die felsenfest davon überzeugt sind, vor jeder Art von Täterschaft gefeit zu sein. Wir Nachgeborenen haben es viel leichter, über unser Tun nachzudenken. Unsere Gesellschaft hat mit vielen Traditionen gebrochen, die Auschwitz möglich gemacht haben. Der ganze romantische Kitsch und Schwulst der deutschen Geistesgeschichte ist dahin, Fichtes Idee von der auserwählten Nation Deutschland, Nietzsches Propaganda eines rücksichtslosen Herrenmenschentums, Spenglers Untergangsgeraune, all das wirkt heute lächerlich. Was aber geblieben ist, das sind die rationalistischen Strukturen der Moderne, die die Shoah mitbefördert haben: eine Bürokratie, in der Beamte sinnlose Gesetze befolgen und Nachdenken für Kalorienverschwendung halten, ein Militärapparat, in dem Befehlsverweigerung verpönt ist, eine Wissenschaft, die nicht nach den ethischen Folgen ihres Tuns fragt.

Nicht erst seit der Recherche für dieses Buch habe ich jede Arroganz verloren, mir einzubilden, Akademiker wie ich seien gefeit gegen jede Art von Rassismus oder menschenfeindlichem Denken. Der kalte Verstand schützt einen keineswegs davor, im Gegenteil: Es waren immer wieder die Intellektuellen, die sich als Vordenker mörderischer Ideologien profilierten, ob im Nationalsozialismus oder im Krieg in Ex-Jugoslawien oder während des Völkermords in Ruanda. Meine Heimatstadt Tübingen ist ein Musterbeispiel dafür, mit welch rasender Geschwindigkeit Doktoren und Professoren sich zu Handlangern von Menschenfeinden machen ließen. Umgekehrt waren es oft die einfachen Leute, Bauern, Arbeiter, kleine Angestellte, die ihr eigenes Leben riskierten, um Verfolgte zu verstecken und Menschen zu retten. Um sich für Mitmenschen einzusetzen, benötigt man keinen Doktortitel, man muss sich nicht einmal als politischer Mensch begreifen. Man braucht kein besonderes Wissen, nur ein *Ge*wissen. Das Gewissen, nach Meinung Adolf Hitlers eine »jüdische Erfindung«, ist laut dem Hirnforscher Antonio Damasio die höchste biologische Entwicklung auf Erden. Denn es hält Menschen an, ihr eigenes Überlebensinteresse der Moral unterzuordnen.

Wie gehen andere Gesellschaften mit ihren Vergangenheiten um? Weisen sie uns einen Weg, der besser oder effektiver wäre als der deutsche, der erst nach mehr als vierzig Jahren, nach Auschwitz-Prozess, Studentenrevolte und »Holocaust«-Fernsehserie, Schluss machte mit der Strategie des Beschweigens? Oder bleibt einem doch letztlich nichts anderes übrig als abzuwarten, bis nach dreißig, vierzig, fünfzig Jahren neue, unbelastete Generationen die Macht in einem ehemaligen Verbrecherstaat übernommen haben? Bis sich die Sache »ausgelebt« hat, wie Jan Philipp Reemtsma sich einmal ausdrückte?

Wie brennend diese Frage ist, erlebe ich bei meiner liebsten Freundin. Mariam lebt seit 1967 in Berlin, aber, wie sie selbst sagt, ist und bleibt sie Afghanin. Sie leidet darunter, dass ihr Land auch nach dem Sturz des Taliban-Regimes noch immer nicht wirklich frei ist. Die Warlords der ehemaligen Nordallianz blockieren jede justizielle und moralische Auseinandersetzung mit ihren Kriegsverbrechen. »Ich beneide euch Deutsche«, sagt sie. »Ihr seid weit gekommen mit der Aufarbeitung eurer Geschichte.« Auf unserer gemeinsamen Reise nach Afghanistan spüre ich, dass sie Recht hat. Nach über zwanzig Jahren Krieg und Bürgerkrieg ist kaum ein Afghane von Traumata verschont geblieben. Doch die meisten sind noch nicht einmal privat in der Lage, über ihre furchtbaren Erfahrungen zu reden, geschweige denn öffentlich. Und wenn sie es doch tun, dann ertragen es ihre Zuhörer nicht. Ein Widerstandskämpfer hat uns in aller Ausführlichkeit erzählt, wie Sowjetsoldaten ein Massaker an einer Gruppe von Flüchtlingen verübten und Frauen und Kinder niedermetzelten. Ich wollte die Details nicht hören, sie waren mir unerträglich.

Die kanadische Journalistin Erna Paris, Tochter jüdischer Emigranten, hat die Frage des angemessenen Umgangs mit Vergangenheit so umgetrieben, dass sie durch die halbe Welt reiste und ihre Erfahrungen in Deutschland, Frankreich, Japan, Israel, Südafrika, Ex-Jugoslawien und den USA niederschrieb. In ihrem Buch »Vergangenheit verstehen, Wahrheit, Lügen und Erinnerung« kommt unser Land vergleichsweise gut weg, besser als Japan, das bis heute nicht konsequent zu seinen Verbrechen wie dem Massaker im chinesischen Nanking steht, besser auch als die USA, wo Indianermord und Sklaverei kaum je thematisiert werden. Allerdings: Wir Deutschen hatten es auch nötiger als alle anderen. Menschenvernichtungsfabriken wie Auschwitz gab es nirgendwo sonst auf der Welt.

Am produktivsten scheint der Umgang mit der eigenen Vergangenheit in Südafrika zu sein, auch wenn Erna Paris ihre Zweifel an manchen Verfahrensweisen der »Wahrheitskommission« hegt. Nazi-Deutschland und Apartheids-Südafrika waren in ihrer rassistischen Struktur durchaus vergleichbar. Im Unterschied zu Nachkriegsdeutschland gab es am Kap der guten Hoffnung jedoch zwei Leitfiguren, die öffentlich demonstrierten, dass Verbrechensaufarbeitung und Versöhnung kein Gegensatz sind, sondern sich ergänzen. Friedensnobelpreisträger Nelson Mandela, der 26 Jahre im Gefängnis gesessen hatte und 1994 zum ersten schwarzen Präsidenten gewählt wurde, verzieh öffentlich seinen Peinigern und lud seinen Gefängniswärter zu seiner Geburtstagsfeier ein. Und Friedensnobelpreisträger Desmund Tutu, der den kirchlichen Widerstand angeführt hatte, rief die schwarzen Gläubigen zur Vergebung auf. Beide, Mandela wie Tutu, besitzen einen goldenen Humor, der ihnen immer wieder hilft, über erfahrenes Leid hinwegzukommen. »Als die ersten Missionare nach Afrika kamen, besaßen sie die Bibel und wir das Land«, erzählt Tutu gerne. »Sie forderten uns auf zu beten.

Und wir schlossen die Augen. Als wir sie wieder öffneten, war die Lage genau umgekehrt: Wir hatten die Bibel und sie das Land.«

Bischof Tutu wurde 1995 zum Vorsitzenden der nationalen »Wahrheitskommission« gewählt. Inzwischen gibt es solche und ähnliche Kommissionen in Ost-Timor, Kambodscha, Sri Lanka, Ruanda, Kenia, Serbien, Guatemala, Peru und weiteren Ländern, doch keine ging so weit wie die in Südafrika, aussagewilligen Tätern Straffreiheit zu gewähren. Über 22 000 Opfer und Überlebende sagten aus, über 7000 Täter nutzten die Chance und stellten einen Antrag auf Amnestie, darunter sicherlich auch einige, deren Reue nicht echt war. Aber es hätte keinen anderen Weg gegeben, sagen fast alle Beteiligten. Nicht nur weil die Apartheids-Politiker die Archive mit den Dokumenten über die staatlichen Verbrechen vor der Machtübergabe zerstört hatten. »Die Entscheidung, eine Wahrheits- und Versöhnungskommission einzurichten, war ein wichtiger Kompromiss«, schrieb der renommierte Richter Richard Goldstone. »Wenn der ANC auf Nürnberg-ähnlichen Tribunalen für die Führer der früheren Apartheid-Regierung bestanden hätte, dann hätte es keinen friedlichen Übergang zur Demokratie gegeben, und wenn die frühere Regierung weiter auf ihrer Forderung nach einer Generalamnestie bestanden hätte, dann wären die Verhandlungen ebenfalls zusammengebrochen. Eine blutige Revolution wäre früher oder später unvermeidbar gewesen. Die Wahrheits- und Versöhnungskommission ist eine Brücke vom Alten ins Neue.«

Dass Mörder und Folterer nach ihrem Geständnis vor der Wahrheitskommission straffrei nach Hause gehen konnten, war durchaus eine moralische Zumutung. Nicht nur für die Opfer, sondern überraschenderweise auch für die Täter. Im Scheinwerferlicht der Öffentlichkeit mussten sie sich zu ihren Taten bekennen und um Vergebung bitten, die ganze Nation sah auf sie und debattierte über ihr Verhalten, ein Verdrängen und Verschweigen wie in Nachkriegsdeutschland war nicht möglich. »Wahre Versöhnung ist niemals einfach zu erreichen«, zitiert Erna Paris Bischof Tutu, »denn sie basiert auf einer Vergebung, die einen hohen Preis verlangt. Vergebung wiederum hängt von der Bereitschaft zur Reue ab, die sich auf ein Eingeständnis gründet, welches Unrecht begangen wurde, und damit auf die Enthüllung der Wahrheit. Man kann nicht etwas vergeben, über das man nichts weiß.«

Dass die südafrikanische Gesellschaft sich schneller, bereitwilliger und gründlicher mit ihrer Vergangenheit befasst als Nazi-Deutschland, das liege auch an der Tradition des »Ubuntu«, sagt mir bei einem internationalen Kongress Bernedette Muthien, eine junge schwarze Feministin, die als Studentenaktivistin und Anhängerin des gewaltfreien Widerstands in Apartheids-Zeiten im Gefängnis saß. Den Begriff kann man nicht übersetzen, erklärt sie. Er bedeutet: Ein Mensch ist ein Mensch durch andere Menschen. Miteinander verbunden sein. Ich bin, weil du bist. Wir alle spiegeln uns ineinander. Ein menschliches Wesen wird zum menschlichen Wesen durch das Anderssein der anderen menschlichen Wesen. Ubuntu meine, sagt Bischof Tutu, dass eine Person menschlich wird, indem sie in die Gemeinschaft anderer Menschen eingebunden wird. Ubuntu fördere Mitgefühl, Gastfreundlichkeit und Vergebung.

Christopher Piet war ein junger schwarzer Aktivist, der in eine Polizeifalle gelockt und mit 25 Kugeln getötet wurde. Wenn Versöhnung bedeute, sagte seine Mutter Cynthia Ngewu vor der Wahrheitskommission aus, dass der Täter »wieder ein Mensch wird, sodass auch ich, dass wir alle unsere Menschlichkeit wiedererlangen … dann bin ich einverstanden damit, dann unterstütze ich alles«. Lyndi Fourie war eine junge weiße Frau, die von Schwarzen getötet wurde. Die Mutter vergab den Mördern ihrer Tochter öffentlich. Sie sagte, wenn sie das nicht täte, würde sie gegen das Prinzip von

Ubuntu verstoßen und sie ihrer Menschlichkeit berauben. Diese beiden einfachen Frauen haben verstanden, was viele Politiker und Präsidenten und Straffanatiker nicht verstehen: Wer einen anderen Menschen umbringt, tötet gleichzeitig seine eigene Menschlichkeit. Wenn Täter Verantwortung für ihre Taten übernehmen, dann gewinnen sie ihre Menschlichkeit und ihre Würde zurück, dann gewinnen alle Seiten, Täter und Opfer und Allgemeinheit.

Mein Vater aber wollte, so wie die übergroße Mehrheit der Nazi-Täter, diese Verantwortung nicht übernehmen. Also verlor er, ohne es zu merken, seine Menschlichkeit, seine Gesellschaftlichkeit und Kontaktfähigkeit. Er war wie Senkatana, der einzige Überlebende in einem südafrikanischen Märchen. Nachdem ein großer Drache alle anderen Menschen aufgefressen hat, kann Senkatana nun endlich tun und lassen, was er will, aber jetzt erst bemerkt er, wie unglücklich er dabei ist: »Ich kann mich selbst nicht finden / Denn ich befinde mich nicht bei den anderen / Worüber soll ich mich freuen, wenn ich ganz allein bin? / Wovon soll ich befreit werden, wenn nur ich da bin? Warum sollte irgendetwas schön sein / Wenn nur meine Augen es sehen? / Ihr seid es, die mein Ich hervorrufen / Ich bin es, der sein Ich durch euch denkt / Ihr denkt mein Ich aus / Ich wähle euch nicht / Dass es euch gibt, erschafft mich / Wir sind gemacht, mit anderen zu sein / Oder wir werden hungrig bleiben mitten im Überfluss.«

Mein Vater klagte Gemeinschaft ein, ohne etwas für die Gemeinschaft tun zu wollen. Mein Vater blieb hungrig im Überfluss.

»Menschen leben in Gemeinschaften«, sagte Tutu im Gespräch mit Erna Paris, »ein Mensch, der sich absondert, ist ein Widerspruch in sich, und darum glaube ich, dass Gruppen durch ihre Sprecher ihre Rolle in der Vergangenheit eingestehen müssen. Doch das schafft nicht die individuelle Verantwortung aus der Welt. Jeder muss sagen: ›Das habe ich getan, und das hätte ich tun sollen.‹ Und weil wir nicht jede Person erreichen, muss es zu einer Art von symbolischem Bekenntnis und Vergeben kommen, das kollektiv stattfindet und die Solidarität jedes Einzelnen mit seiner Gruppe widerspiegelt.« Je besser sich individuelle und kollektive Aufarbeitung ergänzen, desto nachhaltiger die Wirkung.

Wie das aussehen kann, das haben mir auch die »Friedenstreiberinnen« beigebracht, die ich in meinem gleichnamigen Buch portraitiert habe: Frauen, die sich um die traumatisierten Überlebenden von Völkermord und Krieg kümmern, in Ruanda, Ex-Jugoslawien, Afghanistan, Irak, Kolumbien oder anderswo. Sie arbeiten mit verschiedenen Methoden, aber für dieselben Ziele: Sie wollen dem Schweigen ein Ende setzen, damit die Opfer zur Ruhe kommen und die Täter bestraft werden oder sich reuig zeigen, damit der Wiederholungszwang der Geschichte gebrochen wird.

»Traumata sind eine Krankheit wie Aids«, sagt meine Freundin, die »Friedenstreiberin« Bosiljka Schedlich. Traumata sind genauso ansteckend und gefährlich, zersetzen Seele und Körper, zerstören Individuen, Familien, Gruppen, Gemeinwesen, ganze Staaten. Traumata verändern unser Gehirn in seiner Substanz und machen Menschen kalt und unfähig zum Mitgefühl. Es gibt höchst unterschiedliche Schweregrade, das Trauma eines Unfallopfers ist geringfügig im Vergleich zum Trauma der Überlebenden eines Folterlagers in Ex-Jugoslawien oder eines KZs. Aber keine Region und keine Generation blieb jemals vollständig verschont. Weltweit existieren riesige Schweigegebiete, in denen sich die Traumata der Generationen gegenseitig überlagern. Ich wünschte mir, UN-Experten würden Landkarten dieser Schweigegebiete erstellen und Präventionsprogramme auflegen: Therapien und Begegnungen. Dialoge und Denkmale. Öffentliche Rituale, in denen die Opfer angehört werden. Tribunale, in denen sie ihre furchtbaren Erlebnisse aussprechen dürfen. Erinnerung, die ohne Angst öffentlich ausgesprochen werden darf, ist Heilung.

Bosiljka, frage ich, woraus besteht der Wiederholungszwang der Geschichte?

Ich denke, das ist wie ein Sprung auf einer Schallplatte. Man rutscht immer wieder in das, was sich so tief eingeritzt hat. Die medizinische Forschung sagt, dass das Trauma die Biochemie der Hirnzellen verändert. Das Verhalten der Menschen ist zwanghaft, solange sie es nicht bearbeitet haben. Das gilt für Opfer und Täter. Die Opfer sehen ihre Identität allein in der Opferrolle und wollen Opfer bleiben. Sie schämen sich und fühlen sich schuldig, weil sie überlebt haben und die anderen sind getötet worden. Deswegen ist für die Opfer entscheidend, dass diejenigen, die ihnen das angetan haben, das zugeben. Dann müssen sie es nicht mehr selbst beweisen durch ihr Leiden und ihr Verhalten.

Das erlöst sie aus ihrem Lebensunglück?

Das ist wie eine Erlösung. Dann muss der Opfer Reue zeigen.

Der Täter, meinst du.

Oh ja, das war ein Freudscher Versprecher. Weil letztlich auch der Täter Opfer seiner Tat wird. Er kommt auch nicht heraus aus seiner Rolle. Die Bilder verfolgen ihn. Wecken ihn nachts, machen ihm Albträume. Er muss diese Bilder verdrängen. Es ist ein bekanntes Phänomen in der Kriminologie, dass es Wiederholungstäter gibt, die mit immer neuen Taten versuchen, ihre vorherigen Taten auszulöschen. Die Täter suchen ein vertrautes Milieu, in dem sie stark bleiben können. Sie versammeln sich in ihren Brüderschaften und Männerbünden und tun so, als ob sie etwas Gerechtes getan hätten. Nur diejenigen, die vor sich selbst eingestehen, was sie getan haben, die um ihr Opfer und letztlich um sich selbst weinen, können aus ihrer Qual herauskommen. Nur die Konfrontation mit dem Schmerz auslösenden Erlebnis, die Überwindung durch Bearbeitung, gibt ihnen die Möglichkeit zur Befreiung. Dann können sie sich wieder über das Leben freuen und gleichzeitig den eigenen Tod akzeptieren. Leider sind das nur wenige, die sich das trauen.

Mein Vater hätte sich also zugestehen müssen, dass er Täter ist. Und er hätte Mitgefühl zeigen müssen gegenüber den Opfern. Irgendwann hätte er sich dann selbst vergeben können.

Genau. Ich glaube, dass Täter viel Unterstützung brauchen, auch therapeutischer Art. Denn wir haben eine Kultur, in der sie nur abgelehnt werden. Wir haben es noch nicht geschafft, über die Täter als Opfer ihrer Tat zu sprechen.

Das gefällt mir, die Täter als Opfer ihrer Tat. Es gefällt mir, obwohl ich weiterhin den Tätern das Recht abspreche, sich Opfer zu nennen.

Sie sind Gefangene ihrer Tat. Dein Vater wollte zur Zivilisation zurückkehren, zur menschlichen Gemeinschaft. Vielleicht hat er erwartet, dass sie ein Urteil über ihn fällt, und hat dieses Urteil dann vorweggenommen.

Verstehst du, warum Menschen gegen ihr eigenes Überlebensinteresse verstoßen und begeistert in den Krieg ziehen?

18- oder 20-jährige Jungs wollen für irgendetwas Gutes kämpfen. Sie strotzen voll natürlicher Kraft und Schönheit. Sie sind voller Ideale. Und erleben dann die Hölle. In dieser Hölle verschwindet alles Zivilisierte, was wir Menschen in Tausenden von Jahren entwickelt haben. Vor allem das Gefühl des Vertrauens zu anderen Menschen. Ich glaube, dass wir Menschen instinktiv wie Tiere auf solche Situationen reagieren. Der Instinkt sagt: Pass dich an, sonst stirbst du. Schließ dich der Herde an, die dir die größten Überlebenschancen bietet. Das ist in den Kriegen so und in allen Gefahrensituationen. So entstehen Nationalismus und Fremdenhass. Je größer die Existenzangst, umso größer die Bereitschaft zu töten.

Viele erleben das Töten im Moment der größten Angst nicht als etwas Böses, sondern als Überleben.

Täter werden ja oft erst zu Tätern, weil sie selbst Traumatisierte sind. Auch Hitler ist im Ersten Weltkrieg traumatisiert worden. Er ist der einzige Überlebende seiner Kompanie gewesen, was ihn dazu verführte zu glauben, er sei ein von Gott oder dem Schicksal Auserwählter. Gegen Ende des Krieges wurde er durch einen Giftgasangriff schwer verwundet, erblindete zeitweilig und geriet in eine schwere psychische Krise. Erst nach diesem Erlebnis wurde er zum fanatischen Antisemiten. »Hätte man zu Kriegsbeginn und während des Krieges einmal zwölf- oder fünfzehntausend dieser hebräischen Volksverderber so unter Giftgas gehalten, wie hunderttausende unserer allerbesten deutschen Arbeiter aus allen Schichten und Berufen es im Felde erdulden mussten, dann wäre das Millionen-Opfer an der Front nicht vergeblich gewesen«, schrieb er 1924 in »Mein Kampf«. In dieser Passage kann man gewissermaßen schon den späteren Einsatz von Zyklon-B in Auschwitz riechen. Als ob dieser Giftgasangriff in seinem Inneren eine schwarze Quelle der Vernichtungswut eröffnet hätte, die er nie mehr stillen konnte, die Opfer waren ihm nie genug.

Als sich die Niederlage der Deutschen abzeichnete, hat er dann auch seinen Hass gegen die Deutschen gerichtet. Sein Ziel war, die Juden zu vernichten, und als er spürte, dass die Niederlage immer näher rückte, wollte er auch das deutsche Volk vernichten. Als seine Untergebenen ihm im Krieg von den enormen Verlusten unter jungen Offizieren berichteten, sagte er: »Aber dafür sind die jungen Leute doch da.«

Viele seiner Anhänger waren ähnlich traumatisiert wie er, und mit ihnen zusammen wollte er die Niederlage des Ersten Weltkriegs revidieren, also den Krieg noch einmal kämpfen.

Und deshalb wollte er am Ende lieber das ganze deutsche Volk vernichtet sehen, als noch einmal eine Niederlage erleben zu müssen. Wiederholungszwang eben.

Kriegstraumatisierte sind also manchmal wie Zeitbomben auf zwei Beinen?

Ja, es gibt diese Leute überall auf der Welt. Das Kriegsverbrecher-Tribunal in Den Haag schätzt, dass sich in Ex-Jugoslawien immer noch 15 000 bis 25 000 Kriegsverbrecher auf freiem Fuß bewegen. Sie werden wohl nie auf die Anklagebank kommen. Täglich gibt es Meldungen über Selbstmorde und Morde, vor allem von Männern an Männern. Das ist die Fortsetzung des Krieges. Er lebt in ihnen weiter, solange sie sich ihren schrecklichen Taten nicht stellen.

Wenn der Drang zu überleben eine Quelle der Aggression ist, was kann man dem entgegensetzen?

Die Entwicklung über Jahrmillionen hinweg hat uns zu Wesen gemacht, die sich selbst zu begreifen versuchen. Dieser Prozess ist uns eingepflanzt, in Form der Neugierde. Was ist dahinter? Was steckt hinter diesem Blatt und hinter jenem Busch? Was ist auf den Sternen? Wo kommt das Leben her? Das alles könnte uns Menschen doch helfen, die Angst vor dem eigenen Tod leichter zu ertragen und unserem Leben einen Sinn zu geben.

Norman Mailer meinte, sterben könne nicht so schwer sein, bisher habe es noch jeder geschafft.

Meine Kinder haben mich gefragt, als sie klein waren: Was ist Tod? Ich habe ihnen die Blätter im Herbst gezeigt. Auf dem Asphalt liegt das Blattgerippe, das übrig bleibt. Während des Krieges in Ex-Jugoslawien, in dem ich furchtbare Ängste auszustehen hatte, wurde mir bewusst, dass auch wir nur ein Blatt sind, das wieder zu Erde wird. In den Massengräbern lagen die Gerippe, die übrig blieben. Jedes Stückchen Erde kann voller Blut sein, und dennoch pflanzen wir Radieschen, Petersilie und Vergissmeinnicht in diese Erde. Wir essen den Salat und wissen nicht, womit seine Wurzeln gedüngt wurden. Wir sind ein Teil des Prozesses. Für mich ist das sehr tröstlich. Meine verstorbene Mutter ist nicht verschwunden, sie ist zu Erde geworden, zu einem Regenwurm, den ein Vogel frisst, der ein Samenkorn irgendwohin trägt. Manche Eingeborene düngen ihre Lieblingsbäume mit der Asche ihrer Verstorbenen. Dieser Gedanke gefällt mir. In meinem kroatischen Bergdorf hat man die Toten früher nur in ein Laken eingewickelt und nicht in einem Sarg beerdigt. Mein Großvater hat neben das Familiengrab eine Zypresse gepflanzt, die ist inzwischen riesig. In ihr ist nun auch der Großvater. Nicht nur geistig, sondern materiell! Er hat sie gedüngt! Wenn wir uns nicht länger einbilden, etwas Besonderes oder Göttliches zu sein, haben wir die Chance, auch das Tierische in uns wahrzunehmen, das Würmische, das Vogelhafte …

Die Humangenetiker haben entdeckt, dass der Hauptanteil in unseren Genen aus lauter seltsamen Resten der DNA anderer Lebewesen besteht, aus Bakterien-Genen, Viren-Genen … aus allem, was der Mensch jemals war, bevor er Mensch war.

Auch Dinosaurier! Ich spiele das gerne mit meiner Enkeltochter: Ständig verwandeln wir uns, Wrrrrr!

Wir leben mit fremden Genen und nach fremden Drehbüchern. Wir leben das, was unsere Eltern und Großeltern uns eingeflüstert haben. Oder wir leben das Gegenteil, weil wir den Zwang empfinden, gegen sie zu rebellieren. Wie können wir uns von solchen Zwängen befreien?

Das ist ein langer Prozess von unendlich vielen Generationen. Wir dürfen uns nicht einbilden, dass wir das alles in unserem kleinen Leben bearbeiten können. Die Zivilisierung ist eine gigantische Aufgabe. Wir können ein kleines Stück weitergehen und unseren Kindern die Möglichkeit mitgeben, dass sie neugierig bleiben und dankbar für das Wunder Leben, damit über Generationen hinweg eine neue Kultur entsteht. Wir sind nicht allein durch unsere Mütter geboren, sondern auch durch die gesamte Menschheitsgeschichte, die in uns allen steckt. Diese ist viel älter und länger als die Zeit der Zivilisation. Und wenn wir die Zeit der Zivilisation verfestigen und die Gewalt zähmen wollen, dann müssen wir das potenziell Böse als Teil von uns selbst akzeptieren lernen.

Kannst du dir das überhaupt vorstellen: freie Menschen, frei von jedem Trauma?

Auch das wird sehr lange dauern. Wenn ich an meine eigene Familie denke: Meine Mutter hat im jetzigen Kroatien zwei Kriege bewusst erlebt, zu Beginn des dritten ist sie gestorben. Mein Vater hat sogar drei Kriege erlebt. Meine Kinder haben gleich an zwei Vergangenheiten zu knabbern: an der der südosteuropäischen Mutter und an der des deutschen Vaters. Der Großvater ihres Vaters ist vier Jahre nach dem Ersten Weltkrieg an Kehlkopfkrebs gestorben, er konnte mit niemandem über das Erlebte reden, nicht einmal mit seiner Frau. Seine ganze Familie wurde später eingesperrt, weil sie gegen den Krieg war. Einige Männer mussten in den Krieg ziehen, sie konnten später nie richtig darüber reden.

Männer tun sich überhaupt schwerer, denn nach der herrschenden Meinung müssen Männer immer stark sein.

Und Frauen müssen sich ständig anpassen. Ich hab mich so viel anpassen müssen in meinem Leben. Aber jetzt bin ich frei! Und kann mit meinen Enkelkindern Dinosaurier spielen und in Gedanken auf die Sterne fliegen. Ich genieße das so sehr. Das Leben ist per definitionem imperfekt, es gehört unausweichlich dazu, dass wir älter werden und Krankheiten bekommen und sterben. Viele Menschen bekommen im Alter furchtbare Depressionen, vor allem diejenigen, die nicht wirklich gelebt haben. Gegen das Trauma können wir nur die Lebensfreude setzen. Man muss sich den Schmerzen des Traumas stellen, aber nur deshalb, um letztlich die Lebensfreude zu erhöhen. Die meisten Menschen fliehen vor dem Trauma. Wenn sie aber von Kindesbeinen auf lernen würden, dass man wieder fröhlich wird, wenn man durch den Schmerz hindurchgegangen ist, dann könnten sie sich ihr spielerisch-kindliches Naturell erhalten und würden nicht solche steifen, ernsten, verkniffenen Leute, die »Verantwortung übernehmen«, wie sie sagen. Verantwortung, die sie in Wirklichkeit gar nicht tragen können, an der sie zerbrechen. Sie bräuchten nicht so viel Angst zu haben, sie bräuchten auch nicht so viel Speck um sich herum anzusetzen, sei es als Fettpolster oder als Bankkonten. Die sie nicht in Lebensfreude umwandeln können, weil die Summen auf den Konten vor allem aus Nullen bestehen. Sie würden dann nicht mehr in Kauf nehmen, dass Menschen leiden müssten, um diese Nullen zu erzeugen, dass Natur vernichtet wird, Erde, Wälder, Seen, schließlich sogar Menschen. All diese Nullen stehen letztlich für ihre Angst, sie glauben, dass sie damit dem Tod entkommen könnten, dass sie sich dagegen versichern könnten. Die ganze Banken- und Versicherungsbranche lebt von diesem Wahn. Sie verbunkert sich in den modernsten Häusern und umgibt sich mit Nullen. Am Wohlergehen der Banken- und Versicherungsbranche kannst du ablesen, wie hoch der Pegel der Angst steht. Aber brauchen wir all diesen Kram? Ich kann auch nicht mehr essen als das, was in meinen Magen passt. Ich brauche keine Millionen auf der Bank, wenn gleichzeitig andere Menschen an Hunger sterben.

Ich stimme Bosiljka zu. Ihr Denken ist dem meinen sehr nahe.

Und was, überlege ich später beim Abschreiben unseres Gespräches, was ist wohl aus meinem Vater in seinem Sarg geworden? Hat er auch den Strauch auf seinem Grab gedüngt? Sich in einen Regenwurm verwandelt? Einen Vogel ernährt, der wiederum eine Katze satt machte? Vielleicht hätte ihm, dem Naturfreund, dieser Gedanke gefallen.

Könnte die Natur eine weitere Basis der Versöhnung mit ihm sein?

In seinem Buch »Dialektik der Ordnung« wählt der polnische Soziologe Zygmunt Bauman das Bild des Gartenstaates, um zu erklären, wie sehr der Holocaust ein Projekt des modernen »Social Engineering« war. »Nichts durfte mehr wachsen, was nicht vorher gepflanzt worden war«, schreibt er. »Man brauchte nun den Gartenarchitekten ... der entschlossen ist, Wucherungen, die das wohltuende Ebenmaß durcheinanderbringen, zu beseitigen; und der Instrumente und Gifte kundig einzusetzen weiß, um Unkraut zu vernichten und der sauber gegliederten Ordnung zum Triumph zu verhelfen.« Und weiter: »Dieser Gärtner haßt das Unkraut, das Häßliche inmitten des Schönen, die Unordnung inmitten der Ordnung ... Der moderne Genozid, wie die moderne Kultur allgemein, ist eine gärtnerische Tätigkeit, sozusagen eine unangenehme Pflicht innerhalb der gesamtgestalterischen Aufgabe.« Es war dann nur noch konsequent, das jüdische »Unkraut« und »Ungeziefer« mit einem Schädlingsbekämpfungsmittel zu vergasen. Bauman zitiert zwei damalige deutsche Wissenschaftler: »Die Aufgabe besteht darin, das Volk vor der Überwucherung durch Unkraut zu schützen.«

Ich fürchte, mein Vater hat das ähnlich gesehen. Es hat ihn mit grimmiger Befriedigung erfüllt, wenigstens noch in seinem Garten bestimmen zu dürfen, was ausgemerzt werden muss und was am Leben bleiben darf.

Meine Mutter hat mich, wenn ich auf ihren Schoß kroch, oft »Unkraut« oder »Ungeziefer« genannt. Es war liebevoll-ironisch, nicht abwertend. Ein genialer, wenngleich völlig unbewusster Schachzug von ihr, denke ich heute. Mit Humor und Intuition hat sie mich davor geschützt, dass mich irgendeine Unkrautvernichtungswut meines Vaters traf.

Er hatte zwei Bilder von der Natur. Der Gärtner in ihm rottete das Unkraut aus, aber der Bewunderer des Kosmos ließ die Natur, wie sie war. An Weihnachten zog er mit uns in den Wald, um den Vögeln Walnussschalen mit Fett und Sonnenblumenkernen an die Bäume zu hängen, eine schöne Tradition, die wir Kinder mit unseren Kindern weiterpflegen.

Das Jahr über zeigte er uns die Spuren von Hasen und Hirschen und brachte uns die Namen der Wildpflanzen bei: Wiesenschaumkraut oder Taubenkropf oder Kriechender Günsel. Auch das waren Unkräuter, wenn man so will.

Seitdem bin ich Unkraut, wachse und vermehre mich als Unkraut und fühle mich wohl unter den Unkräutern dieser Welt.

Nachbemerkung

Meine Eltern hießen nicht Manfred und Margarete Augst. Das waren die Pseudonyme, die ihnen Günter Grass gegeben hat, und ich habe sie zum Schutz meiner Familie übernommen. Wer nun glaubt, er könne von meinem Nachnamen auf den meiner Eltern rückschließen, den möchte ich dezent darauf hinweisen, dass ich verheiratet bin, und bekanntlich ändern sich damit bei den meisten Frauen die Namen.

Danksagung

Mein besonderer Dank geht an Günter Grass, nicht nur für die Abdruckgenehmigung seiner Passagen über meinen Vater. Er hat sich nach dem Tod meines Vaters unserer Familie gegenüber außergewöhnlich freundlich und einfühlsam verhalten. Das war alles andere als selbstverständlich. Aber ich möchte auch meinem Mann herzlich danken, meinen Brüdern, vor allem meinem ältesten, und meinen Freundinnen und Freunden, die mir beim Schreiben dieses Buches mit Aufmunterung und Kritik geholfen haben. Ohne Mariam Nottens und Anita Kuglers stete Ermutigung hätte ich dieses Projekt niemals angefangen. Thomas Schmid, Bergrun Richter, Heidi Haas und Annette Jensen gehörten zum Kreis meiner »Erstleser«. Mein Agent Uwe Heldt und meine Lektoren Ulrich Wank und Annette Seybold-Krüger haben mir sehr geholfen. Mit Rat und Tat sind mir außerdem zur Seite gestanden (in alphabetischer Reihenfolge): unsere einstmalige Tübinger Untermieterin, die Autorin Ingeborg (Böhringer-)Bruns, der Wehrmachts-Spezialist Carlo Gentile, die Jugend- und NS-Forscherin Sibylle Hübner-Funk, der Religionswissenschaftler Horst Junginger, meine Freundinnen Bosiljka Schedlich und Sigrid Scheurer, die Psychotherapeutin Charlotte Schönfeldt, der Militärhistoriker Peter Steinkamp, mein Journalistenkollege Andreas Zumach.

Verwendete und verwandte Literatur

Arendt, Hannah, *Elemente und Ursprünge totaler Herrschaft*, München 1986

von Arnim, Gabriele, *Das große Schweigen, Von der Schwierigkeit, mit den Schatten der Vergangenheit zu leben*, München 1991

Bar-On, Dan, *Die Last des Schweigens, Gespräche mit Kindern von NS-Tätern*, Hamburg 2003

Bauman, Zygmunt, *Dialektik der Ordnung. Die Moderne und der Holocaust*, Hamburg 2002

Bruns, Ingeborg, *Kein Gras drüber, Töchter jüdischer Überlebender*, Tübingen 1995

Böhringer-Bruns, Ingeborg, *Als Vater aus dem Krieg heimkehrte. Töchter erinnern sich*, Frankfurt a. M. 1991

Bruhns, Wibke, *Meines Vaters Land. Geschichte einer deutschen Familie*, München 2004

Canetti, Elias, *Masse und Macht*, Frankfurt a. M. 2001

Chamberlain, Sigrid, *Adolf Hitler, die deutsche Mutter und ihr erstes Kind. Über zwei NS-Erziehungsbücher*, Gießen 2003

Delius, Friedrich Christian, *Mein Jahr als Mörder*, Roman, Berlin 2004

Dückers, Tanja, *Himmelskörper*, Roman, Berlin 2004

Dundes, Alan, *... Sie mich auch! Hinter-Gründiges in der deutschen Psyche*, Weinheim und Basel 1985

Durkheim, Emile, *Les formes élémentaires de la vie religieuse*, 1912

Ehrenreich, Barbara, *Blutrituale. Ursprung und Geschichte der Lust am Krieg*, München 1997

Elias, Norbert, *Studien über die Deutschen. Machtkämpfe und*

Habitusentwicklung im 19. und 20. Jahrhundert, Frankfurt a. M. 1992

Etymologisches Wörterbuch des Deutschen, erarbeitet unter der Leitung von Wolfgang Pfeifer, München 1997

Fest, Joachim, *Hitler. Eine Biographie,* Berlin 2004

Finkenberger, Martin, Junginger, Horst (Hrg.), *Im Dienste der Lügen. Herbert Grabert (1901–1978) und seine Verlage,* Aschaffenburg 2004

Frei, Norbert, *Vergangenheitspolitik. Die Anfänge der Bundesrepublik und die NS-Vergangenheit,* München 1999

Fromm, Erich, *Anatomie der menschlichen Destruktivität,* Reinbek 2003

Gerlach, Alf, Schlösser, Anne-Marie, Springer, Anne (Hrg.), *Psychoanalyse des Glaubens,* Gießen 2004

Gravenhorst, Lerke, *Moral und Geschlecht. Die Aneignung der NS-Erbschaft,* Freiburg 1997

Grass, Günter, *Aus dem Tagebuch einer Schnecke,* Darmstadt 1980

Grass, Günter, *Örtlich betäubt,* Roman, Göttingen 1995

Hahn, Ulla, *Unscharfe Bilder,* Roman, München 2003

Hegener, Wolfgang, *Erlösung durch Vernichtung. Zur Psychoanalyse des christlichen Antisemitismus,* Gießen 2004

Heidenreich, Gisela, *Das endlose Jahr. Die langsame Entdeckung der eigenen Biographie – ein Lebensborn-Schicksal,* Frankfurt a. M. 2004

Heller, Barbara (Hrg.), *Maikäfer flieg, dein Vater war im Krieg. Hofgeismarer Protokolle,* Evangelische Akademie Hofgeismar 1999

Hole, Günter, *Fanatismus. Der Drang zum Extrem und seine psychischen Wurzeln,* Gießen 2004

Hübner-Funk, Sibylle, *Hitlers Garanten der Zukunft. Biographische Brüche und historische Lektionen,* Potsdam 2005

Jetter, Monika, *Mein Kriegsvater. Versuch einer Versöhnung,* Hamburg 2004

Klausch, Hans-Peter, *Die 999er. Von der Brigade »Z« zur Afrika-Division 999: Die Bewährungsbataillone und ihr Anteil am antifaschistischen Widerstand,* Frankfurt a. M. 1986

Klausch, Hans-Peter, *Die Geschichte des Bataillons 999 unter be-*

sonderer Berücksichtigung des antifaschistischen Widerstands, Köln 1987

Klemperer, Victor, *LTI*, Leipzig 1975

Kohl, Christiane, *Der Himmel war strahlend blau. Vom Wüten der Wehrmacht in Italien*, Wien 2004

Leupold, Dagmar, *Nach den Kriegen, Roman eines Lebens*, München 2004

Ley, Michael, *Holocaust als Menschenopfer. Vom Christentum zur politischen Religion des Nationalsozialismus*, Münster, Hamburg, London 2002

Medicus, Thomas, *In den Augen meines Großvaters*, München 2004

Menasse, Eva, *Vienna*, Roman, Köln 2005

Mitscherlich, Alexander und Margarete, *Die Unfähigkeit zu trauern. Grundlagen kollektiven Verhaltens*, München 1977

Moser, Tilmann, *Dabei war ich doch sein liebstes Kind. Eine Psychotherapie mit der Tochter eines SS-Mannes*, München 1997

Moser, Tilmann, *Dämonische Figuren. Die Wiederkehr des Dritten Reiches in der Psychotherapie*, Frankfurt a. M. 1996

Müller-Hohagen, Jürgen, *Verleugnet verdrängt verschwiegen. Seelische Nachwirkungen der NS-Zeit und Wege zu ihrer Überwindung*, München 2005

Paris, Erna, *Vergangenheit verstehen. Wahrheit, Lügen und Erinnerung*, Berlin, München 2000

Petra-Kelly-Stiftung et al. (Hrg.), *Macht und Gesellschaft. Männer und Frauen in der NS-Zeit*, Tagungsband, München 2004

Pollack, Martin, *Der Tote im Bunker. Bericht über meinen Vater*, Wien 2004

Radebold, Hartmut (Hrg.), *Kindheiten im II. Weltkrieg und ihre Folgen*, Gießen 2004

Roberts, Ulla, *Spuren der NS-Zeit im Leben der Kinder und Enkel. Drei Generationen im Gespräch*, München 1998

Roggenkamp, Viola, *Familienleben*, Roman, Zürich, Hamburg 2004

Schönhagen, Benigna (Hrg.), *Vorbei und vergessen. Nationalsozialismus in Tübingen*, Tübingen 1992

Sereny, Gitta, *Das deutsche Trauma. Eine heilende Wunde*, München 2004

Scheub, Ute, *Friedenstreiberinnen. Elf Mutmachgeschichten aus einer weltweiten Bewegung*, Gießen 2004

Scheub, Ute, »Das Reinheitsgebot der deutschen Seele«, In: Die Neue Gesellschaft, Frankfurter Hefte, Juli 1999

Schwan, Gesine, *Politik und Schuld. Die zerstörerische Macht des Schweigens*, Frankfurt a. M. 1997

Sichrovsky, Peter, *Schuldig geboren. Kinder aus Nazifamilien*, Köln 1987

Timm, Uwe, *Am Beispiel meines Bruders*, Köln 2003

Tschuggnall, Karoline, *Sprachspiele des Erinnerns. Lebensgeschichte, Gedächtnis und Kultur*, Gießen 2004

Vesper, Bernward, *Die Reise*, Romanessay, Reinbek 1983

Vinnai, Gerhard, *Hitler – Scheitern und Vernichtungswut. Zur Genese des faschistischen Täters*, Gießen 2004

Wackwitz, Stephan, *Ein unsichtbares Land, Familienroman*, Frankfurt a. M. 2003

Welsch, Marion, *Sprich mit mir. Auf der Suche nach der Vergangenheit meiner Familie*, Berlin 2005

Welzer, Harald, Moller, Sabine, Tschuggnall, Karoline, »*Opa war kein Nazi*«. *Nationalsozialismus und Holocaust im Familiengedächtnis*, Frankfurt a. M. 2002

Westernhagen, Dörte von, *Die Kinder der Täter*, München 1987

Wildenhain, Michael, *Russisch Brot*, Roman, Stuttgart 2005

PIPER

Helga Schneider

Laß mich gehen

Roman. Aus dem Italienischen von Claudia Schmitt.
175 Seiten. Serie Piper

Berlin, 1941: Die kleine Helga ist gerade mal vier Jahre
alt, als ihre Mutter die Koffer packt, zur Tür hinausgeht
und nie wiederkommt. Im Weggehen beugt sie sich noch
einmal zu Helga hinab und schärft ihr ein, ja nicht zu
weinen, um das Brüderchen Peter nicht zu wecken. Seitdem
klafft eine tiefe Wunde in Helgas Seele. Nie wird sie den
Moment vergessen, als ihre Mutter sie verlassen hat, nie
verstehen, warum sie es tat. Und dann, Jahrzehnte später,
erfährt sie die Wahrheit: Ihre Mutter verließ Mann und
Kinder, um in den Konzentrationslagern von Ravensbrück
und Auschwitz-Birkenau als Aufseherin zu arbeiten.
Entsetzt schwört sich Helga Schneider, ihre Mutter zu
hassen, zu vergessen, aus ihrem Herzen zu bannen. Aber
dann kommt ein Anruf aus Wien: Traudi Schneider lebt,
alt und vereinsamt, in einem Seniorenheim. Helga kann
nicht anders – sie muß sie sehen, sie sprechen, ein letztes
Mal ...
Die ergreifende Geschichte einer betrogenen Tochterliebe,
das literarische Zeugnis einer vom Fanatismus geblendeten
Zeit.

01/1104/02/R

PIPER

Helga Schneider

Als wir Kinder waren

Roman. Aus dem Italienischen von Claudia Schmitt.
208 Seiten. Gebunden

Blendendes Weiß. Unendliche Flächen unberührten Schnees –
jeden Morgen bietet sich dem neunjährigen Kurt das gleiche verstörende Bild. Dabei sehnt er sich so sehr nach dem Anblick des heimatlichen Gutshofes, dem süßlichen Geruch
des Stalls und den vertrauten Geräuschen der Tiere, die sie in
jener eiskalten Winternacht zurücklassen mußten. Das
Jahr 1945 hat gerade begonnen, als die Familie Linke sich zur
Flucht aus Ostpreußen entschließt. Ihr ständiger Begleiter
ist die Angst – die Angst, das Pferd könnte lahmen, die Mut-
termilch für das Brüderchen versiegen, die Angst vor
Krankheit, Hunger und dem Erfrieren. Als Kurts Großvater
den täglichen Überlebenskampf verliert, muß der Junge die
Führung durch die eisigen Weiten übernehmen. Dabei ahnt er
noch nicht, daß mit der scheinbar rettenden Ankunft an
der Ostsee der Weg durch die Hölle erst richtig beginnt.
58 Jahre später sieht Kurt seine Jugendfreundin Helga in
Hamburg wieder. Gemeinsam mit ihr wagt er den Schritt in
die längst verdrängte Vergangenheit und die erneute Begegnung mit den Schrecken einer unvorstellbaren Reise ohne
Wiederkehr.

01/1441/01/R

PIPER

Sabine Bode
Die vergessene Generation

Die Kriegskinder brechen ihr Schweigen. 288 Seiten.
Serie Piper

Was viele bislang nur ahnten, wird nun zunehmend offen ausgesprochen: die Kriegsvergangenheit zeigt auch heute noch
in vielen Familien Spuren, bis in die zweite oder dritte Generation hinein. Rastlos haben die Kriegskinder das Wirt-
schaftswunder erarbeitet – doch ihre eigenen Schicksale, Vertreibung, Schmerz und unverarbeitete Erlebnisse sind eine
weitgehend unentdeckte Welt, belegt mit zahllosen Tabus. Sie
haben den Bombenkrieg miterlebt oder die Vertreibung,
ihre Väter waren im Feld, in Gefangenschaft oder sind gefallen. Erst jetzt beginnen sie zu reden. Ein anrührendes und
wichtiges Buch über die Traumata der Kriegskinder. Sabine
Bode macht zu Recht deutlich, daß das unverarbeitete Leid
der ehemaligen Kriegskinder noch heute eine große gesellschaftliche Aufgabe darstellt.

01/1443/01/R

PIPER

Jean-Paul Picaper, Ludwig Norz
Kinder der Schande

Das tragische Schicksal deutscher Besatzungskinder in
Frankreich. Aus dem Französischen von Michael Bayer.
464 Seiten mit 16 Seiten Bildteil. Gebunden

Renée Lannegrand war 17 Jahre alt, als sie sich in den deutschen Soldaten Heinz Rosentreter verliebte. 1941 kam
Tochter Mylène auf die Welt. Nach dem Ende der deutschen
Besatzung wurde Renée von ihren Nachbarn kahlgescho-
ren und als »Deutschen-Hure« durch den Ort getrieben. Ihre
Tochter war fortan der »Deutschen-Bastard«. Erstmals haben Jean-Paul Picaper und Ludwig Norz die Schicksale der
200 000 Kinder erforscht, die während der deutschen Besatzung in Frankreich geboren wurden und als »Kinder der
Schande« aufwuchsen, oftmals gedemütigt, ausgeschlossen
und stigmatisiert. Viele von ihnen wollen bis heute unerkannt
bleiben. Zur Demütigung kam mit dem Älterwerden noch
der dringende Wunsch, den Vater kennenzulernen … meist
vergeblich. Mylène Lannegrand allerdings hatte Glück: Sie
fand zwar nicht mehr ihren Vater, aber ihre Halbgeschwister
in Köln und damit eine neue Familie.

01/1520/01/R

PIPER

Ruth Elias
Die Hoffnung erhielt mich am Leben

Mein Weg von Theresienstadt und Auschwitz nach Israel.
Mit einem Nachwort zur Taschenbuchausgabe. 342 Seiten
mit 8 Abbildungen. Serie Piper

Ruth Elias hat in diesem Buch nach Jahrzehnten des Schweigens die Geschichte ihres Überlebens in Theresienstadt und Auschwitz erzählt, aufgeschrieben für ihre Enkel. Nach dem deutschen Einmarsch in ihrer mährischen Heimat als Jüdin verfolgt, wird sie zunächst nach Theresienstadt deportiert, 1943 nach Auschwitz, wo es nur noch um das nackte Überleben geht. Sie sieht, wie Tausende ihrer Mitgefangenen verhungern, zu Tode gequält, vergast werden. Hier bringt sie ein Kind zur Welt – und tötet es, als der KZ-Arzt Dr. Mengele Experimente an ihm durchführen will. Viele haben versucht, Auschwitz – »das Unverständliche, das niemand verstehen kann« (Elias) – zu schildern, es »anderen« nahezubringen. Soweit dies überhaupt möglich ist, ist es in diesem Bericht gelungen.

01/1440/01/R

PIPER

Mario R. Dederichs / Teja Fiedler

Heydrich

Das Gesicht des Bösen. 336 Seiten mit 44 Abbildungen.
Gebunden

Blond, schlank, hochgewachsen, mit blauen Augen, intelligent
und gewissenlos: Reinhard Heydrich (1904–1942) war
der Muster-Nationalsozialist schlechthin. Eine steile Karriere
führte ihn bis in das Entscheidungszentrum des Dritten
Reiches, bis er in Prag einem Attentat zum Opfer fiel. Er organisierte den Unterdrückungsapparat, schaltete Gegner aus
und leitete die »Endlösung« ein. Wie wurde dieser Mann zur
Verkörperung des Bösen? Mario Dederichs schreibt die
Biographie eines Mörders mit der doppelten Kompetenz des
Historikers und des Reporters: Er verläßt sich nicht nur
auf die Quellen, sondern hat minutiös recherchiert, hat mit
Zeitzeugen gesprochen und die Schauplätze aufgesucht. Er
verbindet dies mit einer ebenso facettenreichen wie gründ-
lichen Lebensbeschreibung, die den Abgründen dieses
Mannes nachspürt. So entsteht eine faszinierende Mischung
aus Psychogramm, Biographie und historischer Reportage.

01/1442/01/R